JN234698

社会調査論

―― フィールドワークの方法 ――

原田勝弘・水谷史男・和気康太 編著

学 文 社

はしがき

　日本に限らず，社会学や社会科学系の学問が大学で教育されている国では，学生はまず「社会学概論」や「社会学入門」を学び，これに続いて「社会調査」または「社会学方法論」を学ぶのが普通である。社会学や社会科学を勉強しようとするのなら，まず「社会調査」は避けて通れない，と考えられている。つまり「社会調査」は，社会学や社会科学を学ぶときの基礎的・技術的方法論を体系的に教える重要な科目として位置づけられてきた。

　そして，これまでの「社会調査」のテキストは，標準化された社会調査の知識を学習させるために，おもに数量統計的なデータを扱う技法を解説することに多くのページをさいてきた。数学が苦手で，なにかロマンチックな思考の戯れや，TVのバラエティ番組のような雑多な知識，あるいは感情に溺れた自分探しゲームを社会学に期待していた学生は，教科書に数式が並んでいるのを見てショックを受ける。数学だ！もしこれを勉強しなければ社会学や社会科学ができないのだったら，自分の選んだ道はまちがっていた。「理系へきたはずじゃないのに，かんべんしてよ…」ということになる人も多かった。しかし，目をつぶってそこを通り過ぎてしまうと，実際に社会調査などしなくてもレポートも書けるし，卒業もできてしまう，という不思議なことも起こっているのがわかる。確かに調査をたくさんして数字に強い先生もいるが，社会学者のなかには中学生程度の数学しか理解できないという人も多いのも，そのうちわかる。

　そこで，近年日本で刊行された「社会調査」のテキストをみると，一方で標本調査を前提にした数量化と統計的分析技法の解説に重点を置いたものもあるが，他方でそれとは別種の調査法，とくに「フィールドワーク」という言葉を使って非数量的な調査法を中心に置いたものが目立ってきた。これはそれなりに理由のあることだと考えられるが，それは日本の社会学研究者の方法への関心が，多様化している，というよりは分極化しているという印象を与える。

本書は，出発点ではなかば折衷的に，この両方の立場，つまり数量的なデータ分析と非数量的な調査法の両者を総合的に目配りして取り扱うような構想の下に企画されていた。しかし，ただ両者を並列して記述解説するだけでは意味がないと考え，これまで行われてきた多彩な社会調査の遺産をできるだけ振り返る第1部（歴史編）を前半に置き，社会調査の設計から分析・報告までの解説を第2部（技法編）として後半に置く，という構成になった。歴史編をあえて前半に置く大きな理由は，現在の社会調査をとりまく理論的基本問題を，過去の豊穣な社会研究の歴史的歩みから汲み取って捉え直そうとする意図からである。タイトルを従来の「社会調査」からあえて「社会調査論──フィールドワークの方法」としたのも，なるべく広い視点に立って社会調査の位置づけを考えたいからであった。「質的な調査」（この表現は誤解を招くような問題があるが）についても1章を設けて論じている。これから学習を始める学生諸君には，線形化された無駄のないマニュアルではなく，自分で社会を考えるときに適切な方法を選び取ることのできる豊富なメニューを提示したいと考えたからである。

　しかし，その意図が本書で十分に実現しているとは正直なところ言うことができない。それはわれわれ本書の編者自身が，社会調査に対して，そして社会研究の方法論的立場について，それぞれ異なった立場，「理想の社会調査」についてやや異なったイメージを思い描いていることがわかってきたからである。それは，標本調査と生活史の距離といってもいいし，SPSSとフィールドノートの違いといってもいいかもしれない。社会学的「実証主義」と社会学的「ロマン主義」の間には深い河が流れていて，この間に橋を渡して跨ろうとすれば，今はまだ股裂きになるであろう。しかし，これから学ぼうとする学生諸君には，社会それ自身の混沌と複雑性を前にしてこれを捉えようとすれば，われわれの方法もまた一筋縄ではいかない混沌と複雑性を備えてしまうものであり，だからこそ頭をクリアにしてフィールドに出ることが社会学には必要なのだ，と言っておきたい。

「社会調査論」というからにはなんらかの結論が必要かもしれないが，このような事情であえて統一した立場の表明も結論もつけていない。よく読めば，この本のなかに齟齬や矛盾が発見できるであろうが，そこは統一していない。その代わりに最後の第8章に，20世紀後半の社会調査を振り返り，これからの社会調査を展望するというやや大袈裟な対談を採録した。自由な語りという形式で，社会調査を教える側の舞台裏をのべている。こういう形は異例だろうと思うけれども，読者諸君には参考になると思う。

最後に，大幅に出版が遅れご迷惑をかけた学文社編集部と，数年前に原稿をいただいた執筆者の方がたにお詫びとお礼を申し上げたい。索引・文献リスト等を明治学院大学の長谷川愛さん，中山瞳さんに作成していただいた。感謝したい。不十分な点は多々あるものの，21世紀はじめにこの本が陽の目を見ることができたのは，皆様のお蔭である。

2001年3月

編　者

目次

I 社会調査とはどんなものか——社会調査の歩み
　第1章　現代人にとって社会調査とは何か ……………………………2
　　1．調査情報の氾濫する時代 ……………………………………………2
　　2．もとめられる調査情報の「解読能力」 ……………………………3
　　3．「面白い」調査と「つまらない」調査 ……………………………5
　　4．「事実」とは何だろう ………………………………………………8
　　5．だれもがフィールドワーカーになれる ……………………………10
　第2章　調査が描く戦後日本人像——行動と意識の軌跡——
　　1．日本人の生活時間調査 ………………………………………………12
　　　a　生活時間調査・研究の歴史（戦前） ……………………………13
　　　b　戦後の生活時間調査・研究 ………………………………………14
　　　c　NHKの『国民生活時間調査』 ……………………………………15
　　　d　生活時間の国際比較 ………………………………………………20
　　2．日本人の国民性調査 …………………………………………………22
　　　a　第1次—1953（昭和28）年，第2次—1958（昭和33）年 ………24
　　　b　第3次—1963（昭和38）年，第4次—1968（昭和43）年 ………25
　　　c　第5次—1973（昭和48）年 ………………………………………25
　　　d　第6次—1977（昭和52）年 ………………………………………26
　　　e　第7次—1983（昭和58）年，第8次—1988（昭和63）年 ………26
　　3．SSM調査 ………………………………………………………………29
　　　a　SSM調査の出発—社会階層と移動 ………………………………29
　　　b　SSM調査の展開—全国的調査の継続 ……………………………30

c　SSM調査の発展―データの公開と利用 …………………………32
　4．出稼ぎ調査 ………………………………………………………………34
　　　a　高度経済成長期の出稼ぎ ……………………………………………34
　　　b　出稼ぎの実態 …………………………………………………………36
　　　c　出稼ぎ労働の特徴 ……………………………………………………38
　5．日本とフィンランドの高齢者に関わる国際比較調査 ………………40
　　　a　「日本とフィンランドの高齢者に関わる国際比較調査」の概要 …41
　　　b　「日本とフィンランドの高齢者に関わる国際比較調査」の結果 …44

第3章　社会調査活動の歴史 ………………………………………………52
　1．人口調査（センサス）の歩み …………………………………………52
　2．社会改良のための実態調査（社会踏査） ……………………………54
　3．世論調査・市場調査 ……………………………………………………58
　4．地域（コミュニティ）調査 ……………………………………………63
　　　a　地域調査の特徴 ………………………………………………………63
　　　b　地域調査の流れ ………………………………………………………65
　　　c　地域調査の問題点 ……………………………………………………68
　5．社会学的研究調査 ………………………………………………………69
　6．日本における社会調査史〈戦前編〉 …………………………………76
　　　a　明治期の調査 …………………………………………………………76
　　　b　大正期〜昭和初期 ……………………………………………………80
　　　c　戦時期 …………………………………………………………………88
　7．日本における社会調査史〈戦後編〉 …………………………………90
　　　a　戦後復興から高度経済成長へ（1945年〜1950年代） ……………90
　　　b　高度経済成長から第一次石油危機へ（1960年代） ………………92
　　　c　低成長期（1970年代） ………………………………………………93
　　　d　1980年代以降 …………………………………………………………94

Ⅱ 調査活動の企画と実施

第4章 調査の構想と方法 ……………………………………96
1. 社会調査の諸段階 ……………………………………97
2. 調査研究の出発点「問題の設定」まで ……………98
3. 仮説と命題 ……………………………………………103
4. 方法の選択 ……………………………………………109
   a 技法の分類 ………………………………………109
   b フィールドワークの具体的な方法 ……………114
   c これからの技法 …………………………………116

第5章 調査の設計と準備 ……………………………………120
1. 調査対象の決定と標本抽出 …………………………120
   a 全数調査と標本調査 ……………………………120
   b 標本調査の基本的な考え方 ……………………122
   c 無作為抽出法の種類と方法 ……………………126
   d 標本調査の実際 …………………………………129
2. 尺度構成と調査票の作成 ……………………………133
   a 測定の尺度 ………………………………………133
   b 妥当性（validity）と信頼性（reliability） ……138
   c 調査票の作成 ……………………………………141
3. 現地調査の技法 ………………………………………150
   a 事前のアプローチ ………………………………150
   b 調査員への指導 …………………………………151
   c 面接場面の留意点 ………………………………152
   d 事後のフォローアップ …………………………153

第6章 調査データの集計と分析 ……………………………155
1. データの集計と分析 …………………………………155
   a データの集計・分析の前に行うこと …………156

　　　　（1）エディティング……156
　　　　（2）コーディング……156
　　　　（3）データクリーニング……158
　　b　社会調査における記述と説明 …………………………………160
　　c　量的データの集計・分析の方法 ………………………………160
　　　　（1）変数の集計・分析の方法：単純集計……161
　　　　（2）変数間の集計・分析の方法：クロス集計……165
　　　　（3）クロス表分析……166
　　　　（4）相関係数……169
　　　　（5）変数間の関連の分析：エラボレーション……171
　　d　データの集計・分析結果の一般化：統計的検定の視点と方法…174
　　　　（1）統計的推定の考え方……174
　　　　（2）統計的検定の考え方……175
　　　　（3）第1種の誤りと第2種の誤り……177
　　　　（4）統計的検定の実際……177
　2．調査結果の報告と活用 ……………………………………………180
　　a　調査結果のまとめ …………………………………………………180
　　b　調査結果の公開と利用 ……………………………………………182
　　c　補論：調査の失敗について ………………………………………185
第7章　「質的な調査」について ………………………………………188
　1．「質的な」調査法とは何か ………………………………………188
　　a　「量的なデータ」と「質的なデータ」――内容分析・ライフドキュメント…189
　　b　「客観主義」と「密着主義」――参与観察・自由インタヴュー …193
　　c　「社会的構築主義」をめぐって――会話分析・生活史 …………196
　　d　「事例」研究調査と一般化 ………………………………………201
　2．生活史研究の意義と調査の過程 …………………………………203
　　a　生活史とは何か ……………………………………………………203

b　ライフドキュメント研究としての生活史 …………………… 205
　　　c　ライフドキュメント（生活記録）研究と生活史 …………… 207
　　　d　社会学における生活史研究 ……………………………………… 208
　　　e　方法としての生活史調査 ……………………………………… 213

第8章　社会調査の過去・現在・未来（対談）……………………… 218
　　1．社会調査の潮流 ……………………………………………………… 218
　　2．社会学と社会調査 ………………………………………………… 223
　　3．社会調査の未来 ……………………………………………………… 229

参考文献 …………………………………………………………………………… 235
索　　引 …………………………………………………………………………… 241

I

社会調査とはどんなものか
――社会調査の歩み

第1章　現代人にとって社会調査とは何か

1．調査情報の氾濫する時代

　私たちはいま，さまざまな調査情報の氾濫する時代を生きている。普段はあまり気づかないかもしれないが，ほんの少しでも注目してみると暮らしの身の回りで実に多くの調査活動が行われていて，私たちの生活とどこかで密接につながっていることを知らされるだろう。

　たとえば，国が5年おきに実施する国勢調査や地方自治体が地元の住民を対象に行う行政的な立場からの調査もあれば，企業が自社のマーケティング活動の一環として進める市場調査もある。また，選挙が近づけばとくに活発化する新聞社などメディアを中心に実施される各種の世論調査があり，他方でこうした企業やメディアなどのスポンサーから委託されて調査の企画や実施を請け負う調査専門企業の多彩な調査情報活動がある。大学や種々の研究機関もまた，それぞれの研究目的に応じた学術的な調査を行っている，という具合である。

　これらの調査活動に加えて，主に個人の私生活上の内情について依頼をうけて調べることを専門とする興信所などの「私情」調査も含めれば，世に行われている調査と称する情報活動がいかに大きな広がりをもち，さらにそこから産出される多様なデータ情報量がいかに膨大なものかをあらためて思い知らされることだろう。

　このような沢山の調査情報に私たちがインターネットなどで簡単にアクセスできることは，もちろん悪いことではない。そうした調査情報の渦の中から私たちが必要とするデータを適切に選びとり，当面の直面する問題を解決するために判断の根拠とすることができるならば，むしろとても望ましいことだとさえいえるだろう。

しかし，一方でそうした調査情報によって「もうひとつの現実」が作り上げられるという側面にも目をむけなければならない。政治家のなかには自分の主張を正当化し，説得力をもたせるために，ある調査レポートのなかから自分に都合のよいデータの部分だけをぬき取り，鬼の首でもとったかのようにその数字を強調するということがある。でもそれはなにも政治家だけの専売特許というわけではない。そうした調査情報の「いいとこどり」によって作り上げる「擬似環境」(pseudo-environment) を，私たちはなかば無意識に，そしてなかば意識的に現実の姿として受け入れ，すりこまれるということがあるからだ。

今日，多くの調査活動が，社会的技術としての重要性を増している背景には，大企業のマーケティング戦略が期待する市場調査の活動にみられるように，単に消費者や住民や国民とよばれる人びとのニーズを探りだそうとするだけにとどまらない役割がもとめられる。そこには，こうしたニーズ自体をかえていこうとする狙いが調査をする側，あるいはその調査結果を利用する側に隠されているという点に注意をはらう必要がある。このように調査情報の氾濫する時代は，買い物をしたり，映画をみたり，選挙の投票をする際にほんとうに欲しい品物やサービス，みたい映画，選びたい候補者をまず知るために，さまざまな角度から対象をとらえ，選択する上では便益性があるともいえるが，他方ではシャワーのように降りそそぐ調査情報をうのみにすることよって誰かが仕掛けた罠にいつのまにかはまりこんでしまうことも起りうるのである。

2．もとめられる調査情報の「解読能力」

通常の調査活動は，それがどのようなタイプのものでも情報収集が行われる作業現場，つまりフィールドにおいては，調査する側（調査者）と調査される側（被調査者，対象者）の両者の相互関係によって成り立つものである。この双方の関係については，調査者が対象者から面接場面でどのように良好な協力関係（ラポール）を醸成させるかという側面を除けば，これまではあまり考慮

されてこなかったように思われる。調査研究やフィールドワークのテキスト，参考文献の多くは，調査する側の立場からいかに効率的に必要な情報を獲得し，その結果データをどう利用するかをめぐって技術論的に論じられることはあっても，調査をされる側の視点から，そのデータの収集から利用の行方までを通して語られることは少なかったのである。

たとえば，国や自治体，あるいは大学の研究機関のような立場の調査者が，自分たちの調査に対して相手が答えることを初めから当然視して，あたかも土足でずかずか入り込むような態度で一方的，機械的に質問し回答を迫ったあげく，調査が終了すれば一斉にフィールドを引き上げ，その結果について対象者には何も知らされることがない，という「帝国主義的」調査が少なからず存在した。

しかし，調査される側の人たちにも，自分の回答した情報データがどのようにまとめられ，利用に供されるかを知る権利がある。たまたま調査の対象者になってしまった人たちの大多数は調査をする立場に立つわけではなく，フィールドワークの経験もない一市民として調査場面に対応するのであるが，そこでなされている調査活動が調査される側にとってもどのような意義や意味があるかを調査者と話し合い，吟味する姿勢がもとめられるべきだとおもう。調査される側の人びとも調査活動に参加することができるようなフィールドワークこそ優れた調査結果が期待されると考えるからである。

このような意味からすれば，調査する者はもちろんのこと，調査される側の人たちも調査情報についての「解読能力」をある程度はもつべきだと思う。「解読する」というと何やら暗号文を読み解くようなイメージをもつかもしれないが，ここでいうのは少しでも気になり，引っかかる調査データがあれば，そのデータの出所となるおおもとの調査報告書にまでさかのぼり，それが調査者のどのような問題意識や方法から生み出されてきたかを理解する能力である。こうした調査情報が，一体どのようなフィールド活動の現場からいかなる方法によって収集され，データとしていかに処理加工され，分析されていくのか，

そしてそれらの情報データはどのような立場の人たちによって利用されていくのか，という一連の流れや文脈のなかで，気になる調査データの意味をとらえかえす能力でもある。

　調査を進める立場からすれば，調査をされる側の人たちが調査結果の知る権利を要求したり，調査データへの感受性を高めたりするのは，調査活動そのものを一層やりにくくする事態を招くことになると危惧するかもしれない。しかし，すでにプライバシーの問題も含めてフィールド活動の遂行が都市部を中心に次第に難しさを増している現在，調査対象者との真の意味でのラポールを得るためには，調査活動そのものへの理解と参加の意識を高めていくほかには道はないというべきであろう。

3．「面白い」調査と「つまらない」調査

　少々乱暴ないいかたになるが，これまで私なりに調査をやってきた実感でいわせてもらうと，調査には「面白い」調査と「つまらない」調査の2種類に分けられるという思いがある。むろんこの場合，何が面白くて何がつまらないのかは，調査をする研究者の主観や研究関心，調査観によって左右されることが多いだろう。わざわざその「面白さ」や「つまらなさ」とは何かを定義して，ここですべての調査活動を二つのタイプに分別しようという意図があるわけではないし，またそんなことはそもそもできない仕業であろう。

　従来の研究者のなかには，主に質的データを扱う事例研究法などの調査は，方法上の確かさには欠けるけれどもその内容は概して面白い。これに対して数量的なデータによる統計的方法からまとめ上げた調査は，方法の確かさやデータの信頼度はあるがあまり面白くない調査が多い，という表現で2つの調査法の特徴をのべたことがあった。私がここでのべようとしているのは，そのような事例研究法と統計調査法との比較ではない。

　私がいう「面白い」調査というのは，調査する者とされる者が一緒になって

主題を追いかけ，お互いの対話を通して共同参加することができる調査である。調査者と対象者がお互いの対話と協力によって発見したり，触発しあうことが愉しくなるようなフィールドワークのことだといってもよいだろう。そもそもそんな調査なんてあり得るのか，と問われるかもしれない。たしかにそうめったにはないけれど，あることはあるのだ。私がとても面白い調査だなと思ったのは，残念ながら私自身の仕事ではない。それは随分と前になるが，私の友人の湯崎稔が彼の仲間とともに被爆地広島で行った「原爆爆心地復元調査」であった。

　広島を訪れた人なら市域のほぼ中心に平和公園があるのを知っていると思うが，旧中島地区を中心とするそのあたり一帯は被爆前には山陽道随一の賑やかな盛り場であり，商業地区であった。1945年8月6日8時過ぎに米軍機が落とした一発の原子爆弾が，広島の町を一瞬のうちに壊滅させるが，その爆心地がこの平和公園に位置していたのである。当時は戦時体制のもとにあったとはいえ，市民生活を持続的に営んでいた都市住民の頭上にほぼ無警告に投下された原爆は，瞬時にして爆心地より同心円的に面としての都市破壊を引き起こした。その結果，おびただしい死者と物的，社会的機能の解体をもたらしたばかりでなく，生き残った人間にとっては被爆による放射能障害の後遺症をこうむることで，身体的障害や精神的な苦痛に悩み，被爆後の社会生活をおくる上で多くの困難をひきずることになった。

　湯崎稔が当時所属していた広島大学原爆放射能医学研究所（広大原医研）は，それまで被爆者の疫学的な調査研究を進めてきたが，それぞれの個別的な調査成果を被爆者集団の総体のなかでとらえようとするときにいつもぶつかる壁が存在した。それは，原爆によってもたらされた死者の総数も確定できないなど被爆被害の全体像が空白のままになっていたことであった。母集団が明確でないまま個々の要素を調べても埒があかないという悩みでもあった。この悩みを解決し，空白をうめるための画期的な調査計画を提起し，実施した人が社会学者の湯崎稔だったのである。

湯崎が提案した新たな調査計画は，被爆した時点でそれぞれの町内に住んでいたすべての生存者に面接調査を行い，当時にさかのぼって地域の住民構成や家族の構成を具体的に復元することで「被爆原点の空白」をうめようとするものだった。この「復元調査」を実施するにあたり，この種の大規模な「生活史遡及調査」には住民の協力態勢が不可欠と考え，地元のテレビ局を中心に大掛かりな参加の呼びかけをすることで調査への関心と趣旨の理解を深める準備活動を展開した上で，1968年3月にその第一弾のフィールドである爆心地調査を開始したのであった。

　湯崎たち調査スタッフとＮＨＫ広島支局を中心とするメディア側とのタイアップ態勢で進められた調査に対する市民の反響は予想以上にすさまじいものがあった。調査が始まると同時に電話や手紙が殺到し，地元の市民だけでなく全国各地から来訪する情報提供者の応対に追われる日々となった。ある者は手垢でボロボロになった広島の街並みが刻まれる被爆前の地図を持参し，別の人はそれぞれの町角や家並みを背景とするセピア色の家族写真を持ち込み，調査本部のテーブルの上に広げられた大きな白地図を囲みながら，集まった人びととの記憶の連鎖反応を通して一戸一戸隣近所の家並みを書き込むという復元作業が進められていくのである。

　この調査は，単に白地図に書き込むという作業にとどまらなかった。調査に参加した人たちはその空白をうめていく行為を通して，普段は口を閉ざしていた自らの被爆体験を問わずがたりに語りはじめ，被爆者同士の連帯や調査スタッフとの対話的なコミュニケーションを深めるようになる。そのことによって，当時そこに住みつき，日常の暮らしを営んでいた人びとの生活を原爆がどのように破壊し，しかもその打撃がいかに深い傷跡を精神面にもたらしたかを重層的に明らかにしていくのである。

　湯崎は，その後爆心地の外側の地域にも復元調査を精力的に展開し，それらの調査結果を社会学者としての自らの成果にまとめていく途上で惜しくも急死するに至る。しかし，彼が提起し，実践に移した調査活動が調査する者と調査

される者とを隔てていた敷居の壁を一気に突き崩して，相互が一体になって進行する数少ない事例であったことをあらためて想起し，私はあえてこれを「面白い」調査の代表として挙げておきたいのである。

これに対して，「つまらない」調査は無数に存在する。そのことは私自身の調査活動でも無縁でないことを自覚した上でいうのだが，その「つまらなさ」の意味は，単に調査内容が空疎で無内容であるという点のみにとどまらないのだ。つまりは，その調査が一体何のために，誰のために行われるのかをめぐる問題意識や主題意識が希薄で，調査するためだけの調査に終始したり，はじめから用意された政策目標に正当性を付与することが期待されるだけで実施される「ための調査」であったり，ただ単に自らの業績を上げる目的だけでまとめられたとしかいいようのないたぐいの代物を指しているのである。

4．「事実」とは何だろう

社会調査活動は，フィールドでの作業を通して社会的事象に関する事実的資料（事実に基づいた資料）としてのデータを収集し，分析しようとする一連の過程である。その際に私たちが吟味しなければならない初発の問いは，「事実」（FACT）とは何か，という問題である。一体，私たちは調査を通して「事実」を簡単に手に入れることができるのだろうか。私たちの日常的な生活思考のなかで，「事実」を「事実」としてとらえることはどのようにして可能なのか。さらに社会調査活動のなかで「事実」の客観性をどのようにして判定し，認識することができるのだろうか。このような根本的な問いかけは，社会調査活動がデータ（DATA），つまり事実に基づいた資料を常にとり扱う以上，避けて通ることのできない検討課題である。

ところで，私がここで紹介する映画「12人の怒れる男たち」（シドニー・ルメット監督，1957年）という作品は，私たちがふだんの暮らしで働かせている「日常的思考」でとらえることができる（あるいはとらえることができない）

「事実認識」の根拠がいかに希薄で，危ういものかをつきつけるものだ。殺人の容疑で裁かれている「貧しいユダヤ人」とおぼしき少年を被告とする裁判の場で，12人の陪審員たちが当初は12対1の評決で少年を有罪とするのであるが，「有罪とはいえない」とする一人の陪審員の疑問をきっかけに再検討の話し合いが交わされる。その過程で，有罪という判断を下した他の陪審員たちが各自の「日常的思考」に潜む「偏見」や「既成観念」という名の「色眼鏡」を通してこの少年事件の事実関係をとらえていたことが次つぎと暴露されていくのである。この作品は，さまざまな職業や経歴からなる「普通の人たち」がある特定の判断を下そうとする視点から「事実」がどのようにして可能なのか否かを考えさせる好個の材料を私たちに提起してくれるのである。

　では，このように誰もがかけている「色眼鏡」による不確かな事実認識からできる限り免れるためにはどうしたらいいのだろうか。私はここで「社会学的思考」に基づく調査活動を通して「確かな事実」に迫る糸口を探りたい。その際に，調査によって発見しようとする「事実」というものの性格を便宜的に次の2つのタイプに分けておきたい。

　第1のタイプは，外在的・明示的事実である。それは調査対象者が有する性別や年齢，職業，出身地などの属性的事柄および生活時間など比較的あるがままの事実を確定しやすい性格をもっている。これに対して第2のタイプは，内面的・潜在的事実であり，対象者の意見や意識，価値観など心の内面にかかわる事柄で事実が問われることになる。この後者の内在的事実こそが，すでにのべてきた不確かな事実認識との関連で問題とされてきたことである。

　社会的事象をめぐるこうした内在的事実を調査する場合，そこで事実とされる情報が対象者と調査者のことばのやり取りを媒介にして獲得されるのであるが，その際に双方が偏見や先入観，既成観念，利害関心などに染め上げられた「色眼鏡」の働きが介在することによって，「客観的事実」ということ自体が疑わしいものとなる。もし，これが自然科学の実験・観察の方法のように，統制的に観察対象を操作し，同一条件の実験場面を何度でも再現しつつ実験を繰り

返すならば結果として事象の規則性，法則性を発見することが可能となり，客観的事実を保障することができよう。しかし，社会調査においてはそのような実験手法を対象である人間に対して行うことはほとんど期待できないのであり，したがって自然科学の実験が目指すような客観的事実をもとめることは困難である。

　調査者の問いかけに対して，対象者がたとえ作為なく「ホンネ」で語る場合でも，そこで語られる「事実」は語り手自身の「主観的世界」に基づく対象認識，つまりその人が自分のおかれた特有の立場・位置・見方からものごとをとらえ，さらに主体的に解釈し，修正し，再編成した「主観的状況規定」によっていろどられた「主観的事実」なのである。私たちは，その人が「事実の海」からAではなく，Bをなぜ選びとったのかを検討する場合，その人がとらえた「主観的事実」の客観的認識がもとめられるのだ。しかも，対象者から得られた「主観的事実」をその対象者の外的・客観的な生活構造上の特質（どんな仕事や暮らしをしているのかなど）と，その本人の内的・主観的な生活世界における特有の見方，利害関心や価値観との相互関連を検討し，分析することが必要となるのである。そのことこそが，「主観的事実」を客観化する作業であり，社会学的調査研究の筋道となるのである。

5．だれもがフィールドワーカーになれる

　学生や市民がこれまで調査活動一般に対して抱いてきたイメージは，国や自治体，大学の研究機関そして大企業やシンクタンクといった大きな組織がそのもてる力を発揮して実施する大がかりな情報活動であって，そのスタッフにでもならないかぎり自分たちとは無縁なもの，という受け止め方があるように思われる。

　しかし，社会調査はそのような一握りの人たちの独占物であってはならない。一人ひとりの市民や学生が，もし身近な生活の必要から調査をやろうと志すなら，その人の身の丈に合わせたサイズの調査活動を計画して，許された時間と

お金を投入しながら自分なりのフィールドワークを実施に移すことができるのである。

　私はゼミで卒業論文やゼミ論文を書く際に，既存の文献・資料ばかりに頼るのではなく（そうした先行する文献・資料の検討は主題を明確に絞り込んだり，仮説の理論的構成のためには確かに大事な作業なのだが），主題や仮説を明らかにするためのオリジナルデータをできるだけ論文のなかにもりこむようにといつも奨励している。そのためには，論文の計画段階ですでに主題をめぐる調査計画も立案する必要があるのだが，そこで試みられる調査活動は何も大がかりなものが期待されているわけではない。

　個々の学生の限られた時間と資力のなかで，できる限り有効なオリジナルデータを獲得するように努力することになるのであるが，それは小規模なサンプルサイズのアンケート調査であったり，あるいは小中学校の特定の学級集団を対象とする面接調査や観察調査であったりする。さらにはまた，自分の町の老人ホームで特定の高齢者を対象に生活史調査を行うこともあり，他方では澤地久枝さんという作家との面談を実現することで，彼女の半生に関する個人史を取材するということもあった。

　そこで求められているのは，自分の身の丈に合った調査を計画し，実施することで制作している論文でとりあげている問題を今現実に抱えている人たちや自分が必要としている情報をもっている人たちにじかに出会うことで，机上の観念で固められた主題をめぐる問題意識の限界をつきやぶることである。あるいはそこで出会った対象者との調査からはみでるかもしれないような日常的な会話や観察を通して自分の論文に大切なリアリティの感覚を獲得することなのである。

　この意味で，調査活動は他人事の世界にあるのではなく，それを自分の身近な仕事や暮らしに引き付けて，志そうとすれば誰もがフィールドワーカーになることができるのである。

（原田勝弘）

第2章　調査が描く戦後日本人像——行動と意識の軌跡——

1．日本人の生活時間調査

　われわれの生活は，年・月・日・時・分・秒という時間の単位によって構成されている。この時間単位は一定の社会的環境条件によって人びとを規制する単位であるとともに，われわれはこの時間単位を主体的に配置・配分することによって，生活を成り立たせているともいえる。生活時間とは，このような社会環境と人間主体との相互の折り合いによって形成される時間の配分（とくに1日＝24時間）を軸にしてみた場合の生活実態のことであり，生活時間調査とは，この人びとの1日における時間配分を明らかにするための調査である。

　起床・移動・仕事・余暇・食事・休息・就寝。人びとが1日のうちのいつ頃，どのような行動をしているのか，平日と日曜ではこの行動にどのような違いがあるのか，また性別，年齢，未既婚，学齢，所得，職業，地域によって1日の使われ方がどのように異なってくるのか。これら生活時間調査により提示される結果は，人びとの生活実態を把握する上で，政策立案，マーケットの開拓，マスメディアの番組編成等はもとより，社会や文化の特徴や相違を研究する上でも，重要かつ基本的な資料を提供している。

　しかし生活時間調査・研究が最も重要な意味をもつのは，産業革命以降の近代産業資本主義の進行に伴う時間配分の効率化・画一化という社会問題を射程にした場合であろう。産業社会ないし近代社会は，それまで独自の時間配分によって構成されていた伝統的コミュニティにおける生活のリズムを，生産性を重視するための「合理的」な時間配分に再変換することによって成り立っている。人びとの個別的な時間は産業資本の歴史的進展のなかで管理され，拘束され，賃金に換算されていくこととなる。しかしながら，このような産業化の進

展に対し，生活時間調査・研究は，産業社会の時間配分と個人的な時間配分の拮抗関係を客観的に人びとに提示することにより，個人における「自由時間」，「可処分時間」の充実が，延いては「豊かな社会」の現実につながるということを提示することとなった。

a 生活時間調査・研究の歴史（戦前）

　日本における生活時間に関する問題意識は，すでに明治中期以降の殖産興業による資本形成期に，農商務省『職工事情』（犬丸義一校訂，1998）や横山源之助の『日本の下層社会』（1985）等で下層労働者の超長時間労働の問題として登場した。さらに重化学工業の伸展に伴う雇用労働者層の階層形成が本格的に始まった大正期には，大阪市社会部の『余暇生活の研究』（1923）や権田保之助の民衆娯楽論などで，生活時間の問題意識は自由時間・余暇時間の確保の問題として人びとの関心を引くようになった。しかし，1日24時間全体の構造が政策的問題として俎上にあがるようになったのは，就業構造の雇用労働者化がさらに進展し，かつ国家による集約的な労働管理により労働時間が急激に延長された戦時体制下であった。

　1938（昭和13）年に経済学者・大熊信行は『経済本質論』（1938）において生活時間についての「配分原理」による理論的考察を試み，翌41年には戸田貞三・林恵海の指導，内務・陸軍・海軍援助のもと，NHKが「国民生活時間調査」を実施し，43年には篭山京が『国民生活の構造』（1943）において生活時間に関する構造的分析を行った。とくに篭山は労働生理学の立場から，個人の労働力の消費・再生産を，人間のエネルギーの消費―補給に置き換えて，1日24時間を労働・休養・余暇時間に分け，それぞれの時間内でのエネルギーの消費―補給の差し引きから当時の労働者生活の構造を分析した。篭山は，労働時間の延長によって，人びとのエネルギーの補給が消費に追いつかない状態であると，戦時体制化における労働力の疲弊を指摘している。さらに彼は，労働時間の延長にもかかわらず，休養を削ってでも人びとが余暇時間を維持しようと

する傾向性を発見し，そこに一方的な社会環境による規制に抵抗する「生活主体」の姿を見出している。この篭山の生活時間の構造論的研究は，戦後の生活構造論および生活学の礎を築くこととなる。

b 戦後の生活時間調査・研究

戦後の代表的な生活時間調査・研究としては，① 藤本武を中心とする労働科学研究所による調査研究，② 家政学・家庭経済学的視点による調査研究，③ 総務庁（元総理府）『社会生活基本調査』や原芳男の主導による経済企画庁『生活時間の構造分析』，等の政府による調査研究，④ NHKの『国民生活時間調査』等がある。

① 藤本武を中心とする労働科学研究所による調査研究

労働科学研究所では第2次世界大戦後に展開していった各種の労働問題，労働者生活問題にかかわる一連の基礎調査の一環として労働科学的視点から大規模な労働者生活時間調査を行った。藤本は労働者の生活時間を大きく「収入生活時間」と「消費生活時間」に分類しており，とくに「消費生活時間」は従来「自由時間」として分類されていたが，このような分類では「労働力の再生産とは全然無関係な時間，切り下げてもよい時間」としてみなしているとこれを排し，「消費生活時間」を商品としての労働力が再生産される時間として重視する。

彼を中心に実施された主な生活時間調査に関しては，60年調査を『日本の生活時間』(1980)，70年調査を『最近の生活時間と余暇』(1974) に，それぞれまとめられている。

② 家政学・家庭経済学的視点による調査研究

従来の生活時間研究が労働力の消費─補給という循環視点に立って，労働者個人の生活時間配分に主な関心を寄せていたのに対し，家政学の家庭経済学的視点では，夫婦およびその子供をひとつの単位とした，家族としての生活時間構造を研究する。家政学の分野では1955年以降，稲葉ナミを中心とするグルー

プが生活時間の調査・研究を開始し，稲葉らは共稼ぎ夫婦の生活時間を分析することから，既婚女性労働者の労働生活と家庭生活の調和，また非共働き家庭と共働き家庭における生活時間の矛盾の解消を目指した。1970年代後半以降になると，伊藤セツ，天野寛子，大竹美登利らが，都市部および都市近郊を中心に，長時間労働が家庭生活に及ぼす影響や，夫婦間の生活時間配分の相違というジェンダー的視点，さらには「地域環境」という視点を加え，家庭と社会を媒介するものとしての地域生活をふまえた斬新な生活時間調査・研究を継続的に進行させている。

③ 総務庁『社会生活基本調査』や経済企画庁『生活時間の構造分析』(1975)

高度経済成長が終焉し，それとともに急速な経済成長による悪影響が生活の各部面に出始めた1970年代，「モノ」の豊かさから「ココロ」の豊かさへ人びとの関心が変化しつつあった。そのような情勢のなか，国民生活審議会は従来の経済指標に代わる新たな社会指標を模索し，その過程で生活時間研究に関心がもたれるようになった。総務庁では1976年以降，5年ごとに生活時間調査を中心とした『社会生活基本調査』を実施し，経済企画庁でも原芳男，矢野眞和らに委託し，1972年と1991年に，欧米における生活時間国際比較調査（「d 生活時間の国際比較」参照）を標準として，データの相互比較を可能とした，生活時間の総合的な調査を実施している。

また，政府主導のもとで行われた生活時間調査としてこの他に，労働省婦人少年局による1950年の一連の婦人・主婦生活時間調査などがある。

c NHKの『国民生活時間調査』

前記したように，NHKでは1941年に生活時間調査を実施しているが，戦後本格的に生活時間調査を開始したのは1960年であり，以後5年ごとに実施され，現在にいたるまで日本人の生活時間に関する膨大な基礎資料を有している。もともとNHKが生活時間調査を継続的に実施している背景には，どのような属性の人が，何時に，放送メディアと接触しているかを知り，そこから得られた

成果によりテレビ・ラジオの番組編成にフィードバックするという役割がある。しかしNHK『国民生活時間調査』は，その膨大に蓄積された情報量から，単に番組編成という目的に留まらず，政策立案や商品企画，そして学術的側面でも，国民行動の実態と変容を把握する上での重要な基礎資料として活用されている。

以下この『国民生活時間調査』の結果を用い，日本人の生活時間に関して，その時系列的な変化に際立った特長がみられる点について考察する。

(1) 仕事時間の増減と経済的・社会的影響

有職者の仕事時間は70年から75年の間に減少（平日—7時間48分→7時間27分）しているが，この要因として73年のオイル・ショックによる不況下の操業時間短縮が考えられる。また85年を境に減少に転じた仕事時間は，90年から95年の間でも，平日で7時間32分→7時間22分，土曜で5時間35分→4時間39分，

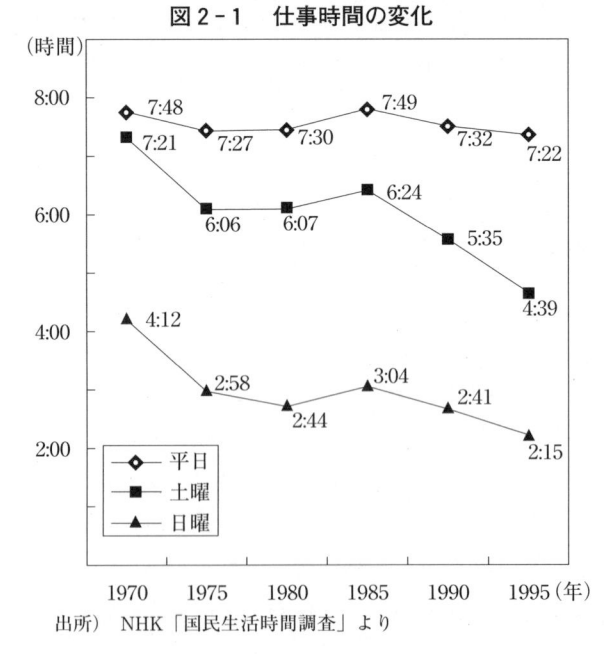

図2-1　仕事時間の変化

出所）　NHK「国民生活時間調査」より

日曜で2時間41分→2時間15分と,すべての曜日で減少を続けている(図Ⅰ-1)。特に土曜日の減少が大きく,この間における週休二日制の進展の結果であると考えられるが,同時にバブル経済の崩壊による不況の影響も作用している。このように,仕事時間の増減には大状況としての経済変動が大きく作用している。

また85年以降の仕事時間の減少には,欧米諸国からの「働き過ぎ」の日本人に対する労働時間短縮への政治的圧力と,それを受けた日本国内における世論形成も影響していると考えられる。そのようななかで確かに日本人の労働時間は減少傾向に向かったが,欧米諸国と比較すると,日本人の労働時間がなお長大であることも事実であり,多くの先進国が年間総労働時間,2000時間を(旧西ドイツ地域では1600時間を――「労働省労働基準局賃金時間部労働時間課推計」)切っている中で,95年調査の雇用労働者総体の年間総労働時間は概算で2193時間となっている。

(2) 減少率の低い平日の仕事時間

週休二日制の浸透と定着により,確かに土曜日の仕事時間は大幅に減少したが,「生活にゆたかさを感じない」という声が多い。この要因として,平日の仕事時間にほとんど変化が見られない点があげられるのではないか。85年以降の仕事時間の変化を時系列的にみてみると,土曜日の仕事時間は,85年―6時間24分,90年―5時間35分,95年―4時間39分と,この10年で1時間45分もの大幅な減少がみられるが,それに比べて平日では85年―7時間49分,90年―7時間32分,95年―7時間22分と,土曜日のそれと比べ減少の割合が非常に低い(図2-1)。平日の時間の使い方が,週・月・年の生活サイクルを規定する基本だとするなら,「ココロの豊かさ」を求めるような生活スタイルを形成するためには,平日の時間的ゆとりをまず重視すべきかも知れない。

(3) 依然大きい男女間の性別役割分業

専業主婦における95年の家事時間は,平日で7時間24分,土曜で7時間00分,

日曜で6時間06分と，有職者全体の仕事時間（平日―7時間22分，土曜―4時間33分，日曜―2時間22分）を，特に土曜・日曜で大きく上回る。このように家事労働には「休み」がない。さらに年間の総労働時間を算出すると，専業主婦のそれは2602時間となり，雇用労働者の2062時間をはるかに上回っている。

　家事時間の時系列的変化でみてみると，1970年以降95年にいたるまで，平日，土曜，日曜とも女性は若干の減少傾向，男性は若干の増加傾向がほぼ一貫して続いている。たしかにこの25年で男女の家事時間の格差は平日で4時間10分→3時間24分，土曜で4時間05分→3時間07分，日曜で3時間05分→2時間57分へと縮小しているが，依然として家事時間の男女差ははなはだしく大きく，家事労働における性別役割分業の根強い存在が立証されている。

　また睡眠時間の男女差をみても，男性が7時間46分，女性が7時間28分と，

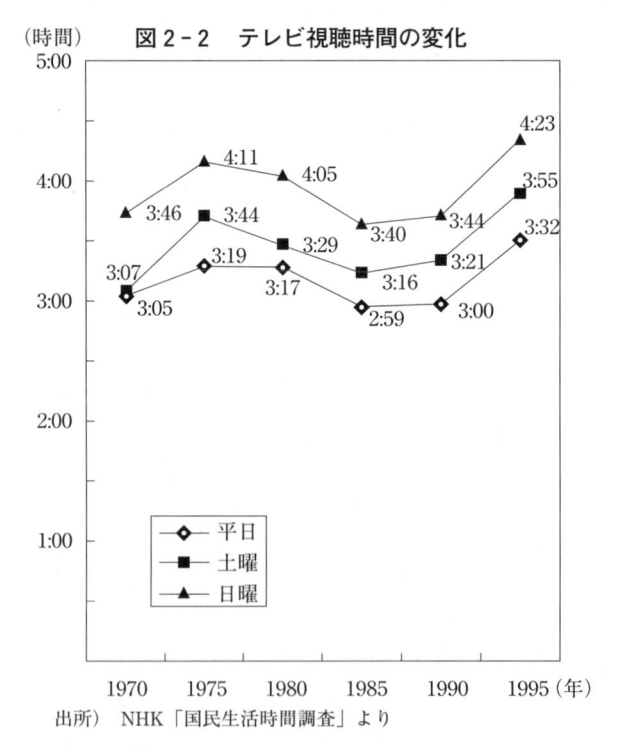

図2-2　テレビ視聴時間の変化

出所）　NHK「国民生活時間調査」より

女性の方が短く，この傾向はどの年齢層においても同様の結果となっている。特に40代—50代の共働き既婚女性では7時間01分と最も短く，フォーマルな労働時間と共に，この層に最も「シャドウ・ワーク」の負担がのしかかっているのがわかる。

(4) テレビ視聴時間と経済的・社会的動向

　1970年以降のテレビ視聴時間の流れを見ると，それまでほぼ上昇していたテレビ視聴時間は，85年には大きく下降したが，95年には90年と比べ，平日で3時間00分→3時間32分，土曜で3時間21分→3時間55分，日曜で3時間44分→4時間23分と逆に大幅に上昇して過去最高の値を示しているのがわかる（図2-2）。

　以上のようなテレビ視聴率の大きな変動にも，(1)で見たようなその時期における経済的な側面が色濃く反映されていると同時に，レジャーの多様化といった社会的側面も強く影響している。70年から75年にかけてのテレビ視聴時間の上昇には，オイル・ショックによる不況がもたらした労働時間の短縮が逆に自由時間を拡大し，その多くが安価で身近な「レジャー」としてのテレビ視聴へと流れたと考えられる。80年から85年までは各曜日ともテレビ視聴時間がかなりの減少を示し，「テレビ離れ」が喧伝された時期である。この時期はホーム・ビデオの普及と共に，スポーツやアウトドア志向をはじめとする「レジャーの多様化」現象が見られる。レジャー活動はこの5年間で，平日13分，土曜13分，日曜26分それぞれ増加し，逆にテレビ視聴時間は平日18分，土曜13分，日曜25分と，それぞれ減少している。そして90年から95にかけてはアフター・バブルの不況による労働時間減少—自由時間増大の傾向が，「安・近・楽」型レジャーの代表であるテレビ視聴へと向かわせることとなったと考えられる。

(5) 睡眠時間の急激な減少

　日本人の睡眠時間は1980年以降，急激に減少しつつある。80年には8時間38

分だった日本人の平均睡眠時間は，95年には7時間36分にまで減少し，これを週当りで換算すると実に7時間42分と，約1日分の睡眠時間が減っていることになる。さらに午後11時において睡眠をとっている人の率を80年と比較すると，平日で70%→56%，土曜で68%→55%，日曜で75→63%となり，睡眠時間の減少は，生活の「深夜化」の影響による就寝時刻の「後ろ倒し」によって現れているのがわかる。また95年調査では土曜日における睡眠時間の増加（90年―7時間44分→95年―7時間54分）という特徴がみられる。これは週休2日制のライフサイクルの定着による休日生活のパターンの変化とも受け取れるが，急激な睡眠時間の減少に対する，身体からの生理的な「抵抗」と受け取ることができるかもしれない。

d 生活時間の国際比較

生活時間の本格的な国際比較は，1964～66年にウィーンセンターとユネスコの後援のもとで，ハンガリーのサーライ（Alexander Szalai）を中心に世界にさきがけて行われた。これは，アメリカ，フランスなど資本主義5ヵ国およびソ連，東ドイツなど社会主義国7ヵ国で実施された時間調査で，（都市化・工業化による各国民の日常行動の変化，当時増大しつつあった自由時間や余暇時間の活用，女性の社会酸化と地位向上における地域格差等60年代の西側先進国や，急激な工業化を推進していた東側諸国に共通する問題）に焦点を当てたものであった。"*The Use of Time*"にまとめられたこのサーライ調査は，その後の生活時間の国際比較研究に大きな影響を及ぼし，生活時間調査の「国際標準」となった。日本でも，1972年と91年に松山において，原芳男と矢野眞和がこのサーライ調査の方法で生活時間調査を実施し，また84年にＮＨＫによって『国民生活時間調査』をサーライ調査と比較可能なものとするための実験的な調査が行われている。

1980年に入ると「国際生活時間アーカイブ」が設立され，各国の生活時間データを共通の分類システムに再コード化する作業が進められていく。このこと

によって国際比較の機運はさらに高まり，ここに集積されたデータを利用して，さまざまな比較研究が行われることとなった。NHKは，84年の実験調査の方法的成果に基づいて，アーカイブ所収の欧米6ヵ国（アメリカ，カナダ，イギリス，オランダ，デンマーク，フィンランド）の生活時間データと90年『国民生活時間調査』との比較研究を実施している。この比較研究で明らかになった日本人の生活時間の重要な特徴として以下の点が挙げられる。

(1) 生活必需時間に関して
● 日本人の睡眠時間は男女ともに短い。とくに女性は，欧米6ヵ国平均8時間18分に対して，7時間20分と約1時間も短くなっている。またほとんどの国では女性の方が男性よりも睡眠時間は長いのに対して，日本では逆になっている。
● 日本人は食事時間が一般的に「短かい」といわれているが結果はその逆で，欧米男性の1時間17分，女性の1時間18分に比べ，日本男性1時間32分，女性1時間36分となっている

(2) 仕事・家事時間に関して
● 男性有職者の家事時間は，欧米平均の1時間53分に対して，日本では31分ときわめて短い。家事時間量の男性有職者に対する女性有職者の倍率を比較すると，欧米平均1.8倍に対して，日本では6.7倍と大きな差となる。また日本人男性の家事協力度（家事労働の女性と男性の比率）をみると，とくに料理の協力度は2％（欧米24〜39％），掃除・洗たくの協力度は4％（欧米13〜38％）と非常に低い。日本における男女格差は他の7ヵ国中最も大きい。
● 有職者の仕事時間は男女ともに日本の方が長い。とくに男性有職者の仕事時間は，週単位では日本の方が欧米平均よりも11時間も長くなっている。しかし仕事・通勤時間に家事を加えた総労働時間は欧米と大差はない。

（3）余暇・レジャー時間に関して
● 交際などの社会活動を含めたいわゆる積極的レジャー時間は，日本は男女ともに欧米平均よりも1日あたり50分近く少ない。
● 日本人はテレビ・ビデオ視聴時間が長いと思われがちだが，欧米男性の2時間1分，女性の1時間42分に比べ，日本男性1時間43分，女性1時間32分とその視聴時間は決して長くはない。

（渡辺暁雄）

2．日本人の国民性調査

　「日本人の国民性調査」の前身は，1948（昭和23）年8月に，文部省の読み書き能力研究委員会によって実施された「日本人の読み書き能力調査」である。さらに，日本人のものの感じ方や考え方を調査しようと，「国民精神動向調査」が計画され，これが1953（昭和28）年に，統計数理研究所による第1次国民性調査として実施された。「日本人の国民性調査」は，この第1次調査から，1998（平成10）年の第10次調査まで，つまり，戦後間もなくから今日まで，途切れることなく5年ごとに行われてきた調査である。このような長期にわたる継続調査，また「国民性」を計ろうという調査は他に例をみない。この調査では，国民性を「いろいろのものごと，自然や人間・社会事象に対する人びとの考え方，ものの見方，感じ方の諸相」と規定し（林知己夫，1988），曖昧な概念である日本人の国民性を，計量的に，計画的に捉えようとしている。それは，戦争という過去を分析し，民主主義国家として再出発するために，また，国際社会へ復帰する場合の相互理解と協力のために，自国民の国民性を知り，各国の国民性に違いがあるという認識をもたねばならないという，戦後民主主義的な要請によって生まれた。
　調査はすべて，層別多段サンプリングにより，選挙人名簿（第1次のみ住民票）から選ばれた20歳以上の日本人（日本国籍をもち，日本に常住している）

を対象として行われている。調査地点は数百地点，サンプル数は数千人である。戸別訪問による一問一答の面接調査で，調査員は各地の大学生である。また，調査不能は毎回20％前後である。さらに，1968（昭和43）年の第1回ハワイ日系人調査から始まって，アメリカ本土調査や東南アジアと日本の学生調査，またフランス調査や，欧米の5ヵ国調査など，国際比較調査も盛んで，このような調査が，国民性調査自体の研究に厚みと説得力を加えている。

　質問は，日本人について書かれている文献から，日本人の性格や態度，意見，行動として取り上げられているものを抜粋し，それを整理したうえで予備調査にかけ，最終的に決定されたものを採用している。第2次調査では質問事項が大幅に書き直されたが，第3次以降は，第1次調査のものを基本としている。質問項目は，基本項目，個人的態度，宗教や精神事象に関するもの，家庭や子どもに関するもの，男女差別に関するもの，身近な社会問題，一般の社会問題に関するもの，政治的態度，金銭に対する態度，日本人観や日本的な道徳観，人間関係に関するものに分類されている。

　特徴的なのは，具体的で日常的な場面を設定し，そのような場合，立場であったら，どのように考え，どのように行動するかを問うものである。例えば，「ある会社に次のような2人の課長がいます。もしあなたが使われるとしたら，どちらの課長に使われるほうがよいと思いますか」という質問に対して，対象者は，「規則をまげてまで，無理な仕事をさせることはありませんが，仕事以外のことでは人の面倒を見ません」と「時には規則をまげて，無理な仕事をさせることもありますが，仕事以外でも人の面倒をよく見ます」のうちひとつを選択する。これは，義理人情的なものを重視するか，そうでないかを比較する質問である。

　ここでは，第1次調査から1988（平成元）年の第8次調査までの結果から，国民性調査が，戦後昭和期の日本人をどう描き出しているかをみていきたい。

a 第1次—1953（昭和28）年，第2次—1958（昭和33）年

　まず興味深いことは，多数意見（性別，年齢，学歴，職業，支持政党，地方在住，都市部在住という各層から満遍なく述べられている意見）ばかりを述べている人は非常に少数だということである。またこの少数の人びとが，特定の層に多いということはない。つまり，質問によって，日本人の多くの人がもつ多数意見というものがあり，その意見は，日本人を代表する意見といえるが，常に多数意見をもつ人は少ないのである。これは少数意見についても同様で，常に少数意見をもつ人も，特定の層に偏っているということはない。日本人に多い意見というものはあっても，典型的な日本人といえる人はごく少ないということである。「日本人像」とはひとつの理念型であることがよく理解できる。

　また，各層のうち，意見にもっとも影響するのは学歴で，以下，年齢と職業，性別と地方在住，支持政党と都市在住と続く。男性の学歴，都市在住者の学歴は，女性，地方在住者よりも高く，職業は，年齢，学歴と結びついている。そして，比較的合理的で進歩的な意見は，男性，若年層，高学歴層，都市在住者に多い。たとえば，「家」について旧来の考えをもつ者は，50歳以上，学歴は小学校卒業，職業は第1次産業，郡部在住，自民党支持者が多く，新しい考えをもつ者は，男性，20歳台，中学校以上の学歴，都市部在住，社会党支持者が多い。若年層には高学歴が多く，30歳台後半から40歳前後が，合理的か伝統的かの意見の変化がいちじるしい年齢であるが，年齢と学歴ではどちらの影響が強いのかまではわからない。

　多数意見は，「宗教は大切である」しかし「信じてはいない」「修身教科書的な行動をするべきだと考える」「他人に対しては寛容」「家や祖先を重視する」「人情的な上司を好む」「立身出世をたたえる」「（男女共）次に生まれるときは男性に生まれることを望む」「結婚した女性は家庭を守るべきだと考える」「趣味や生活は日本的なものに愛着を感じる」である。自分は「幸福だ」と答える人は80％で，暮らし方の理想は，「趣味にあった暮らし方」「清く正しく暮らす」「のんきに暮らす」「金持ちになる」「社会のために尽くす」という順にな

っている。

　また，全体に現実主義的な傾向もあり，祖先を尊ぶけれども，個人の生活まで束縛されることはないと考え，義理人情を好ましく思うが，生活までが義理人情的であるわけではない。現在といちじるしく違っていることは政治意識で，「必ず投票する」人は60％以上，支持政党のある人は70％以上である。

b　第3次―1963（昭和38）年，第4次―1968（昭和43）年

　第4次では，昭和生まれが過半数を占めた。変化の少ないものは，個人的態度に関する項目や，一番大切なものは何かといった質問である。変化の大きいものは，自然と人間の関係についてで，「人間の幸福のためには自然を征服していくのが良い」という答えが増加した。しかし，「科学や技術の進歩と共に人間らしさがなくなっている」という意見も増加し，自然を征服するべきものとみなすことには，一種の懸念も含まれている。また，これは以降の調査でも同様であるが，男女どちらに生まれ変わりたいかという質問に，女性と答える女性が増加している。概して変化が大きいものは，新しい意見に賛同するものが増加している。第3次から，年齢コウホートの分析や，時世，加齢の影響について分析が行われるようになった。

c　第5次―1973（昭和48）年

　多数意見で変化のないものは「人の面倒をよく見る課長を好ましいと思う」「信仰を持っていて，宗教心を大切と思う」「日本の庭を好む」である。個人的態度に関する質問についてはみるべき変化はない。公害問題に対する関心を反映し，「自然に従わなければならない」の減少に歯止めがかかり，回復傾向にある。逆にずっと増加していた「自然を征服していかねばならない」は減少した。そして「科学や技術が発達したら人間らしさが減る」という意見が増加した。高度経済成長期の第3次，第4次と比較して，低成長期の心情を反映している。また，家庭には80％以上の人が満足しているが，社会に対しては60％の

人が不満足である。将来は心の安らかさが減り，人間の健康も害されるだろうと答える人がとくに若年層に多い。支持政党なしが増加し，また日本人についての評価では，親切，礼儀正しい，明朗，理想を求めるという意見が減少した。

d 第6次—1977（昭和52）年

自然，科学技術，社会のしきたりや道徳に関する質問で，第5次にみえていた，伝統への回帰現象がより明確にあらわれている。具体的には，大切なものとして「親孝行」をあげる人が増加し，「権利の尊重」が減少するなどである。これはとくに若年層に多い。ただ，個人生活や社会の現状に対する評価，将来への展望等は，前回よりも明るい意見が増加している。すなわち，将来は「健康の面が良くなり，心の安らかさが増し，人間の自由が増える」「生活が豊かになり，幸福になる」という意見である。また，調査自体で変化したこととしては，サンプリング等の調査計画よりも，分析に重点がおかれるようになった。この分析結果で興味深いのは，日本人は，伝統と近代性を対比させる思想が強固であるということ，さらに，どちらを重視するか，あるいは好ましいものとみるかという結果に，逆転があらわれたということである。すなわち，「自然回帰志向」の高まりとともに「伝統回帰志向」もみられるのである。科学や技術に対し，それが必ずしも人間の幸福につながっていないという不信感が増すとともに，権利や自由を尊重する意見が減少している。科学技術の発達と権利や自由という思想が「近代的なもの」として，「自然」と「伝統的な思想」に対比させられている。また，世代的なものとしては，50年代に20歳台であった人の意見は大きくかわり，30歳台以上であった人の意見はあまりかわらないという結果が出た。

e 第7次—1983（昭和58）年，第8次—1988（昭和63）年

第5次，第6次にみられたような，伝統回帰的な方向転換には歯止めがかかっている。大きな関心事として経済があり，たいていのことは金で解決できる

という雰囲気がある。「経済的な理由によらず仕事はしたい，金があっても仕事がなければ人生はつまらない」というような，「金と人生の充実とは別」という考えは少ない。しかし，「バブル景気は国の経済的繁栄であって，国民一人ひとりの生活が良くなっているわけではない，一部の人ばかりが恩恵を被っている」という不公平感，あるいは「個人の幸福と国の繁栄は別」という，個人と国を明確に分ける考えもある。女性の社会進出を反映して，女性のなかで，「今度生まれるなら女性」「一人だけ子供を持つなら女の子」という意見が多数意見となった。初期の調査では，女性でさえ「男に生まれたい」「男の子を持ちたい」が多数意見であったことからすると，形勢が逆転したわけで，女性の意識変化は画期的である。減少し続けているのは「支持政党なし」「何をおいても投票する」で，「支持政党なし」は20歳台で60％となった。また，第5次，第6次調査から分析された伝統と近代を対比させて考える思想は，若年層ではみられなくなっている。確かに，若年層には，西洋的―東洋的，近代―伝統というような単純な二項対立の思考は少ないであろう。環境問題については高齢層より敏感であるし，自然破壊が良くないからといって，権利や自由という思想までも同じ近代的思想として拒否するという意識はないであろう。

　これらの国民性調査やさまざまな補足調査，国際比較の結果を分析し，統計数理研究所では，それぞれの時代の国民性の変化，無変化を論じ，ある種の日本人像を描き出している。この像をみるかぎり，日本人の自己イメージといちじるしく異なることはないようである。しかし，個々の質問を吟味すると，ある行動を選択するときの，非常に複雑な個人の心理，論理の道筋が十分汲み上げられているか，という疑問が生じる。具体的な場面設定で考え方や感じ方をみるという試みは興味深いものである。しかし，義理人情をはかるための代表的質問とされる「恩人が危篤であれば会議を休んでも帰郷する」「親が危篤のとき帰郷する」というものは，義理人情の定義自体が問われるであろう。すなわち，「帰郷するのが義理である」「帰郷するのが人情である」「会議に出席するのが義理である」「会議に出席するのが人情である」「帰郷するのが義理人情

である」「会議に出席するのが義理人情である」という6通りの回答が考えられるのではないか。さらに，義理と人情を対比して考えているのか，あるいは義理と義理とを秤りにかけているのかという問題もある。「会議に出席するのが義理である」という回答を考えても，恩人とのつきあいを義理ごとと考えて，会議という義理ごとに優先させるのか，あるいは会議は個人的な人情ごと（例えば社員の生活を安定させてやりたいとか）と考えているのか，という違いがある。「帰郷する」「会議に出席する」という2つの回答だけで「帰郷する」のは「義理人情を重視している」「会議に出席する」のは「近代合理的な考え」とはいえないであろう。ある行動を選択するという方法は回答しやすい。事実，国民性調査では，無回答が少ないという。しかし，上記の例をみただけでも，ひとつの行動の選択には，少なくとも6通りの考え方が隠されているのであり，これは，多くの質問表によって補足されるというものではないであろう。むしろ，ひとつの行動にあらわれる多くの考え方の道筋をより細やかに汲み上げていくしかないのではないか。

　また，継続調査であるがゆえに，使用する言葉自体の意味が時代や世代とともに変化しているという事情がある。たとえば，「先祖を尊ぶほうか，尊ばないほうか」という質問を考えてみると，「先祖」という概念自体が変化しているのではないか。どうしても家制度と切り放しては考えられない時代，世代に対して，生命の連続として「先祖」を考えるということがある。「家」の「先祖」では尊ぶ気になれなくとも「生命」の「先祖」には畏怖を感じるということもある。「先祖」や「尊ぶ」という概念自体の自明性が問題となるのである。

　しかしながら，「日本人の国民性調査」は，戦後の日本人の心理，態度，行動様式の変化を検討する上で，日本人を語る上で，けっして無視することのできない調査研究である。

（飯野智子）

3．SSM調査

a SMM調査の出発—社会階層と移動

　SSMとは，社会階層と社会移動（social stratification and social mobility）の略称であるが，通称SSM調査といわれるものは，日本社会における社会階層と社会移動をテーマとして，多くの社会学者が参加して10年ごとに継続して行われた全国調査をさしている。第1回が1955年，以後1965年，1975年，1985年，そして1995年と現在までに5回実施されている。日本社会の全体像としての社会構造を調査を通じて描こうとしたものである。社会調査史という面でいえば，日本の社会学者みずからの手で全国レベルの大規模な標本調査を設計し，実施し，数量的な分析を行い，10年ごとの継続調査として時系列データを蓄積し，さらにデータの共有と公開を行った，という点で国際的にも注目される代表的な経験的調査研究といえるだろう。

　当初のSSM調査の中心的な関心は，全体社会としての戦後日本社会が，教育などによる社会的地位の移動（社会移動）を可能にし「機会の平等」がどのくらい実現しているか，親の社会的地位は子の社会的上昇に有利に働いているか，といった問題であった。これはアメリカの社会学者が1950年代初期にSSM研究を理論的な面だけでなく，経験的調査データを用いた実証的な手法で追求していた動きに刺激されたものである。実際それまで，1国の全体状況を把握するのに国勢調査等の官庁統計に頼る以外になかった状況では，階層や階級というような問題を実際の経験的データとして取り扱うことはほとんど不可能と考えられていた。

　そこでまず，アメリカの研究を参考に尾高邦雄・西平重喜などが中心になって1952年に6大都市調査が行われ，それを拡大してさらに日本社会学会による公式行事として調査委員会が組織され，全国調査として実施されたのが1955年第1回調査である。標本抽出から集計に至る作業は，西平の属する統計数理研

究所があたり，全国45大学の社会学関係の研究者や学生をフィールドワークに動員する形で調査が行われた。統計学者が多く参加していたとはいえ，当時計算機もあまり普及していなかったことを思えば，全国レベルの学術的標本調査自体が画期的な試みであった。ただしこの時点では，10年ごとに継続して同様の調査を行うと決まっていたわけではなかった。

　社会階層の単位となるのは諸個人の社会的地位であるが，その社会的地位を量的に測定するには，それを操作的にいくつかの指標を組み合わせた形で表わす必要がある。1955年SSM調査では，職業・学歴・所得・財産の4つを社会的地位の規定要因としている。ただし財産については測定がむずかしく事実上地位変数としては使われていない。職業の分類はSSM職業大分類（8分類）を設定し，所得・学歴と合わせて地位の上下を量的に示す指標とする手法が採用された。これは，SSM調査の基本的な地位変数としてその後も継続して用いられることになる。この時点でのSSM研究は，他方で優勢であったマルクス主義的な階級論から発する日本社会の「後進性」や「身分階層的秩序」および「階級意識」の解明に実証的な解答を与えることをめざし，世代間移動と世代内移動の実態をとらえることに重点を置いていた。

b　SSM調査の展開——全国的調査の継続

　1965年の第2回調査はこの10年後の変化をとらえるために，西平重喜と安田三郎が中心となり，鈴木達三・富永健一等が加わって実施された。高度経済成長の折り返し点で行われたこの調査は，農業人口の急速な工業部門への移動，事務や半熟練の増加といった職業構造の変化，学歴の上昇などを反映して世代間の社会移動の流動性が高まっていることを示していた。ただ第2回は前回に比べ予算が少なく，学会の組織とも無関係であったために，研究の規模を大きくできず公式報告を出せずに，参加メンバーの個別的な報告にとどまっていた。10年ごとの全国調査という長期スパンは，SSM研究という共通視角は保持されるものの，研究実施における参加者や調査組織の継続性という点で，いろい

ろと発生する困難を避けられない。むしろ以後のSSM調査では，そこで得られたデータを参加した研究者が共同利用するとともに，それぞれの視点から自由に利用するという方向に進んでいく。

1975年の第3回調査は，欧米のこの分野の新しい諸研究を参照しつつ，富永健一を研究代表者として若手の社会学者を組織し，いくつかの方法的に大きな変化を導入する形で実施された。それは，大型電算機の利用を前提にした変数の数量化，アメリカでのブラウ＝ダンカンの「パス解析」などの多変量解析を用いた分析方法の採用，このために必要な全職業分類に対応する職業威信スコアの開発，実査を学生調査員ではなく専門社会調査機関に委託する，などが大きな特徴である。またSSM研究のもうひとつの柱ともいえる「階級意識」と「階層帰属意識」の分析も進展し，高度経済成長にともなう生活水準の全般的な上昇を反映して，まわりと比べた自分の暮らし向きが「中の上」「中の下」が増大するという，いわゆる主観的「中流意識」の肥大を示す結果となった。

また社会移動との関連で「学歴社会論」についても，学歴が階層を固定する要因ではなくむしろ世代間の流動性を高め，知的な能力のみによって移動を可能にする機会の平等を実現しているという分析を提出した。そこから職業・学歴・所得・財産・威信などが階層的に一致しやすいという仮説が疑われ，「地位の非一貫性」という問題提起がなされた。その結果全体としての日本社会の「平準化」仮説を，つまり機会の不平等の緩和傾向を調査データが裏付けているという，ある意味でポジティヴなトーンが報告書にはみられる。高度経済成長が一段落した第1次石油危機後の時点ではあるが，日本社会が一定の安定と豊かさを獲得した直後の人びとの達成感を反映していたと考えることもできる。また社会学の方法論としては，SSM調査が欧米の水準で議論できるだけの数量化されたデータによる精緻な分析結果として提示されたため，その後のSSM研究では，こうした技法に習熟する社会学者が育成されるとともに，さらなる量的な測定と解析の手法の洗練が追求されることとなった。

c SSM調査の発展――データの公開と利用

　1985年の第4回SSM調査は，全国から研究者を募る形で，直井優を代表とするSSM全国調査委員会によって実施された。この調査の方法的特徴は，調査の開始から終結までの運営は委員会が一括して行うと同時に，あらかじめ何らかの理論や立場によって調査企画を統一せず，さまざまなアプローチを採用し利用できるような開かれた組織論が採用されたことである。とはいえ第4回調査では，大きく4つの領域のテーマが構想され追求された。第1は，産業化と階層構造の変動の趨勢分析，第2は「中」階層意識を中心とする社会意識の分析と社会的不公平感の研究，第3は教育と社会移動の関連を説明する研究，そして第4は，女性の社会的地位に関する研究である。公刊された報告書もこの4点に分けて書かれている。

　とくに，それまでに行われた第3回までの成果を踏まえて時系列比較を可能にするような過去のSSM調査データの再コーディングが行われ，30年間の趨勢分析が可能になったことが大きい。そして，一定の時期を過ぎたらデータを公開し，研究者が自由に利用できる体制も進められた。これによりSSMデータを使った多様な分析結果が，輩出することになった。また，第3回までは調査対象者は男性に限られていた。これは社会階層や社会移動の単位を基本的に個人ではなく家族に置いており，女性の社会的進出が限られていた状況では，女性個人が独自の社会的地位を構成するものとは考えられていなかったことによる。女性は彼女の父または夫の地位により社会的な位置を代替できると考えられたのである。しかし，1985年調査では，もはや女性を社会的地位の測定から排除することは妥当ではないことは自明となった。そこで，20歳から69歳までの男女を母集団として女性を対象としたサンプルがとられたのである。

　第4回調査は，全体として統一した結論を求めたものではないので，論者によりあるいは分析方法によりさまざまな知見が提出されたが，ある意味でその企画構想からして第3回までのSSM調査の基本前提に対する批判的視点を含んでいた。第3回までの地位達成分析における日本社会の開放性とか，中流意

識分析における相対的な達成感とか，職業威信や学歴要因の重視などは，一般的・普遍的なものというよりは，実は高度成長と企業社会の発展という歴史的に特殊な事情が結果したものであったかもしれない，という疑問である。たとえば個人の社会的地位を決定するのは，職業や所得や学歴よりもストックの資産や文化的生活様式など他の要因が重要なのではないか，という論点が出されてくる。また，階層構造は一律に終身雇用的ホワイトカラーに移行する趨勢ばかりではなく，職歴の多様な自営業などにも一定の移動のルートが根強く存在する，などの指摘がSSM調査データの分析のなかからあらわれてくる。階層の平準化や収斂仮説に対し，むしろ資産や機会の格差が拡大しているのではないかという指摘もなされるようになった。

そしてバブルがはじけた平成不況の1995年，第5回のSSM調査が実施された。第4回で定着した多数の研究者の参加を募る調査委員会（正式名称は「SSM調査研究会」東京大学盛山研究室）方式とデータの共有がさらに進められ，全部で21巻にわたる膨大な調査報告が出されており，インターネット上で紹介されている。その扱うテーマと範囲は大きく広がり，ジェンダーや国際比較などの展開が行われつつある（盛山ほか，2000）。

SSM調査は，戦後の日本社会を対象として日本の社会学者が行った大規模な共同研究，理論的な討議と実証的なデータを結びつけた研究として，それぞれの時点で画期的なものであった。とくに社会調査の方法論的な発展という点で，欧米で進展した調査技法，なかでも数量化された統計分析を日本社会の分析に積極的に導入したという重要性は，歴史に残るものであろう。しかし，現在の時点からみて，共同研究としてのSSM調査のまとまった視点がほぼ維持されたのは第3回までで，それ以後は自由利用のシステムに転換するとともに論点が拡散していったことは否めない。10年ごとに調査を継続するということがいまやSSM調査の最大の意義といってもよいが，それが多くの努力と困難を伴うということもSSM調査の歴史を振り返る時，よくわかるのである。

（水谷史男）

4．出稼ぎ調査

a 高度経済成長期の出稼ぎ

　戦後の日本社会は昭和30年代から40年代にかけての〈高度経済成長〉を経ることにより，その産業構造を第1次産業中心から第2次，第3次産業中心へと重心を移すドラスチックな変動を経験してきた。そしてこの時期，〈出稼ぎ〉という特異な労働のあり方がその量・質の両面から注目されるに至る。ここで〈出稼ぎ〉とは，「生計（家庭経済）の必要を満たすために，一定期間，生活の本拠（家）を離れて他地で働き，しかる後に必ず帰ってくるという，一時的回帰的な離村就労形態」をさす。

　出稼ぎという就労形態自体はとくに新しいものではなく，戦前からもみられていた。だが，戦前から昭和30年頃までの「古い出稼ぎ」と昭和30年代以降の「新しい出稼ぎ」とではその性質を異にしている。それぞれの特徴を，本拠地から出稼ぎ就労地間での，①業種移動，②地域特性移動，③出稼ぎの主な担い手，の3点から確認しよう。まず古い出稼ぎの場合，漁業や援農というように本業と出稼ぎ先での業種内容が同一（第1次産業→第1次産業）であり，本拠地と出稼ぎ就労地はいずれも農漁村（農漁村→農漁村）という，いわば水平的な移動を特色としていた。また出稼ぎの主な担い手が貧農層であったことも特色である。総じて「古い出稼ぎ」は農漁村における潜在的余剰労働力が生み出す出稼ぎと位置づけることができる。一方新しい出稼ぎは，本拠地と出稼ぎ先での業種内容が異なり（第1次産業→第2次・第3次産業），出稼ぎ就労地が都市である点（農漁村→都市）から，いわば垂直的移動を特色としている。そしてその主な担い手層が農業の中核的存在である中農層であることも注目すべき点である。つまりこの「新しい出稼ぎ」は，日本経済の高度成長を背景にした都市部での労働力需要を，農村からの労働力過剰流出が下支えした結果生じたものとまとめることができるだろう。

第2章　調査が描く戦後日本人像

　一連の出稼ぎ調査は，この新しいタイプの出稼ぎについてその実態を明らかにすることを目的として明治学院大学社会学部を中心に，1971（昭和46）年から開始された。この調査は出稼ぎ労働の需要サイド（都市部事業所）および供給サイド（農村部農民）の両面におよび，また地域的にも東日本（首都圏—東北地方），西日本（京阪神地域—九州・沖縄地方）における出稼ぎを精力的に調査・記述することにより，その実態と構造を明らかにした総合的調査研究である。以下では，出稼ぎ調査が明らかにしてきた出稼ぎの実態を示してゆこう。

　まず出稼ぎ労働者数の推移だが，「1ヵ月から6ヵ月の予定で家を離れて働きに出た者」の数をみた場合，1963（昭和38）年の29万8,000人をピークとしてそれ以降徐々に減少してゆく。だが，実際の出稼ぎは6ヵ月以上の長期出稼ぎ者がいるのが実情であることから，確認されるだけでも1972（昭和47）年で約55万人，推定では100万人を超える労働者がいたと考えられる。

　では，こうした出稼ぎ労働者はどの地域から排出され，どの地域に吸収されていたのだろうか。まずこれを地域ブロック別に検討すると，出稼ぎ農家数のうち実に半数以上の54.3％が東北地方の農家であり，ついで九州（16.5％），北陸（9.7％）が続く。また地域ブロック別出稼ぎ者数をみた場合にも，東北（55.9％），九州（15.0％），北陸（9.4％）と同様の傾向にある。つまり，わが国における出稼ぎ労働者の排出地帯は，東北，九州，北陸という3大ブロックによりその大多数が構成されており，これら3地方はまさに「3大出稼ぎ地帯」を形成していたといえる。一方，出稼ぎ先にもかなりの収斂傾向がみられる。出稼ぎ先別出稼ぎ者数の割合をみると，京浜工業地帯に47.4％，ついで京阪神工業地帯（15.8％），中京工業地帯（10.7％）が続き，圧倒的に出稼ぎ労働者が京浜工業地帯に集中していることがわかる。先にみた3大出稼ぎ地帯からの出稼ぎ労働者数と出稼ぎ先との結びつきを確認すると，東北・北陸地方からは東京・神奈川を中心とした京浜工業地帯に，九州地方からは京阪神地帯にというように，出稼ぎ労働者の地域移動に一定のパターンが存在する。

　以上は，出稼ぎ労働のマクロな動向であるが、次に出稼ぎの実態を，①出稼

ぎ労働者の属性、②雇用事業所の特性、③出稼ぎ労働者の雇用経路、④出稼ぎ労働の就労実態の4点から確認しよう。

b 出稼ぎの実態

まず出稼ぎ労働者の属性だが、圧倒的に男子が多く (90.9%)、また年齢構成も35～44歳に多い (35.3%) など、送り出し側の農村にとっても中核的な農業担い手層である働き盛りの男性が、出稼ぎ労働者の中心であるといえる。一方雇用先の事業所については、調査当時の上野公共職業安定所にある「出稼ぎ雇用事業所台帳」などからサンプリングされた事業所を対象とした場合、出稼ぎ労働者を雇用する事業所の多くが建設業 (56.0%)、ついで製造業 (26.5%) であり、この2つの業種にほとんどの出稼ぎ労働者が集中していることがわかる。また各業種における常用雇用者に対する出稼ぎ労働者の比率をみると、建設業では36.2%、製造業では10.3%、その他の業種で4.7%で、建設業における出稼ぎ労働者の組み込みが多いのが特徴的である。さらに建設業のうち、元請けでは24.9%、1次下請けで40.8%、2次下請けで61.0%と下請けほど出稼ぎ労働に依存的であることも注目すべき点である。

こうした出稼ぎ労働者たちの雇用経路を確認すると、縁故関係による雇用が半数を占める（複数回答で52.0%）ほかに、職安に求人情報を出す（複数回答で43.4%）などがこれに続く。とくに縁故関係では、過去に雇用していた者の再雇用や、経営者など事業所側の人びととの同郷からの採用、出稼ぎ労働者側の家族、親戚、友人・知人などの紹介によるものなどさまざまな経路がみられる。

次に出稼ぎの就労実態をみてみよう。出稼ぎ労働者が就く職種の分布をみると、建設業では土工、大工、舗装工、製造業では食品検査、食品加工、その他の業種では運転手などに集中する傾向があり、高度な技能を必要としない単純労務作業が特徴である。彼らの就労実態を労働時間からみると、1日あたりの就労時間が9時間以上の者が全体の7割近くおり、また1ヵ月あたりの休日日数が2日以下である者が6割強、3日以下のものだと7割以上にもなる。こう

した長時間労働が出稼ぎ労働者にみられる理由は，なんといってもその賃金体系にあるだろう。すなわち，彼らの賃金体系のうち，圧倒的多数が日給（59.3%）や日給計算の月払い（39.2%）であり，このほかとくに建設業にいる者には出来高給の賃金体系も多くみられる。すなわち長時間労働が，イコール高賃金を約束するという図式があるために，出稼ぎ労働者たちの労働時間はいきおい長時間のものとなりがちである。

　ところでこうした出稼ぎは当時，雇う側・雇われる側にそれぞれどのような意味合いをもたらしていたのだろう。まず雇用者側にとってみれば，出稼ぎによる労働力は安価で良質な労働力であると同時に，不況時には真っ先に整理できる景気調整弁としての意味合いももち合わせ，当時の慢性的労働力不足を補完する重要な労働力として位置づけられていた。一方雇われる側の農民にとっての出稼ぎは，農業以外の収入源をもたらす魅力あるものだった。だがその背景には，農業所得の低位・低下，工業生産物に対する農産物の価格差，米価据え置きや米の作付・買い入れ制限といった農業政策の転換，近代農法（化学肥料・農薬，農機具等の導入）による農業経営上の支出増といった農業を取りまく変化がある。言い換えれば，マクロな産業構造転換のなかで日本の農業そのものが相対的に不利なものとなり，農家が農外所得に依存せざるをえない状況が生まれたことが，農村からの出稼ぎ労働を生み出すプッシュ要因として作用していた点を見落してはならない。それを裏づけるものとして，農家の耕地面積別階層と出稼ぎの関連を次にあげよう。

　耕地面積が小規模の者は出稼ぎ回数が多くそれだけ古くから出稼ぎに出ていた経験をもつが，逆に耕地面積規模が大きい者は出稼ぎ回数も少なく出稼ぎの経験自体も最近になってからである。また出稼ぎの理由についても耕地面積との関連が浮かび上がってくる。すなわち，耕地面積が小規模の者は「生計維持」を出稼ぎ理由にあげる者が多いが，反対に大規模の者は「（農機具購入のためなど）資金調達」を理由とする傾向がある。ここからいえることは，耕地面積からみた場合，その階層性が出稼ぎ労働のプッシュ要因としてきわめて決

定的なものだということであり，つまりは農業で生計維持できない者から順に出稼ぎ労働者として都市部労働市場の最末端部分に組み込まれてゆく図式が見出せるのである。

では，こうした出稼ぎ労働には地域的な特徴が見出せるのだろうか。この点について出稼ぎ調査は，後に東日本（東北地方）型と西日本（九州・沖縄地方）型という2つのタイプの出稼ぎ労働があることを報告している。すなわち，東日本型の出稼ぎ労働とは，水稲単作農業を主とする農民が冬季農閑期の5～6ヵ月間に限り出稼ぎに出るという，あくまでも農業の副業的位置づけにある冬型出稼ぎである。これに対し，西日本型の出稼ぎ労働の場合は，農家が畑作・複合経営農業を主とすることから東北地方に比べて明確な農閑期がなく，したがって出稼ぎ期間も不定期型で出稼ぎ収入への依存率の高さを特徴とした，いわば専業的出稼ぎである。出稼ぎのタイプにはこのほかに，地場産業によって特定業種・特定地域とが密接に結びついたものも確認されている（たとえば，酒造業に兵庫，石川，福井からの出稼ぎ，繊維業に石川，鹿児島からの出稼ぎが多いなど）。

c 出稼ぎ労働の特徴

戦後の「新しい出稼ぎ」は，日本経済の高度経済成長に乗じた農村―都市間での労働力移動であったが，低成長期以降はその様相を変化させることになる。出稼ぎ労働者数は昭和40年代後半をピークとして，その後は下降の一途をたどる。この出稼ぎ労働者減少の要因として考えられるものには，① 大都市における雇用力の減退，② 地方における雇用力の増加，③ 地方―都市間の賃金平準化，④ 出稼ぎ労働者の高齢化による引退，⑤ 出稼ぎ縮小化をめざした政策の結実，などがあげられる。なかでも低成長期移行後の大都市部での雇用力減退は，かつて売り手市場だった出稼ぎ労働力市場を買い手市場へと転換させる直接的要因といえる。こうした出稼ぎ労働を取りまく環境が変化するなかで，出稼ぎ自体の魅力も減少してゆくことになるが，反面，今なお残る出稼ぎ労働

者の存在には出稼ぎを続けざるをえないという，労働市場のゆがみが残されていることもみてとれる。

　総じて出稼ぎ調査では，近年の出稼ぎの動向を以下の3点に整理している。まず第1は局地化である。これは出稼ぎの需要地・供給地それぞれについて特定地域に集中する傾向が認められることを意味する。供給地としては東北，北海道，沖縄地方に，需要地としては東京とその周辺部分のウェイトが高くなってきている。とくに供給地については① 地形・気候上，辺地的性格の地域，② 酒造などの伝統的出稼ぎ集団の地域，③ 高度成長期の出稼ぎ多発が依然として継続している地域という3つのタイプに収斂している傾向が報告されている。

　第2には構造化があげられる。これは需要側の雇用計画において同一時期に同一人物を継続雇用するかたちをとって出稼ぎ労働の組み込みを常態化させる傾向がある一方で，供給側でも出稼ぎ収入を前提とした生活設計をするようになり，出稼ぎ労働の常態化がおこっていることを意味する。

　第3として出稼ぎの多様化あるいは階層分化ととらえられる点である。先に出稼ぎの最近の傾向として局地化と構造化をあげたが，いずれの傾向からも若干ずれる出稼ぎの形態も認められている。とくにそれは地方都市部からの出稼ぎ者の増加であり，その一部には家業をもたない，あるいは非農家出身である点，また通年型・不定期型出稼ぎ傾向が多くみられるなど，都市浮遊層に転落する可能性のある出稼ぎの存在がある。

　また集団ではなく単独就労の形をとる出稼ぎ者もみられるなど，いくつか確認される新たな出稼ぎ労働の傾向はある意味では出稼ぎの多様化であると同時に，出稼ぎ労働のタイプ間には微妙な階層差も生じてきていることが考えられるだろう。

　近年の出稼ぎは，とくに80年代以降，経済のグローバル化を背景にして東南アジア・中近東など第三世界からの外国人労働者による不法就労も加わり，今日ではアンダーグラウンド化した面を含みつつある。高度経済成長期以降に農

村部から都市部へとみられた出稼ぎは表面上は減少傾向にあるものの，その実，途上国から先進国への労働力移動という形態に姿をかえることで，現在の出稼ぎはより不可視化されつつも，なお，存続している。ここで重要なことは農村・都市間であれ，途上国・先進国間であれ，地域間経済格差が出稼ぎを生み，出稼ぎ労働者を労働市場の最末端に組み込み直すという構造自体に大きな変化はないということである。その意味で〈出稼ぎ〉は，今もって今日的テーマであり続けているといえるだろう。

(立山徳子)

5．日本とフィンランドの高齢者に関わる国際比較調査

社会福祉研究の領域において，国際比較調査への関心が高まっている。

「社会福祉」には広義と狭義の2通りの意味内容が含まれるが，その概念を狭義に措定すると，それは一般に高度に産業化した社会において，社会福祉ニーズを有する人たちに対して，主として対人的な関係を媒介として援助を行うこと，あるいはそのための具体的な社会制度や事業・活動を意味している。欧米諸国で，第6番目の社会サービスといわれる「対人社会サービス」(Personal Social Service) は，この概念に相当する。

社会福祉における国際比較研究は，1970年代にイギリス，アメリカなどの先進諸国で社会福祉サービスが制度化されるに従って，国際的にも数多く行われるようになってきた。また，わが国でも高齢化社会の進展に伴って，1990年代以降，コミュニティケア，地方分権化，社会福祉サービス提供主体の多元化と民営化，保健・医療・福祉の連携と統合，さらには介護問題の深刻化などの諸問題が，欧米諸国と共通していることなどから，社会福祉の国際比較研究が活発に行われるようになってきており，それらは「国際社会福祉論」の重要な1分野を形成している（阿部志郎・井岡勉編，2000）。

しかしながら，これまでの社会福祉における国際比較研究は，欧米諸国の既

存の社会福祉制度に関する横断的な比較研究が圧倒的に多く，「国際比較調査」，とりわけ量的な調査研究を通しての実証的な比較研究は，大きく立ち後れていたのが実状である。こうした状況のなかで，「日本とフィンランドの高齢者に関わる国際比較調査」は，高齢者福祉の領域に限られてはいるものの，上記の意味での国際比較調査としては，かなり先駆的な調査研究（リサーチ）であったといえよう。

a 「日本とフィンランドの高齢者に関わる国際比較調査」の概要

「日本とフィンランドの高齢者に関わる国際比較調査」（以下，本調査と記す）は，日本とフィンランドの両国政府によって始められた研究プロジェクトであり，日本社会事業大学社会事業研究所と国立トゥルク大学社会政策学部が研究組織を形成し，1993年度より3年間にわたって行われた調査研究である（日本社会事業大学社会事業研究所，1994〜1996）。また同時期に，同様の国際比較研究として行われた研究プロジェクトとしては，本研究の他に，「地域保健福祉システムの国際比較研究」（トゥルク市と広島県御調町）などがある。

（1）調査研究の目的

本調査研究は，戦後，世界に先駆けて福祉国家体制を築いた北欧諸国のひとつであるフィンランドの社会福祉サービス，とくにその高齢者保健福祉サービスについて，わが国のそれと比較研究を行い，その先進的なサービス・システムを評価すること，またそのサービス・システムと相互に関連する高齢者の生活と意識について，わが国の高齢者のそれと比較し，北欧型福祉国家の成立要件，あるいはその成果や影響などについて分析・考察することの2つを目的とした。

本調査研究の研究組織が相互に議論を行うなかで，上述のような目的を設定した理由は，第1に1980年代以降，世界的に新保守主義（Neo-Conservatism）が台頭し，公的財源にもとづく北欧型福祉国家の社会福祉システムへの批判と

見直しが行われ,「福祉多元主義」(Welfare Pluralism) が次第に社会福祉政策の基調となるなかで, とくに高齢社会の進展にともなって重要な政策課題となってきた高齢者保健福祉サービスについて, 国際的な視座から両国の研究者が相互に理解を深め, それぞれの国のサービス・システムについて的確に評価を行うことは, 今後の政策選択の基礎として重要になると考えたからである。

　そして, 第2に北欧型福祉国家における社会福祉システムについては, これまでいわばわが国のあるべき「モデル」として無媒介に紹介されることが多かったものの, そのシステムと相互作用を有する市民の生活や意識, あるいはそれによってもたらされる市民の生活状況などについては, これまで国際比較の視座から十分に実証的な研究が行われて来なかったことである。そのため, 同じ先進諸国でありながら, 欧米諸国とは異なる独特な価値観や文化を有するわが国が, これからあらたな「福祉社会」を構築して行く上で, こうした比較研究を行う意義は大きいと考えたからである。

(2) 調査研究の方法

　上述の研究目的に従って, 本調査研究では次の2つを具体的な課題とした。
　① 日本とフィンランドにおける高齢者ケア・システムの国際比較調査
　② 日本とフィンランドの高齢者の生活と意識に関する国際比較調査

　まず,①「日本とフィンランドにおける高齢者ケア・システムの国際比較調査」での具体的な調査方法は, 両国の研究者が相互に日本とフィンランドを訪問し, 関連する文献や資料, あるいは各種の統計資料を収集し, その内容を分析することによって, 相手国の高齢者ケア・システムについて理解を深めた。また同時に, 関連する高齢者保健福祉の機関・施設・団体を訪問し, 保健福祉関係者への面接調査 (ヒアリング) を行ったり, 実際のサービス活動に同行することによって, 具体的な知見をもつようにした。さらに, 高齢者ケアの現実を知るために, 高齢者の人たちを実際に訪問し, 話を聞く機会も設けた。

　なお, この調査に関しては, 上述の「地域保健福祉システムの国際比較研

表2-1 「日本とフィンランドの高齢者をめぐる家族・地域社会・保健福祉サービス等の状況」に関する調査の対象と方法

調査地域	神奈川県鎌倉市	広島県御調町	トゥルク市
調査対象者	鎌倉市に居住する65歳以上の高齢者のなかから住民基本台帳にもとづいて,無作為抽出を行った.サンプル数は1,200名,有効回答数は816名で有効回答率は68.0%であった.	御調町に居住する65歳以上の高齢者のなかから住民基本台帳にもとづいて,無作為抽出を行った.サンプル数は300名,有効回答数は263名で有効回答率は87.7%であった.	トゥルク市が管理するデータベースに登録されている65歳以上の高齢者のなかから無作為抽出を行った.サンプル数は1,500名,有効回答数は967名で有効回答率は64.5%であった.
調査方法	郵送調査法	郵送調査法	郵送調査法
調査時期	1994年10月	1994年10月	1994年9月〜10月

表2-2 「日本とフィンランドにおける要介護高齢者の社会的支援の状況」に関する調査の対象と方法

	鎌倉市	トゥルク市
調査の対象者	鎌倉市において在宅福祉サービスを利用している高齢者のうち,痴呆症状がなく,調査に本人が回答できる者のなかから,100名を無作為抽出した. 有効回答＝99ケース	トゥルク市において,在宅福祉サービスを利用している高齢者(全員がデータベースに登録済)から,視覚,聴覚,痴呆の各項目に異常がみられず,本人が回答できる者のなかから,100名を無作為抽出した. 有効回答＝100ケース
調査時期	1994年11月〜12月	1994年11月〜12月
調査方法	ホームヘルパーによる個別訪問面接調査	看護婦による個別訪問面接調査

究」(トゥルク市と広島県御調町)が,高齢者ケアシステムについてより詳細な国際比較研究を行っており,その研究成果が参考となった.

次に,②「日本とフィンランドの高齢者の生活と意識に関する国際比較調

査」では，両国の高齢者の生活と意識を総体的に把握することを目的としたため，健康な一般の高齢者から，保健福祉サービスを利用している虚弱・要介護高齢者までを幅広く調査の対象として，複数の方法で現地調査を行った。なお，調査地域は，フィンランド側がトゥルク市であったことから，わが国は調査の「初期条件」（人口規模や高齢化率など）をできるだけあわせるため，同市とそうした条件がほぼ等しい神奈川県鎌倉市を調査地域として選定した。また，上述の「地域保健福祉システムの国際比較研究」との関連で，広島県御調町も，あわせて調査地域として選定した。

　われわれは，上記の2つの研究課題を達成するために，3種類の現地調査を実施した。

　まず第1の調査（第1次調査）は，表2-1に示されているように，鎌倉市，御調町，トゥルク市の3つの地域で，健康な一般の高齢者を対象として「郵送調査法」によって，その家族，地域社会，保健福祉サービスへの一般的な意識などを把握する調査である。

　次に第2の調査（第2次調査）は，表2-2に示されているように，鎌倉市とトゥルク市の2つの地域で，郵送調査での回答がむずかしいと思われる虚弱・要介護高齢者を対象として，保健福祉の専門職による「訪問面接調査」を行い，その社会的支援（ソーシャルサポート）や保健福祉サービスの利用状況などについて把握する調査である。

　さらに第3の調査（第3次調査）は，高齢者個々人の生活状況を生活史的な視点から理解するために，鎌倉市とトゥルク市の約10名の高齢者に対して，両国の言語と文化に精通した研究協力者が行った生活史の聞き取り調査である。この調査では，日本とフィンランドの歴史や文化，あるいは政治・経済の動向が高齢者の生活や人生に与える影響が質的な次元で分析されている。

b「日本とフィンランドの高齢者に関わる国際比較調査」の結果
（1）日本とフィンランドにおける高齢者ケア・システムの国際比較調査

表2-3 鎌倉市とトゥルク市の概況

	鎌 倉 市	トゥルク市
(1) 総人口	175,538人	160,390人
(2) 高齢者人口（65歳以上）	24,941人	26,532人
(3) 高齢化率	14.2%[*1]	16.5%
①前期高齢者	8.3%	9.3%
②後期高齢者	5.9%	7.2%
(4) 産業別就業者比率		
①第1次産業	1.1%	1.1%
①第2次産業	29.2%	24.2%
②第3次産業	69.5%	67.8%
(5) 訪問看護婦数	28人[*2]	100人
(6) ホームヘルパー数	53人[*3]	700人
(7) ホームヘルパー派遣世帯数	290世帯	2,252世帯
(8) ホームヘルパー利用時間数	30,162時間	872,244時間[*4]
(9) 特別養護老人ホーム入所者数	233人	438人
(10) 高齢者保健福祉予算	18億円/604億円	120億円/800億円[*5]

*1：鎌倉市の高齢化率は1991年時点のものである．1995年7月現在では17.1％となっている．
*2：鎌倉市の訪問看護婦数には訪問指導にあたる保健婦18名と，訪問看護を行う看護婦10名を含めている．（1995年現在）
*3：鎌倉市のホームヘルパー数は「常勤換算」である．一方，トゥルク市のホームヘルパー数は，すべて市の公務員であり，Social Centerに勤務している．
*4：トゥルク市保健局の資料にもとづき，日本側研究チームが独自に集計を行った数値である．
*5：1フィンランド・マルカを20円として換算している．

「日本とフィンランドにおける高齢者ケア・システムの国際比較調査」では，両国の研究者によって，それぞれの国のケア・システムの歴史的な経緯や現状について分析が行われたが，その際に国際比較という視点からケア・システムを示す指標が計量化され，その量的な差異が分析されている．

たとえば，表2-3は主な調査地域となったトゥルク市と鎌倉市の高齢者ケア・システムの相違を示したものである．この表からもわかるように，具体的な人口規模や高齢化率，あるいは就業人口構成などの指標は両市でほぼ近似している．しかしながら，高齢者ケア・システムにはかなりの格差が存在し，とくに在宅ケア・サービスを支えるマンパワーやその利用率は，トゥルク市で圧

表2-4　調査票の構成

1　基本属性
(問19)　性別
(問20)　年齢
(問21)　婚姻形態
(問22)　子どもの数
(問5)　居住年数
(問23)　学歴
(問24)　職業1（就業状況）
(問25)　職業2（職歴）
(問26)　収入源
　　(1)仕事
　　(2)同居の息子（娘）夫婦
　　(3)別居の息子（娘）夫婦
　　(4)公的年金
　　(5)私的年金
　　(6)生活保護・福祉手当
　　(7)資産（貸家・配当など）
　　(8)その他
(問28)　暮らし向き
(問16)　主観的健康感

2　高齢者と家族
(問1)　家族の状況
(問2)　子どもとの交流状況
(問3)　同居観1
　　　　同居観2
　　　　同居観3
(問4)　老後の生き方1
　　　　老後の生き方2
　　　　老後の生き方3
　　　　老後の生き方4
　　　　老後の生き方5
　　　　老後の生き方6

3　高齢者と地域社会
(問6)　近隣との交流頻度
(問7)　地域団体などへの参加
　　(1)婦人会
　　(2)老人クラブ
　　(3)教養サークル
　　(4)スポーツ団体・サークル
　　(5)ボランティア活動
　　(6)市民運動・住民運動団体
　　(7)町内会・自治会
　　(8)その他
(問8)　日常的な地域活動への参加
　　(1)家の修繕などの軽作業
　　(2)孫や子どもの世話
　　(3)スポーツ
　　(4)友人などとの会話
　　(5)クラブ活動や社交活動
　　(6)テレビ・ラジオ
　　(7)囲碁・将棋・トランプ
　　(8)リラックスして過ごす
　　(9)宗教団体などの集会
　　(10)その他
(問9)　近所づきあいへの意識・態度
(問10)　地域生活に関する意識・態度
(問11)　定住意志

4　高齢者の価値観
(問12)　主観的幸福感1
　　　　主観的幸福感2
　　　　主観的幸福感3
　　　　主観的幸福感4
　　　　主観的幸福感5
　　　　主観的幸福感6
　　　　主観的幸福感7
　　　　主観的幸福感8
　　　　主観的幸福感9
　　　　主観的幸福感10
　　　　主観的幸福感11
　　　　主観的幸福感12
　　　　主観的幸福感13
　　　　主観的幸福感14
　　　　主観的幸福感15
　　　　主観的幸福感16
　　　　主観的幸福感17
(問13)　女性の就業に対する意識・態度
　　(1)子どもがいない時期
　　(2)就学前の子どもがいる時期
　　(3)就学期の子どもがいる時期
　　(4)子どもが自立した時期
　　(5)両親の介護が必要な時期

5　保健福祉サービスへの意識・態度など
(問18)　介護観
(問15)　要介護時のサービスに関する意識・態度
(問16)　保健福祉サービス等の認知度
　　(1)ホームヘルプサービス
　　(2)ショートスティ
　　(3)デイサービス
　　(4)機能訓練事業
　　(5)入浴サービス
　　(6)給食サービス
　　(7)訪問看護サービス・訪問看護指導
　　(8)日常生活用具給付事業
　　(9)特別養護老人ホーム
　　(10)老人保健施設
　　(11)緊急通報システム
　　(12)かかりつけ医の往診
(問17)　保健福祉サービス等の利用意向
　　(1)ホームヘルプサービス
　　(2)ショートスティ
　　(3)デイサービス
　　(4)機能訓練事業
　　(5)入浴サービス
　　(6)給食サービス
　　(7)訪問看護サービス・訪問看護指導
　　(8)日常生活用具等給付事業
　　(9)特別養護老人ホーム
　　(10)老人保健施設
　　(11)緊急通報システム
　　(12)かかりつけ医の往診
(問27)　引退後の収入源

図2-3 高齢者の介護観

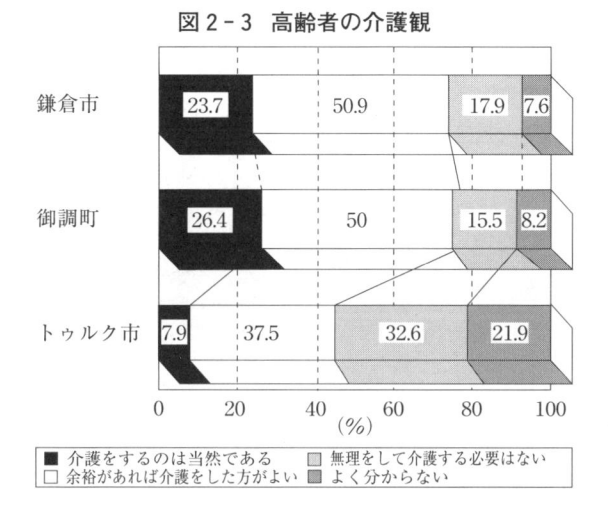

	介護をするのは当然である	余裕があれば介護をした方がよい	無理をして介護する必要はない	よく分からない
鎌倉市	23.7	50.9	17.9	7.6
御調町	26.4	50	15.5	8.2
トゥルク市	7.9	37.5	32.6	21.9

倒的に高くなっている。また，鎌倉市では，一般会計予算604億円のうち，高齢者保健福祉予算はわずか18億円にすぎないのに対して，トゥルク市では，800億円のうち，その予算は実に120億円に達しており，両市の高齢者保健福祉にかかわる財源規模には大きな差があることが明らかになった。

（2）日本とフィンランドの高齢者の生活と意識に関する国際比較調査

「日本とフィンランドの高齢者の生活と意識に関する国際比較調査」については，上述のように3種類の調査が実施されたが，ここでは「日本とフィンランドの高齢者をめぐる家族・地域社会・福祉サービス等の状況」（以下，第1次調査と記す）の調査項目（表2-4）のなかから，とくに近年のわが国の公的介護保険制度のあり方に関する議論ともかかわる「介護観・要介護時のサービスに関する意識」の調査結果を取り上げて記述する。

★ 介護観・要介護時のサービスに関する意識

第1次調査では，高齢者保健福祉サービスの中心となる介護サービスに関連する高齢者の「介護観」と「要介護時のサービスに関する意識」について質問した。

表 2-5 基本属性×高齢者の介護観

	高齢者の介護観		
	鎌倉市	御調町	トゥルク市
(1) 性別	.099	.159	.074
(2) 年齢	.126**	.153	.095*
(3) 婚姻形態	.101*	.119	.148***
(4) 子供の数	.190***	.162	.196***
(5) 居住形態	.137***	.143	.107**
(6) 居住年数	.070	.096	.056
(7) 学歴	.129**	.140	.075
(8) 職業（就業状況）	.054	.120	.043
(9) 暮らし向き	.106*	.166	.066
(10) 主観的健康感	.075	.145	.066
(11) 性・年齢	.113**	.142	.099**
(12) 年齢・健康感	.113*	.149	.103*

表中の数値はクラマー係数（Cramer's V） ＊：.05＞P＞.01　＊＊：.01＞P＞.001　＊＊＊：.001＞P
(注) (11)性・年齢は，性別，年齢別に作成した新しい変数である．(12)年齢・健康感も同様に，年齢別，主観的健康感別に作成した新しい変数である．

図 2-4 要介護時のサービスに関する意識

	配偶者や子どもの世話で家庭で生活する	在宅福祉サービスを受けて家庭で生活する	特別養護老人ホームなどで生活する	介護サービス付きの高齢者住宅で生活する	老人病院などの医療機関に入院する	その他・よく分からない
鎌倉市	32.1	33.5	3.4	8	14.1	8.9
御調町	36.7	35	6.2	7.1 / 2.7		12.4
トゥルク市	10.6	52.7	12.4	9.9	2.4	12

表2-6　基本属性×要介護時のサービスに関する意識

		要介護時のサービスに関する意識・態度		
		鎌倉市	御調町	トゥルク市
(1)	性別	.214***	.204	.098***
(2)	年齢	.111	.153	.072
(3)	婚姻形態	.192***	.206	.177***
(4)	子供の数	.116	.171	.112
(5)	居住形態	.149***	.161	.208***
(6)	居住年数	.121*	.188	.069
(7)	学歴	.125**	.202*	.116**
(8)	職業（就業状況）	.082	.140	.087
(9)	暮らし向き	.095	.163	.148***
(10)	主観的健康感	.109*	.161	.076
(11)	性・年齢	.162***	.176	.128***
(12)	年齢・健康感	.116*	.179	.072

表中の数値はクラマー係数（Cramer's V）　*：.05＞P＞.01　**：.01＞P＞.001　***：.001＞P
(注) (11)性・年齢は，性別，年齢別に作成した新しい変数である．(12)年齢・健康感も同様に，年齢別，主観的健康感別に作成した新しい変数である．

　まず，「介護観」に関しては，親子関係を軸にして子どもが親を介護することをどのように思うかについてたずねた。その結果は，図2-3の通りである。この図からもわかるように，日本の鎌倉市と御調町の高齢者は，やはり「介護をするのは当然である」と「余裕があれば介護をした方がよい」の回答率が高く，フィンランドのトゥルク市の高齢者は「無理をして介護する必要はない」と「よく分からない」の回答率が高くなっている。ちなみに，トゥルク市の「よく分からない」の21.9％のなかには，かなりの比率で「考えたことがない」という意味の回答が含まれていると思われる。なお，表2-5は，基本属性と介護観のクロス集計の分析結果であるが，この表から鎌倉市とトゥルク市で，統計的に有意な変数がかなり似ていることがわかる。

　次に，「要介護時のサービスに関する意識」に関しては，高齢者が要介護状態になった時に，どのようなサービスを望むかについて，大きく施設サービスと在宅サービスに分けてたずねた。その結果は，図2-4の通りである。この

図からもわかるように，日本の鎌倉市と御調町の高齢者は，「配偶者や子どもの世話で家庭で生活する」の回答率が高く，逆にトゥルク市の高齢者は，「在宅福祉サービスを受けて家庭で生活する」の回答率が高くなっている。また，鎌倉市では「老人病院などの医療機関に入院する」と回答した高齢者が多く，トゥルク市では「特別養護老人ホームなどで生活する」と「介護サービス付きの高齢者住宅で生活する」と回答した高齢者が多くなっている。この結果から，日本の高齢者は医療施設に対してより肯定的であり，フィンランドの高齢者は生活施設に対してより肯定的であると考えられる。なお，表2-6は，基本属性と要介護時のサービスに関する意識のクロス集計の分析結果であるが，この表から介護観の場合と同様に，鎌倉市とトゥルク市で，統計的に有意な変数がかなり似ていることがわかる。

★「日本とフィンランドの高齢者に関わる国際比較調査」の意義と課題

本調査研究を1990年代半ばに行った社会的意義としてはさまざまなものがあるが，ここでは特に社会調査の視点から，その意義を2点あげることにしたい。

まず第1は，本調査研究は北欧諸国との国際比較調査という意味で先駆的であった点である。高齢者に関わる国際比較調査としては，これまで日本とアメリカとのそれがいくつか行われてきた。また，本調査研究に関わる先行調査としては，日本の総務庁が継続して実施している「老人の生活と意識」（第1回〜第4回）があるが，この調査には世界でもっとも高齢化が進んでいる北欧諸国が含まれていない。その意味では，北欧諸国のなかでも，いままで日本であまり研究されることがなかったフィンランドの高齢者福祉に関して，実証的なデータの分析を通して，学術的な国際比較研究を行ったことには大きな意義があったといえよう。

次に第2は，本調査研究が高齢者のケア・システムだけでなく，高齢者の生活と意識についても，いくつかの現地調査を組み合わせて重層的かつ多面的に調査研究を行った点である。国際比較調査としては，このように調査目的にあわせて複数の現地調査を行うことは，その「実現可能性」という点からも困難

なことが少なくないが，本調査研究ではそれが一定の条件整備によって可能になっている。

　また，本調査研究では両国の研究者がそれぞれ現地調査(フィールドワーク)を進めて行く過程で，単に関連資料の収集や質問紙調査だけでなく，参与観察法や訪問面接調査法，あるいは生活史の聞き取り調査など，さまざまな調査技法を用いて第1次資料(プライマリーデータ)を収集している点に特徴がある。ただし，国際比較研究の調査方法論としては，いくつかの課題が残されており，その点については，今後さらに同様の国際比較調査を積み重ねていくなかで，より緻密で洗練されたものにしていく必要があると考えられる。

（和気康太）

第3章　社会調査活動の歴史

1．人口調査（センサス）の歩み

　社会調査の起源，あるいは，原初的形態は，国家・政府が，その支配する地域内の人口や世帯の状況を把握するための実施した人口調査であるといってよい。このような人口調査の起源は，比較的大規模な国家・政府の成立の時期まで遡ることができる。古代エジプト，ギリシャ，ペルシャ，中国などで人口調査が実施されたという記録が残されており，古代ローマでは5年ごとの定期的な人口調査が実施され，紀元前5年には，ローマ帝国の全域に対象地域を拡大してこの調査が実施されたといわれている。わが国でも，大化の改新によって班田，祖，庸，調の法が定められるとともに，全国的な広がりをもつ戸籍調査が定期的に実施されるようになった。

　近代以前のこうした人口調査は，課税・徴兵・治安維持などの目的で実施され，収集されたデータは，（統計的な分析を施すというよりも）直接的に個人を統制する目的で活用された。また，人口すべてを数え上げるというよりも，課税・徴兵などの特定の目的に必要な対象（特定の年齢層や世帯主など）に限定して，その特性を調べあげるという点も特徴的であった。

　さて，17世紀から18世紀にかけて，社会の近代化と近代国家の形成が欧米諸国で始まるとともに，こうした前近代社会での人口調査と区別される近代センサスの考え方が，次第に発達していった。この近代センサスには，次のような特徴がみられる。

① 一定の領域内でのすべての人口の把握が目指され，さらに個人の社会経済的特性や世帯構成等についての調査項目が含まれていること。

② そのデータは，特定の個人の統制のために用いるのではなく，統計分析を

行うことによって，国家の行政や政治・経済活動のために活用されること。また，回答の秘密の保持を保証すること。

③　蒐集されるデータの精度を高めるために，センサス実施のための行政機構を整備すること。

　このような意味での近代センサスがいつ始まったかとみるかは，近代センサスの定義次第ともいえる。全国的な規模での人口の全数調査という点からいえば，1749年にスウェーデンで実施されたセンサスが最初であるが，定期的に継続されるという条件をつけ加えれば，1790年から始まり，その後10年ごとに実施されたアメリカ合衆国のセンサスが最初の近代センサスといえる。その後，19世紀に入ると，イギリス，フランス，デンマーク，ポルトガル，ノルウェーなどのヨーロッパ各国がセンサスを実施するようになり，それに伴って，「統計局」などの名称のセンサス担当部局が政府内に設置され，国家規模での統計調査の実施体制が整えられていった。19世紀の半ばになると，従前のように世帯単位でデータを蒐集するのではなく，個人単位でデータが蒐集されるようになり（1846年のベルギー，1850年のアメリカ合衆国のセンサス，など），近代センサスの手法がほぼ確立する。1861年にはイタリア，1871年にはドイツでセンサスが実施され，欧米主要国でセンサスの実施体制が確立するが，わが国で最初のセンサスとして国勢調査が実施されたのは1920年であった。

　その後，センサスはさらに多くの国々に普及し，第2次大戦後の10年の間には，150の国もしくは領域（植民地など）でセンサスが実施されるに至っている。

　このようなセンサスの普及とともに，センサスの実施・集計方法の技術的改善と標準化のための国際協力が行われてきたが，第2次大戦後は，国際連合がそのための中心的な役割を担うようになり，専門的知識の普及，各国への技術支援，人口推計などの活動を行っている。

　今日におけるセンサスの普及，技術的向上とともに，その役割の変化，拡大にも注目する必要がある。すなわち，センサスは，近代国家の行財政，産業，

軍事面での要請に応えるために発達してきたといえるが，今日では，それに加えて，民間の社会・経済活動や学術研究のための基礎データを提供する役割も次第に大きくなっているのである。

　なお，センサスという用語をここでは人口調査（人口センサス）に限定して用いたが，農業・工業・商業などの行政統計調査も「農業センサス」「工業センサス」「商業センサス」などとよぶ場合もある。こうした諸分野のセンサスも，現代国家における行政機能の拡大とともにいっそう拡大発展を遂げ，その重要性を増す傾向がみられる。[1]

　1) センサスの歴史については，以下の文献を参照。Taeuber, Conrad "Census", in E. F. Borgatta and M. L. Borgatta ed. Encyclopaedia of Sociology, Macmillan, 1992, pp. 360–365. "Census" in *New Encyclopaedia of Britannica*, 19, Vol. pp. 22–23,

2．社会改良のための実態調査（社会踏査）

　社会調査のもうひとつの歴史的源流として，社会問題の実態の解明とその解決策の検討という実践的な目的で実施された各種の調査をあげることができる。こうした調査は，しばしば（とくに多面的，総合的な調査の場合に）社会踏査（social survey）とよばれる。

　このようなタイプの調査は，19世紀以降の欧米諸国で，資本主義経済の発展，産業化・都市化の進展に伴い，貧困，失業，犯罪，不衛生，不良住宅などの社会問題が発生し，それへの対応にあたって，その基礎となるデータを科学的な方法により収集，分析する必要性が認識されるようになった結果として活発に実施されるようになっていった。

　こうした調査の発展に重要な役割を果たした先駆者としてハワード（J. Howard），ル・プレイ（P. G. F. Le Play），エンゲル（E. Engel）らの名があげられる。

ハワードは，地主ジェントルマンとして地方行政に関わるなかで，当時のイギリスの監獄において囚人に対する処遇が劣悪であることを知り，監獄の実態調査に取り組むことを思い立った。彼は，さまざまな困難と危険を冒して，イギリスのみならず欧州諸国やロシア等の監獄の訪問調査を私費により行った（Howard, J. 1984）。その調査方法は，各地の監獄での聞き取り調査と観察が中心であったが，調査項目と調査方法をあらかじめ定めて調査票を用いて体系的に情報を収集し，分析した点に社会調査史上の意義があるといわれる。

ル・プレーは，鉱山技師，鉱山学校教授のほか政治・行政の要職をつとめたフランスの指導的な知識人であったが，社会改革の前提として，科学的な方法による社会現象の研究が不可欠であると考えて，「労働者」（賃労働者のほか，農民・職人・小商人等を含む）の生活実態の研究に取り組んだ（Le Play, 1855）。彼は，調査対象としたヨーロッパ諸国の数千人の労働者家族の中から，典型事例として少数の労働者家族を選び出し，家計に関する量的データと家族の日常生活に関する質的データを併用して詳細な分析を行った。

エンゲルは，19世紀中葉にザクセン・プロイセンの統計局長をつとめ官庁統計の確立に寄与した人物であるが，労働者の家計の研究に取り組み，「家計費中の飲食費の割合は，所得が高くなるほど低くなる」といういわゆるエンゲルの法則を証明した（Engel, 1895）。彼の研究は，調査結果を単に記述するだけでなく，データの分析から経験的一般化を行って科学的法則の確立にまで結びつけたという点で重要な歴史的意義をもつものであった。

これらの人びとの調査研究は，社会改良という実践的な問題意識に基づいて行われたが，同時に彼らは，ハワードが調査票を用い，ル・プレーが量的データと質的データを併用しながら事例調査を実施し，エンゲルが調査結果からの経験的一般化を行うなど，今日の社会調査法の基礎となる調査技法や科学研究法の導入において成果を収めたのである。

さて，こうした先駆者たちの個人的な発意と努力による調査と並行し，あるいはその影響を受けて，政府のイニシアティブによる社会問題の実態調査も次

第に活発になり，社会調査活動は厚みを増していった。

そうした動きが最初にみられたのは，産業化・都市化に伴う社会問題にもっとも早い時期に直面したイギリスであり，19世紀の第2四半期には社会問題に関する各種の実態調査が活発に実施されるようになり，この時期の主要な社会立法である工場法（1833年），新救貧法（1834年），公衆衛生法（1848年）の制定にあたっては政府の委員会により実態調査が実施された。19世紀末には，こうした調査の集大成といえる大規模な社会調査が実施され，その後の社会調査の展開に大きな影響を及ぼすことになる。それは，ブース（C. J. Booth）とラウントリー（B. S. Rowntree）による貧困調査であった。[2]

2) 19世紀から20世紀初頭にかけてのイギリスの社会調査については，次の文献が参考になる。Martin Bulmer, *The Uses of Social Reserach*, George Allen and Unwin, 1982 ; Louis Moss, *The Government Social Survey*, HMSO, 1991 ; Robert Pinker, *Social Theory and Social Policy*, 1971, Heinemann ; 小山秀夫「1948年公衆衛生法と衛生改革」小山路男編『福祉国家の生成と変容』光生館，1983年，所収 ; G. イーストホープ，川合隆男・霜野寿亮訳『社会調査方法史』慶応通信，1982年 ; Catherine Marsh, *The Survey Method*: George Allen and Unwin, 1982

ブースは，実業家として生涯を終えた人物であるが，若いころから社会改良に取り組み，貧困問題に関心を寄せていた。彼は，貧困の規模や労働者・貧困層の生活実態についての科学的なデータがないことに気づき，自ら私財を投じて，1886年からロンドンの労働者や貧困層の生活実態の調査に取り組んだ。彼の調査の方法は，主として学校当局の家庭訪問員の記録などインフォーマントから得られた情報によって個別の世帯についてのデータを作成するという方法であったが，さらに自らの直接的な面接，観察で得られたデータも併用し，人びとの労働と生活の実態を多面的，総合的に記述，分析し，その成果を『ロンドン市民の生活と労働』（1889〜1903）と題する17巻の報告書として刊行した。

彼は，ロンドンの全人口を職業，従業上の地位，雇用形態，生活程度等の指標により8つの階級に分類し，全人口の30.7％が貧困階層に属することを示し

た。また，貧困の主たる原因が，従来考えられていた怠惰や不行跡などの個人的な原因ではなく，雇用の不安定や低賃金などの社会的要因であることも明らかにされた。この調査結果は，貧困を個人の責任とする貧困観を抱いていた人びとに大きな衝撃を与えた。なお，この調査のテーマは，貧困に限るものではなく，労働条件，公衆衛生，余暇，社会関係など多岐にわたっており，総合的な地域調査，都市社会学の実証研究の古典としての評価も高い。

　ラウントリーも，ブースと同様に，社会改良に強い関心をもつ企業経営者であったが，ブースの調査に触発され，私財を投じて1899年に地方都市ヨークで同様な大規模な貧困調査を実施した。彼は，貧困の規模と貧困原因に関するブースの調査結果を地方都市で再検証しようとしたのみでなく，科学的な研究方法論の採用，調査技術の改善を試みた（Rowntree, 1901）。

　調査は，一部の富裕な世帯を除くヨーク市の全世帯を対象として，調査員による訪問面接調査によって実施された。彼は，貧困の概念を明確に定義するとともに，その厳密な測定方法を開発した。すなわち，日々の生活のために最低限必要な栄養量をもとに，他の生活必需品の費用なども考慮して，最低生活費を設定し，それを上回る収入があるかどうかによって，各世帯が貧困の状態にあるかどうかを判定した。その結果，ヨーク市民のうち27.8％が貧困の状態にあることが明らかになった。また貧困原因に社会的要因の比重が圧倒的に高いことも証明された。ラウントリーは，また，今日の社会学でいうところの家族周期，生活周期の観点から労働者の家計の変動を分析し，貧困や生活構造の研究の新しいアプローチを開拓した。

　社会改良のための実態調査は，イギリス以外の欧米諸国でも，産業化・都市化の進展に伴う社会問題が深刻化するのに伴って，公的機関や民間の社会事業家，研究者などによって取り組まれるようになっていった。アメリカ合衆国の場合についてみると，こうした調査活動は，革新主義（プログレッシヴィズム）と呼ばれる社会改良主義の運動の広がりを背景にして，19世紀末から20世紀初頭にかけて急速に活発化した。ブースの貧困調査の方法は，アメリカの調

査活動に影響を及ぼし，大都市のセツルメント・ハウスで活動する社会事業家や研究者による都市貧困層の調査がさかんに行われることとなった。シカゴの「ハル・ハウス」では，スラム地域の訪問調査を実施し，ブースの方法にならって社会地図を用いた調査報告書を作成した。

　各種の個別の社会問題の調査に加えて，総合的な地域調査への取り組みもこの時期に始まった。その代表例としては，ピッツバーグ調査（Pittsburg Survey）が知られている。この調査は，ジャーナリストでソーシャルワーカーでもあったケロッグ（P. V. Kellogg）が中心になって1907年から取り組まれたもので，鉄工業を中心とするアメリカ最大の工業都市ピッツバークにおいて，急激な社会変動が都市住民の生活に及ぼす影響を明らかにし，さまざまな社会問題への対応のあり方を探る目的で多様なデータ収集，分析方法を活用して，総合的な調査研究が実施された（Kellogg, 1914）。

　この調査が刺激ともなって，1910年代から20年代にかけて各地で社会問題への行政的対応のあり方を探る目的で多数の調査が実施された。そうした調査の多くは，貧困，低賃金，犯罪，教育などの個別の社会問題についての調査であったが，この時期に100件を上回る総合的・包括的な地域調査も実施されていた。[3]

(平岡公一)

3) この時期のアメリカにおける調査活動については，次の文献が参考になる。Jean M. Converse, *Survey Research in the United States*, University of California Press, 1987, 一番ヶ瀬康子『アメリカ社会福祉発達史』光生館，1963年.

3．世論調査・市場調査

　ブースやラウントリーは企業経営者であったとはいえ，その調査活動はあくまで社会改良を目的としたものであり，企業の営利とは区別された動機に発するものだった。このようにセンサスや社会踏査の系列では，調査は行政の必要

のため政府当局が実施したり，社会問題の解決を意図する研究者や運動家によって行われたのに対し，20世紀に入ると新聞などのジャーナリズムや営利企業がその活動の一環として，不特定多数の人びとを対象とした調査を行うようになる。特に1920年代には資本主義経済が飛躍的に発展し，繁栄する大衆社会を現出しつつあったアメリカ合衆国では，実践的営利的動機を背景として各種の調査活動が盛んになる。その代表的なものが選挙結果の事前予測などの世論調査（public opinion polls），そして商品の販売予測などの市場調査（marketing research）である。

　もちろん営利を動機とするといっても，目先の利益のために調査主体が調査の方法や結果を恣意的に操作するのでは詐欺的行為であり，調査とすらいえないだろう。世論調査や市場調査が，人びとのもつ多様な政治的意見や態度，あるいは特定商品の購買行動や意識を正しく表示しているという信頼を獲得しなければ，調査活動の継続が営利に結びつくこともできない。そのためには，それが正しい「科学的な」方法で実施される必要があった。アメリカでは民間の企業や調査機関が，大学などで開発された数量的な統計や社会調査の技法を積極的に応用摂取し，また世論調査や市場調査の発達が逆にこの分野の科学的研究を促進するという幸福な相乗作用が可能だった。

　しかしどんなに「科学的な」調査であっても，そこに示された結果が誰にも明白な事実と異なっていれば，一般の人びとの信頼は得られない。調査が有用なものであると社会的に認知され，広範に普及していくためには疑いようのない実績を示すことが必要だった。この意味で世論調査や市場調査は，はっきりと結果の出ることがらについて事前に予測するという単純にして分かりやすい作業であり，さまざまな批判や疑念にもかかわらず，実績を示すことによってアメリカで営利事業としても成功を収めた。

　世論調査を組織的に事業化したジョージ・ギャラップ（George Gallup）の名は，1935年に設立された今日も続く「アメリカ世論調査所」（通称ギャラップ・ポール）とともに世論調査の代名詞ともなっているが，彼が1940年にS. F. レイ

と一緒に初めて世論調査について書いた本の題名は「民主主義の鼓動」(*The Pulse of Democracy*) (1940) であった。世論調査がアメリカで発展したひとつの大きな理由は，合衆国大統領選挙の予測が人びとの関心を呼んだことがあげられる。大統領選挙は初代ワシントン以来国民的大政治イヴェントであり，アメリカの民主主義の象徴であった。何ヵ月も続くレースは自由な市民が政治的意思を表明する絶好の機会であると同時に，新聞などジャーナリズムにとっては売り上げを伸ばす絶好の機会でもある。

　それはすでに1824年の大統領選挙で，「ハリスバーグ・ペンシルヴェイニアン」という新聞が，紙上に刷り込んだ投票用紙に読者が予想を記入するという方式で，アンドリュー・ジャクソンという候補者の圧倒的優勢を発表し，また別の新聞「ザ・ラリー・スター」も事前に開かれたいくつかの政治集会で簡単な調査を行いジャクソンの優勢を予測した。これが世論調査の始まりといわれている。こうした記事は大きな反響を呼び，新聞の部数増に貢献したためその後大統領選挙の度に，新聞による選挙予測がなされるようになった。方法的には上記のような紙上投票や模擬投票，窓口調査，街頭調査，郵送調査，戸別訪問など現在考えられる種々の方法が試みられているが，予測を確実にするにはできるだけ大量の地点で大量の人びとに聞くのがよいと信じられていた。なかでも「ザ・リテラリー・ダイジェスト」紙は1920年から電話加入者など1,000万人を超す大量のはがきによる世論調査を繰り返し，大統領選挙の予測を行うことで有名だった。1932年には2,000万枚のはがき調査票を送付し，300万枚が記入して返送され結果としての誤差0.9は「魔術といえるほどの正確さ」といわれた。

　ところが，1936年の大統領選挙で世論調査史上画期的な事件が起こる。従来通り，主に電話加入者名簿と自動車所有者名簿に載っている1,000万人の人びとにはがきを送った「ザ・リテラリー・ダイジェスト」紙は，共和党のランドン候補57.1％，民主党のF. D. ルーズベルト候補42.9％という得票率を予想し，大きく外れてしまうのである。実際の選挙結果は，ルーズベルトの62.5％，大

統領選挙の全国世論調査として19.6％の誤差は過去最大を記録した。すでに2年前の下院議員選挙で，政治に関する世論の動向を正確に反映していると思われる地域を選び，少数ながら注意深く抽出された標本をもとにした世論調査システムを試みていたギャラップ，および同種のサンプリング法を用いて市場調査を始めていたローパーなどの新しい専門調査機関は，いずれもルーズベルトの圧勝を正しく予測していた。

　この差は，調査対象者の選び方，つまり標本抽出の方法のちがいによるものと考えられた。どれほど大量にはがきを送ろうと，アメリカ全土の有権者をすべて調査することは不可能であり，回収率も3割に達しないのが普通である。その場合，リテラリー・ダイジェスト紙がやったように，比較的回収の期待できる電話や自動車をもっている人たち（当時のアメリカではそれは中流以上の恵まれた階層の人たちになる）に対象を限定してしまえば，回収率は上がるだろうがそのことがむしろ偏りを強め，得られた結果は有権者全体の縮図にならずに大きな誤差を生んでしまう。

　一方，ギャラップなどが採用した方法は，やみくもに標本の数を増やすことではなく，有権者全体の特性を反映するような縮図を少数の標本から得ることができるように，統計などから事前にいくつかの基準を設定し，その構成比率に対応して標本を割り当てるクォータ・サンプリングと呼ばれるものであった。たとえば，全体で大都市居住の有権者が20％，中都市居住の有権者が30％，その他が50％であることがわかっていれば，調査の可能な標本がたった1,000人としても，大都市から200人，中都市から300人，その他から500人と割り当てて選ぶのである。性別・年齢別・宗教別など他の基準も組み合わせて割り当てを決定すれば，大都市の豊かな中年女性だけの回答を1万人集めるより，はるかに全体を予測できる縮図に近づくことが期待できる。

　1936年の劇的な失敗だけが原因ではないが，リテラリー・ダイジェスト紙はまもなく廃刊に追い込まれ，ギャラップやローパーなどの調査会社は大統領選挙だけでなく各種の政治的争点について定期的な世論調査を行い，その結果を

新聞などと契約して発表するようになる。また，1929年の大恐慌で資本主義的工業生産のはらむ予測可能な危険に痛い眼をみた企業家は，世論調査が世間の信頼を勝ち得るのと並行して市場調査の重要性を強く認識するようになった。標本調査という考え方が工夫されてきたのは，そもそも近代工業の大量の規格品生産という条件の下で，実践的な技術的課題としての品質管理という問題の中からであった。フォードの自動車生産システムのように，あるいはさらに完全に機械化された合理的計画的に設計された工場でも，不良品は発生する。しかも，すべての製品を解体して検査することが不可能な場合，完成品のなかから一定の確率で抜き出して検査することになる。この確率と標本というアイデアの，工学的応用が標本調査を導くのである。

こうした生産の側面に続いて，製品の販売つまり消費という側面については確率論の適用は遅れていたが，標本調査が社会現象に適用されることが分かると，急速に人びとの製品に対する需要の動向を調べることの有効性が認められ，市場調査が普及してしくことになる。これも特にアメリカで1930年代後半から先のローパーをはじめ続々とリサーチ会社が作られ，企業から請け負って盛んに市場調査を行うようになる。第2次世界大戦後はアメリカ経済の世界的繁栄を背景に，単に製品の開発販売の資料だけでなく，広告宣伝の分野に拡大していく。

こうして世論調査・市場調査は，社会的に認められ事業分野としても成り立つようになったかにみえたが，調査への不信感や偏見が消えたわけではなかった。1948年の大統領選挙では，ギャラップを含むすべての世論調査が民主党のH.トルーマン候補の勝利を予測できなかった。世論調査への信頼は揺らぎ，反対派は喜んだ。理論的にいえば，クオータ・サンプリングにも大きな欠陥があったのである。欠陥と考えられたのは，実際の調査現場では割り当てられた属性の範囲内であれば，調査員が誰を対象者に選ぼうがかまわないという点にある。ある町で20歳代のカソリック白人女性を10人調査せよと指示された調査員は，自分の好みの協力的な対象者だけを恣意的に10人選んで調査する可能性が

高い。社会調査では調査対象者には一般に非協力的な人や接触が難しい人が一定量必ず含まれるはずであるから，これでは協力的な人や接触の容易な人との間に調査対象となることの確率に差ができる。これが標本の偏りを生み誤差を大きくすることになる。

これを防ぐには，調べようとする全体つまり母集団から偏りなく一定の確率で標本を抽出する方法を考えなければならない。無作為抽出と呼ばれるサンプリング法が，その後の世論調査の主流になるのは，統計学的な研究の進展もさることながらこうした歴史的経験が影を落としている。

第2次世界大戦後，世論調査や市場調査はアメリカから世界各国に社会科学の最も実践的で有効な応用として，場合によっては政治的・経済的な利用手段としても学習され普及していった。そして1970年代以降のコンピュータの開発普及は，数量化された世論調査や市場調査を飛躍的に効率化・日常化して，世界的に調査の氾濫を招くに至った。同時に，膨大に製作される調査データの陰で，回収率や補足率の低下や費用の増大，ファックスや新しい通信手段の開発によって調査方法や情報の蓄積利用のあり方自体が問われるようになってきている。ただし，他方では世論調査や市場調査の実施が不可能な地域，内乱や軍事政権など政治的に不安定な地域や教育とメディアが未発達で文盲など言語的障害が大きな地域では調査活動自体がきわめて困難である。社会の民主化は，自由で有為な調査が成立する基本的な条件であるといっていい。

（水谷史男）

4．地域（コミュニティ）調査

a 地域調査の特徴

地域調査とは，特定の地域社会を調査対象としてそのなかに埋め込まれている諸構造を明らかにしようとするものである。したがって地域調査では，明らかにしようとする特定事象が地域社会のなかの他の項目とどのように相互規定

的な関連をもつのかが，記述・析出されてゆく。

　ここでなぜ地域調査が＜地域＞という特定空間に調査対象を限定するのか，その意義について触れておこう。まず第1に，地域社会は全体社会（たとえば日本社会全体）から見たときの部分社会であるから，社会を構成する複数の諸項目の相互関連のあり方を，全体社会の縮小版として観察する事ができるという利点をもつ。また第2点目に，より積極的意義として，地域社会は全体社会の単なるミニチュアではなく各々の地域社会の特殊性・独自性をもっており，それを積極的に抽出するために特定地域に着目するという意義もある。またさらに第3点目には，近年顕在化しつつある問題（たとえば環境問題，住宅問題，福祉の立ち後れなど）の解決の場として，人びとにとっての具体的な生活の場である地域社会の実態を考慮に入れた議論の必要性が認識されはじめていることも，特定地域に限定した地域調査を実施する意義につながっているのである。

　地域調査はその手法においてもいくつかの特徴をもっている。まず第一に，標準化された質問票調査の他にモノグラフ的手法を用いたインテンシィブな調査方法（聞き取り調査や悉皆調査など）が多く採られることが挙げられる。こうした調査方法は，あらかじめ質問項目を限定した調査票による標準化調査では得られない緻密な情報を得たり，また研究者が当初予想していなかった項目を新たに組み込みながら調査対象に接近することを可能とするために，複雑な地域社会の構造を明らかにしようとする地域調査には適していると言えよう。第二の特徴は，地域調査で利用するデータには，フィールドから直接得たフィールド・データ（field date）や第一次資料の他に，自治体要覧や報告書，統計資料，また地元新聞記事などの文献データ（documentary data）や第二次資料を積極的に活用する点が挙げられる。これは第三の特徴，すなわち地域調査では当該地域社会の歴史的経緯（たとえば人口推移，産業構造の変遷など）を重視考慮する点とも関連している。その理由は，分析対象とする地域社会の構造は一時点のものであっても，その構造の形成過程には地域の歴史的変遷が織り込まれており，そうした経緯の理解なくしては調査時点の地域社会構造の理解

第3章　社会調査活動の歴史　**65**

も不可能といっても過言ではないからである。このように地域調査は多様なアプローチを駆使しつつ地域社会の全体像把握を試みるものである。

さて一口に地域調査といっても，それを試みる学問分野はさまざまにある。そのなかでも地域社会構造の解明を関心の中心にすえる研究領域としては，1) 農村の生産組織や地縁・血縁関係から村落構造の解明を試みる農村社会学（村落社会学），2) 都市化過程において都市の生活様式や社会関係，社会構造を解明しようとする都市社会学，また3) 農村と都市の相互連関から今日の地域社会形成の実態を総合的に把握しようとする地域社会学などの学問があり，これらの領域においては地域調査が多くなされている。他にも産業社会学，政治社会学など必ずしも地域を研究対象とすることが前提ではない研究領域においても地域経済や地域政治を研究する関心から地域調査がなされることがある。

このように地域調査は数多くの研究領域で実施されている。以下では近年の国内における地域調査の具体例をいくつか紹介してゆこう。

b 地域調査の流れ

これまでわが国で実施されてきた地域調査を振り返るとき，そこには地域社会に映し出される産業化の浸透，高度経済成長期の開発，そして世界都市化・脱工業化といった一連の産業構造の変動過程を忠実に追いかけてきた歴史があると考えられる。そこでここでの紹介もそうした流れに沿ってゆくことにしよう。

まず数ある地域調査のなかでも先駆的業績として挙げられるのが，月島調査（1918-1920年調査）（内務省衛生局編『月島調査』1970）であろう。この調査は，当時重化学工業化が進みつつあった大都市を中心に産業労働者が流入・集住し，急速に機械工業の労働者街となった月島（東京都中央区）の労働者とその家族たちを対象に，労働実態，地域生活，娯楽，家計，衛生状態など多岐にわたる関心から可能な限り都市労働者生活を克明に記録しようとしたものであり，参与観察法や標本調査法など複数の調査法を駆使した豊富なデータから当時の労

働者生活が地域社会というミクロコスモスのなかでどのように営まれていたか知る上で注目に値するものである。

　地域社会生活が労働生活と不可分であった時代のもうひとつの代表的調査として，川口調査（1948-1950年調査）（尾高邦雄編『鋳物の町』1956）がある。これは鋳物業を産業の中心とする川口（埼玉県川口市）を対象地とし，伝統的な親方徒弟制度から近代的な事業主—従業員関係へと移り変わりつつある鋳物工場を中心に，事業主，従業員，労働組合，そして地域社会と鋳物工場を記述したものである。そこでは当時の生産体制が家内工業的要素を含み，従業員の多くが事業主と同族，親族，同郷，親方徒弟関係といった緊密な関係を形成する反面，労働組合への関心が低いこと，また地域の有力者とされる者の大半が鋳物工場主であり地域社会の「親分的」存在である面や，義理人情を重視する「川口かたぎ」と呼ばれる生活態度が住民全体に浸透した独自の価値体系をもつことにより，川口という地域社会が鋳物業を中心とした独自の社会圏を形成していることを描き出している。

　その後，日本社会全体が高度経済成長による大規模開発やそれにともなう地域社会秩序の崩壊，また都市化を経験するなかで，地域調査の対象はしだいに＜労働の現場＝地域＞といった図式から離れ，やがて一都市全体を分析対象とした都市構造分析が主流となってゆく。

　釜石調査（1955-1958年調査）（新明正道他『産業都市の構造分析』1959）は，そうした初期の都市構造分析を代表する調査といえる。ここでは釜石製鉄所という一企業に独占支配された産業都市・釜石市を対象に，経済過程・媒介過程・政治過程の各レベルの記述から都市全体の社会構造を問題にしている。つまり経済過程において考えられる釜鉄経営者とその従業員による階級的対立図式は直接政治過程には反映されず，媒介過程（従業員むけ社宅や購買部，あるいは企業援助をうけた趣味娯楽クラブなど）によって両者間の対立図式が緩和されると同時に，釜鉄従業員と他の従業員との間に生じる「住み分け」が，結果的に市内労働者全体の政治的統合を妨げている事実を描き出している。

君津調査（1973-1978年調査）（舘逸雄編『巨大企業の進出と住民生活』，1981）もやはり単一企業の影響下にある千葉県君津市を対象とし，ある製鉄企業が新規進出することによって，それまで海苔養殖を中心とした田舎町が急速に工業都市へと変貌してゆく過程を追いかけている。そこには漁民の漁業権譲渡による海苔養殖業の廃業に始まり，工業都市としての基盤整備のための幹線道路建設，土地区画整理事業推進と土地の提供主体である農民層の分解，巨大企業からの税収入に依存的な市の財政問題，「経営の論理」優先による地域福祉の立ち後れとその後の企業・地域社会との「共存共栄」路線への変更などが記述され，高度経済成長期やオイル・ショック不況といったマクロ状況の変化にともない単一巨大企業による工業都市がどのような過程を踏んだのかを知ることができる。

　80年代に入ってからの世界経済との連動やバブル経済の進行は，とりわけ大都市を中心にドラスチックな変動をもたらした。次にそうしたマクロかつグローバルな変動の波をうけ，自らも構造的転換を遂げつつある東京を調査対象としたいくつかの調査を紹介しよう。まず東京23区を対象とした『東京の社会地図』（倉沢進，1986）を挙げよう。これは東京23区全体を500m平方のメッシュ分割し，それぞれのメッシュに該当するデータを地図化したものである。ここでは国勢調査および事業所統計を中心としたデータが用いられ，人口，世帯形態，社会階層，産業と事業所，土地利用や投票行動等の諸変数が地図表現されている。これにより主に階層変数に関しては東京都区部の西側（山の手）と東側（下町）間に差異の認められるセクター型の分布が存在すること，また土地利用や人口・家族構成の諸指標については同心円的な分布が存在することが確かめられ，都市空間に埋め込まれた構造を知ることができる。

　また工場転出や人口流出など都心部衰退化というインナー・シティ問題に関心をしぼったものとして『大都市社会のリストラクチャリング』（高橋勇悦編，1992）がある。ここでは製造業の衰退と中枢管理機能・情報・サービスの一極集中という産業構造の転換が失業，労働力不足，外国人労働者の流入，所得水準等の点において都内での地域間格差を生み出していることに言及した上で，

従来まで下町地区に形成されてきた地域社会の秩序維持メカニズム（たとえば町内会・下町文化や独立自営という成功目標）が変容しつつあること，旧来からの住民の他に新規来住の高階層住民が加わることにより，地域社会の二重構造化が進行していることなどを明らかにしている。

　こうした都心部衰退化現象と好対照をなすのが郊外地区における新興住宅街である。『大都市の共同生活』（倉沢進編, 1990）は都下三カ所の団地・マンション住民を調査対象とし，都市的生活様式の浸透する団地・マンションで，いかなる生活上の共同性が展開されるのかを観察・記述したものである。そこには子供や学校を介した母親による趣味・活動ネットワークのように，団地・マンションという共同住宅が「社会関係の器としての団地」としての一面をもつと同時に，近隣公園や共同施設，利用バス路線などといった利害や生活基盤を共有することにより，住民間に共同性の自覚や新たな地域生活の展開が期待される「実験室としての団地」が描かれている。

　最後に『池袋のアジア系外国人』（奥田道大・田嶋淳子編, 1991）『新宿のアジア系外国人』（奥田道大・田嶋淳子編, 1993）を紹介しよう。これは近年急増傾向にあるアジア系外国人の生活・就労実態を記述したものである。池袋・新宿という東京の代表的繁華街とその周辺に移り住む外国人の存在は，都心部衰退現象を穴埋めする意味で，大都市部インナー・エリアにおける無視できない構成主体となりつつある。調査では地域社会へのnew comerである外国人と地元の古くからの日本人住民の双方への豊富なインタビューをもとに，これまで日本の地域社会において殆ど注目されることのなかった民族・エスニシティという要素が挿入されることにより，新たな地域社会秩序の模索がうまれている事が確認できる。

c 地域調査の問題点

　ところでこうした地域調査には独自の問題点も残されている。まず対象者側からの外在的問題点として，調査に対する不審感や不在によるによる調査拒否

や調査不能という事態が近年増加傾向にあることがあげられる。地域調査は調査対象者からの詳細な情報提供を前提として初めて成立する性質のものであるだけに、調査者は対象者との間に不信感や猜疑心を生むような調査行動は厳に慎むべきであると同時に、調査結果を対象者に還元するなど、対象者にとっても地域調査が何らかのメリットをもたらす工夫を心がけるべきだろう。

いまひとつ地域調査における内在的問題としては、対象者間に生じている「地域社会」概念の個別化・多様化とそのための新たな分析視角の必要性があげられるだろう。かつて「地域社会」とは人びとにとって労働・生活・娯楽の場であり、一定の地理的範囲を生活圏として共通理解する基盤が成立していた。だが今日、職住分離による生活空間の拡散は多くの人びとによって経験されるに至り、「地域社会」が実質的にどの範囲であるのかは非常に曖昧になってきている。換言すれば人びとが一定の地理的範囲に共通生活圏を認識することは少なくなり、個人ごとに個別生活圏をもつ状況が生じているのである。こうした傾向は職住分離が進行する都市部においてとりわけ顕著であるものの、日本社会全体に都市化が浸透する方向にあっては、いずれの地域を調査対象としてもこうした新たな状況に対処できる分析視角や調査方法を今後の地域調査は用意すべきであろう。近年におけるパーソナル・ネットワークの手法を織り交ぜた分析の登場は、こうした個別化・多様化する「地域社会」をよりリアルに描き出そうとする試みのひとつといえる。

地域調査が地域社会形成のメカニズムを細やかに描き出そうとするとき、地域社会をめぐる個人レベルの主観的現実と組織・集団レベルの動向との接合点には今後、一層敏感になる必要があるだろう。

（立山徳子）

5. 社会学的研究調査

20世紀初頭まで、ヨーロッパとくにドイツやフランスを中心に発展した社会

学では，理論的研究と並行して現実の社会現象を具体的に把握するために社会調査活動が重要である，ということが認識されていなかったわけではない。先に見た一連の社会踏査や社会事業調査が，観察と記録を通じて一般に知られていない「社会的事実」を明らかにできることを示したのは，大学などアカデミズムに席を確保しつつあった社会学にも直接・間接的に影響を与えた。アンケートというフランス語が定着しているように，各種の調査が実際に行われていたのも確かである。しかし，貧困調査に見られるような経験的研究の伝統は，ドイツやフランスの社会学のなかでは周辺的なものにとどまっていた。つまりイギリスのウェッブ夫妻のように研究者がみずから調査活動に携わっていくことは必ずしも必要ではなく，学問研究というより実践活動，あえていえば学者としては二流の仕事と思われていた。それには他方で統計の整備という事情が関係している。

　たとえば，フランスの「社会学年報」に結集したデュルケーム学派が，歴史的資料や民族学的資料の他に，各種の統計的資料を使って当時のフランスの社会現象を分析したことはよく知られている。É. デュルケームの『自殺論』（宮島喬訳，1985）は国家レベルの人種・宗教などの属性を含む人口統計が整備されてきたことで，はじめて可能になった業績である。しかし，彼らの多くはみずから調査活動をしてデータを集めたわけではなく，既存の統計数値を共変法などを使って分析しただけであった。彼らの関心は集合的な社会現象，個々の個人を越えた全体としての社会的事実にあったから，大量の人間のある限られた側面，統計で捉えられる事実で十分であったともいえる。

　ドイツでは，19世紀末以来いわゆる形式社会学や文化社会学などの哲学的理論的研究が主流で，経験的な「社会科学」という思考自体に懐疑的な「精神科学」すら主張されていたから，社会調査の位置づけもあまり重要なものではなかった。しかし，狭い意味の社会学の枠の外で，いくつかの社会調査は行われていた。とくにドイツでは社会政策学会が中心となって行った東エルベ農業労働者調査などにM.ヴェーバーをはじめとする社会学者が参加して報告を書い

ている。統計数値とともに大規模な実態調査を行っているのは注目されるが，取られているのは労働移動をめぐる簡単な属性で，現在でいえば官庁を通じた委託調査である。この点で研究者が自分でフィールドに出てデータを集めた社会踏査系の調査とは方法の違いがある。

　人口統計の整備が人口学を発展させ，経済統計の整備が経済学を発展させたのは当然である。国家の組織と予算を使って統計をとるのは行政官庁であるが，統計学者をはじめ人口学者や経済学者は自分たちの理論的問題を検証できるような統計の効用に気づき，その整備に力を注いだ。統計という形で蓄積されたデータは，彼らの理論研究に活用されるように作られていった。しかし，社会学が利用できる統計は限られていた。近代経済学が統計数値に数量分析を適用して計量経済学を発展させたのに対して，1930年代まで西欧の社会学のなかでは社会統計というものを整備する動きは少なかった。家計調査は可能であっても，より広範な社会統計というものがどうしたら可能かという点で合意はなかった。むしろ社会学の経験的研究にとっては，おそらく統計よりも研究者自身が行う社会調査の必要性が気づかれてはいたが，それを積極的に推し進める動きはなかった。日本など西欧の社会学の移入に熱心であった国ではさらに，書物を中心に理論を学習するのが主であったから，方法としての社会調査を学習する機会も手段もほとんどなかったといっていいだろう。

　しかし，アメリカ合衆国では少し事情が違っていた。古い伝統社会をもたず移民が流入して変化の激しいアメリカでは，すでにみたように生起する社会現象を経験的に捉える活動と方法が，学問的であろうと実践的であろうととにかく必要とされていた。G. A. ランドバーグのように社会現象を統計に近い形で計測して捉えることは可能だし，社会学が有効な学問として発展するにはそれこそが必要だ，という主張はアメリカでこそ受け入れられることになった。そして，事実統計学の応用である標本調査の技法は世論調査や市場調査という形で一般に普及し，第2次世界大戦後に本格化する調査票を用いた意識調査などの社会調査の技法と理論が既に開発されていた。

また1920年代から小集団や組織を対象とした経験的研究も，心理学や生理学などと共同する形で試みられていた。なかでも後に有名になったE．メーヨーらが行ったホーソーン実験は，人間の社会的行為を対象に実験が可能だということと，そこからいわゆる人間関係論という一種の社会理論を生み出したことで注目される。ホーソーン実験は，もともと社会学的な研究として行われたものではなく，工場の建物や照明，あるいは労働時間といった物的肉体的労働条件が生産に携わる労働者の作業効率にどれだけ影響するかという，きわめて実践的な目的で一連の実験が計画され実施された。当時「科学的管理法」として人間を徹底的に無駄なく合理的に働くようにコントロール可能としたテイラーリズムは，「科学的」であるがゆえに労働者にも経営者にも最適な方法があると主張していた。しかしそれは物理的あるいは生理的労働条件のみを問題にしていた。

　メーヨーらは1927年から1932年にかけてウェスタン・エレクトリックという電器会社のホーソーン工場でこれを行った。さまざまな条件をコントロールした実験を繰り返した結果，作業効率を左右する大きな要因は，物理的条件よりも労働現場でのインフォーマルな人間関係とそのなかでの満足感にあり，人事労務管理における人間的要素の重要性を見出した。ホーソーン実験は，テイラーリズムに代わって労働現場の人間関係と満足感を中心に置いたことによって，アメリカにおける産業社会学を樹立したといわれる。今日からみれば工場や労働者が協力的であったとはいえ，人間を実験台にして作業効率を測定するという「科学的」研究が行われたわけである。メーヨーらが，生理学，心理学などが自然科学と同じ実験や観察を研究方法の基礎に置くのを当然と考え，研究対象を生理的人間から社会的人間に拡大したとき，アメリカの社会学者は何の疑いも抱かなかった。

　しかも第2次世界大戦は社会学と社会調査をアカデミズムのなかに留めてはおかなかった。戦争の遂行に関わって情報宣伝，軍隊組織，敵国の社会と文化についての研究などが多くの社会科学者を動員して行われていた。こうした対

象と実践的な目的は，さまざまな社会調査の活躍の場となった。もちろんそれは数量統計的なものばかりであったわけではなく，前節で見たようなシカゴ学派の多様なフィールドワークの影響もあり，B.マリノフスキーやM.ミードなど人類学的な方法論も含まれていた。なかでも社会心理学的意識調査は，それまで大量の人びとが集合的に抱く漠然とした不安とか流行に導かれる嗜好とか，形になりにくいと思われていたことにとにかく数量的な形を与えた。大衆社会論の「大衆」は数字となって現れたのである。T.アドルノをはじめナチスに追われてアメリカにわたった西欧の社会学者は，調査至上主義を批判しつつもアメリカで新しい社会調査の可能性を再発見していくことになる。アドルノのアメリカでの『権威主義的パーソナリティ』（1950）研究はそうした反映として見ることができる。

　いずれにせよ，社会調査はそこで開花し，社会学の研究において重要な方法論と位置づけられ，急速に増大した大学で社会学の学生に必須の基礎科目として教えられるようになるのである。アメリカ流社会科学は，データと理論を関わらせて数量分析を基礎に置く経済学や心理学の後を追って若い社会学者たちを調査に駆り立てた。社会学は経験科学なのだから，ある問題を追求しようと思ったら調査票をもってフィールドに出なければいけない。実験や調査をすれば結果が出る。しかしただ調査すれば何かが分かるわけではない。理論家は経験的調査データの蓄積をもとにさらに高次の理論構築につなげ，調査専門家は理論家と手を携えてより正確なデータと分析手法を開発する。たとえば理論家パーソンズと専門家シルズの『行為の一般理論に向けて』（1951）や理論家ホーマンズが『人間集団』（1950）で行ったホーソーン実験の再解釈などはそうした例といってもいいだろう。しかし，ひとつ間違えば自分の理論に都合のよいデータだけをとりあげたり，逆にあまりに細かい数値の操作にこだわるあまり理論が見失われたりする恐れもある。

　このことはその後の社会学の方向と社会学研究者の研究スタイルを，一方で分散する個別領域での調査データを用いた数量的な研究の量産と精緻化，他方

では文献解釈を中心とする理論研究や歴史研究という2つに分岐させ，その間に協力よりは対立を生んだ。既に1950年代にR.K.マートンは，社会学におけるこの経験的研究と理論的研究の乖離に対して，「中範囲の理論」を提起して橋渡しを試みた（Merton, 1949）。それは適切に設計され実施された調査データが着実に積み上げられ，その上に理論が発展するという誠意ある確信のもとに行われている。アメリカ兵士調査を使ったモラール研究や準拠集団論などは，理論家マートンが経験的データをどう読めば理論が豊かになるのかのお手本として今日でも意義を失っていない。しかし，マートンが期待したような通常科学としての経験的研究（社会調査）と理論的研究（社会理論）の幸福な協力は，その後の社会学のなかで実現したのだろうか。

　1960年代に入ると専門学術雑誌に載る論文は，数式やモデルを掲げ当時から急速に利用可能になった学術用大型計算機を駆使して調査データを多変量解析にかけて分析するタイプの論文が増え，他方で数字とは無縁なヴェーバーやデュルケームやマルクスの「理論」研究が併存していた。それでもかつては同じ社会学研究者として，ひとつの問題に協力して取り組んでいたはずなのに，研究領域の多様化・細分化と数量化分析の浸透は，理論家と調査家，そして調査家のなかにも数量的な方法とそうでない方法を取る人びとの間で次第に共通言語が失われてしまう恐れがあった。たくさんのデータと知見が蓄積される一方で，方法を異にする研究者の間には対話が成立しない事態も予想された。これは別にアメリカに限らず，世界的な傾向になっていた。

　不幸にも「中範囲の理論」という言葉は，本ばかり読んで学説研究に明け暮れる「理論屋」社会学者の空虚さに反発するときの「調査屋」社会学者のお墨付きに使われ，同時に自分たちこそ現実を知っているとばかりに調査データをいじくる「調査屋」社会学者を理論なんてないじゃないかと非難するときの「理論屋」社会学者の皮肉としても使われていった。社会学的知の完成というひとつの目標に向かって，多数の社会学者による有機的な協働が理論的にも経験的にも着実に積み上げられていくというマートンの理想は，1970年代には社

会学そのものへの自己批判と手段としての社会調査への懐疑のなかで，空しいものになってしまった。そして，1980年代にはもう本当の問題はむしろ理論か調査かという不毛な対立ではなく，数量的社会調査の技法そのものがコンピュータの普及によって精密になると同時に標準化したことと，調査の実施そのものが社会の変化によって困難を抱えるにいたったこと，そして数量的であると否とを問わず社会現象を把握する方法としての従来の社会調査が有効性を失っているのではないか，という反省である。前節で見たようなシカゴ学派などの参与観察やオスカー・ルイスなどの生活史，シュッツの現象学的社会学の経験的研究への応用が，1980年代になって改めて注目されてくるのもそうした理由がある。

コンピュータが大型計算機の時代からパソコンやワークステーションへと転換をとげ，通信ネットワークと結んでコミュニケーションの手段になっている現在では，統計ソフトを用いた調査データの数量的処理は（操作自体は）容易で身近なものになっている。1960年代のはじめには多くの費用と時間をかけて行っていた作業が，たった1秒でできてしまう。

しかし，かつては協力的であった調査対象者や熱意ある調査員は消え失せ，面接調査こそが客観的であると主張する前にそもそも面接など不可能な状況が増え，回収率は低下してしまった。アメリカの場合，国土が広く標本調査も広域で多数のサンプルをとる場合，労力が大変な上に費用が多額になる。自然科学系に比べ，社会科学系への研究費助成は少なく，社会学は経済学などに比べてもずっと少ない割に研究者の数は多い。大都市部では電話調査が調査票を用いる場合の主な方法になってきている。こうした事情は，社会学者の社会調査への態度を変化させずにはおかないだろう。おそらくそれは2つの方向へ進んでいくだろう。

ひとつは，標準となる基本項目を網羅した社会統計あるいは時系列比較が可能となる定期調査をいくつか，国家または専門調査機関の手に委ねて，可能な限り正確な信頼性の高いデータを自由に利用できるようにし，少なくとも大量

広域のサンプルを数量的に把握する調査については，社会学者はみずから調査をすることはしない，という方向である。しかし，そのような標準的な社会統計をどう作るかという点でたちまち議論は分かれてしまうだろう。実際はすでにある各種のデータを，インターネットなどで公開し誰もが利用する，またそこで調査自体も行ってしまうという試みは始まっている。もうひとつは，国勢調査さえ信頼性が確保しにくくなっている状況で，社会学者が社会調査を手放すのは自殺行為である，と考えるならば戦略を変えて，緊密なチームワークをもった社会学者集団による非数量的な経験的調査の可能性を追求することになるだろう。今のところ，従来の社会調査はまだまだ行われているが，調査が研究者の計画通り実施され，データが蓄積され社会学がノーマル・サイエンスの道を順調に進んでいると楽天的に考える「調査屋」社会学者は，もはや少数なのではないだろうか。

（水谷史男）

6．日本における社会調査史〈戦前編〉

a 明治期の調査

（1）殖産興業と明治政府による調査

　国内の「勢力」を総体的に把握すること，それが近代的統一国家を目指す上で，新生明治政府に急務とされた課題であった。政府はまず1870（明治3）年に各地の生産物の種類や出来高を調査し「府県物産表」にまとめ，1872（明治5）年に「戸口調査」（本籍人口調査）を行い国内総人口の把握に努めた（本格的な国勢調査の実施は1920・大正8年までまたれる）。また地租改正の原資料にするための「全国土地調査」を1874（明治7）年から開始し，所有地面積と地価をそれぞれ調べた。この調査によって，入会地など所有者の明確ではない土地の多くは国有化され，農民生活に大きな打撃を与えた。また地価の固定は後，米価の下落による地租の納入困難という問題を発生させ，やむなく土地

第3章　社会調査活動の歴史　77

を手放した農民の多くは小作農となり，一部無産労働者として都市下層社会のなかに流入することとなる。

　富国強兵と殖産興業。明治政府が欧州列強諸国に対抗するため掲げたスローガンであるが，農商務省ではこの国策を効率的に推進するために，1894（明治27）年以降各種「産業調査」を実施し，産業の種類・規模・地域的特性などを「農商務省統計表」，「工業統計」などにまとめた。この時期，殖産興業推進のための国家的まい進が日清戦争以降，わが国の近代資本主義形成へと結実することになるが，同時に労働力の供給を巡る問題が浮上してくることとなる。わが国の急速な産業化・近代化はその担い手たる労働者群を巡る雇用条件や環境，いわゆる「原生的労働関係」の上に成り立っていた。低賃金，超長時間労働，強権的労務管理，劣悪な作業環境，これら「原生的労働関係」の基本的性格に加えて，わが国では半封建的家族制度と身分的な人間関係の伝統的支配という特殊事情により，労働者の生活は凄惨を極め，都市にはいわゆる「貧民窟」とよばれる，下層労働者が集住するスラムが発生した。

（2）「貧民窟探訪記」

　こうした都市下層労働者の生活を巡る惨状を社会問題として最初に「告発」したのが，1886（明治19）年の「東京府下貧民の真況」（筆者不詳『朝野新聞』）を皮切りに，「大阪名護町貧民窟視察記」（鈴木梅四郎『時事新報』，1888），「貧天地饑寒窟探検記」（桜田文吾『日本』新聞，1890），「最暗黒の東京」（松原岩五郎『国民新聞』，1892）等，明治20年から30年代にかけて民間ジャーナリストにより新聞・雑誌誌上に発表された数々の貧民窟探訪記録であった。ちょうど同時期に実施されたC・ブースによるロンドン調査（1886年～）の，その組織的な統計手法や参与観察，あるいは「社会地図」の作成・利用といった総合的な貧困調査（第2章2節参照）に比すれば，これら探訪記は科学的な意味での社会調査の方法的自覚は希薄であった。しかし観察者が実際に都市下層スラムに潜入し，あるいは下層労働者群と寝食を共にして——つまり参与観察によって

——下層労働者の生活へ肉薄したこれら優れたルポルタージュ群は世論を喚起した。ややもすれば一部センセーショナリズム追求に失した部分はあるものの，後に貧困問題を広く労働問題・社会問題へと発展させ，方向付ける端緒となったことはたしかだ。

（3）横山源之助『日本の下層社会』

　これら先行する探訪記の影響を受けつつ批判的に継承し，独自的な視点で下層社会や労働者生活の状況を実証的・経験的に観察・調査した成果として，1899（明治32）年に刊行された横山源之助の『日本の下層社会』(1985) が挙げられる。『日本の下層社会』にみられる彼の観察視点との独自性は，それ以前の探訪記と比較すれば明白である。第1に，それまでの探訪記で扱われる職種として，木賃宿，残飯屋，人力車夫といった江戸期からの下層民，旧職人層の職業が中心になっているのに対し，『日本の下層社会』では織物工場，綿糸紡績工場，鉄工場など近代工場労働者層にまでその関心が向けられている。両者の間には日清戦争をはさんだ時代状況の相違はあるものの，そこには産業革命と急速な資本主義化における，労働問題の発生と労働運動への展開を見据えた，歴史的・運動論的視座を伺うことができる。第2にその社会調査の方法論的な進展が見受けられることである。単なるルポルタージュに終わらせることなく，現地での参与観察，聴取り調査を中心とした社会踏査を基本にしつつも，農商務省の既存統計資料や雑誌から引用し，事例観察・分析も織り込まれている。そこにはC・ブースやW・ブースらの調査における科学的方法論からの影響に加え，「むしろ江戸時代から明治期に至るまで伝承され続けられてきた地方巡業，諸国巡遊，巡見，巡回，巡察，視察，紀行，深遊，遊覧，旅人，記録文学等の方法を継承していた」(川合隆男『近代日本社会調査史（Ⅰ）』, 1989, 185頁) との見解を示すむきもある。以上のような横山源之助の独自な視点により，ややもすると「のぞき趣味」，「興味本位」的関心が先行しがちであったそれまでの貧民窟探訪記は，『日本の下層社会』に至って社会問題・近代労働問題を射

程に入れるまでに昇華することとなる。

(4)『職工事情』
　上記のような民間ジャーナリストによる日本的「原生的労働関係」への問題提起に関しては，すでに明治政府も大きな関心を寄せるところであった。確かに低賃金・長時間労働・強権的労務管理のもと，牛馬のごとく働く労働者は何よりも個別資本家にとって必要欠くべからざる存在であった。近代化が急務である国家にとっても当面はそのような状況に依存する他はなかったが，長期的視野に立つと将来的に労働力が枯渇してしまう恐れがある。また過酷な労働状況は労働者の反発を招き，労使関係の悪化，反政府的運動が展開される可能性があり，事実明治20年代までは年間20件以下であった労働争議発生件数が30年には100件以上にはねあがっている。そこで労働者保護を目的とした「工場法」の制定に向けて，農商務省は労務管理上の欠陥や職場環境の衛生に関し各地の労働現場を実態調査し，1897（明治30）年「工場視察紀要」，「工場および職工に関する通幣一斑」にまとめた。こうした調査報告を背景に工場法案が作成されたが，内閣総辞職や産業界からの猛反対も影響して，法案提出は幾度も見送られることとなった。このようななかで農商務省はさらに1900（明治33）年から「工場調査掛」を設置し，法制，経済，建築，衛生，機械，科学等の専門家を嘱託とし，民間からも横山源之助らの研究者・運動家をも招聘して労働現場の徹底した実態調査を敢行した。その成果が1903（明治36）年『職工事情』（犬丸義一校訂，1998）として公表されることとなる。『職工事情』はあくまで官庁刊行物ではあるが，当時の過酷極まる日本的「原生的労働関係」を赤裸々に暴露しているため，公刊後わずかにして発禁・非公開文書となった。その後も工場法は日露戦争をはさんで度重なる産業界からの反対にあいながらもついに1911（明治44）年，成立することとなる。

(5)『女工哀史』

しかしこの工場法の大きな争点のひとつであった女子16歳未満者の夜業禁止規定は，15年間の猶予（実際に実現するのは1930年）が与えられた，「骨抜き」労働者保護立法であった。「原生的労働関係」が労働現場での最弱者である女子労働者にもっとも過酷な負担を強いていた事実は『職工事情』でも強調されている部分であるが，その後も製糸，紡績業を中心とした女子労働者（とくに出稼者）に対する心身両面への収奪は続いた。細井和喜蔵は自らの労働経験をもとに，そのような劣悪な地位や労働条件のなかに置かれた女子労働者の募集・入職過程から雇用契約制度，作業状況，労働環境，寄宿舎での居住環境，食生活，教育，娯楽，罹患状況等の克明な「生活記録」を1925（大正14）年『女工哀史』（細井和喜蔵，1980）としてまとめた。

b 大正期〜昭和初期

(1)「調査ブーム」

大正期に入ると，実にさまざまな社会踏査・社会調査活動が多種の担い手の下で，集中的に展開されることとなった。

> ♪　調査々々がメッポーカイに流行る　あれも調査よ　調査々々
> 　　これも調査でノラクラ日を送る
> 　　おめでたいじゃないか　ネーあなた　調査々々....
> 　　　　　　　　　　　　　　　　　　「調査節」添田唖蝉坊詩・曲
> 　　　　　　　　　（添田知道『演歌の明治大正史』，1963，216-217頁）

このような時世を皮肉った演歌が巷に流れるほどに，種々の調査活動がこの時期「ブーム」となっていたのである。

日露戦争以降第一次大戦に前後して，重化学工業へと産業構造が転換し資本の独占化が進行するなか，急速な資本主義化と都市への人口集中は労働者生活

を中心に貧困をはじめとするさまざまな社会問題として深刻な影響をおよぼすことになる。当時の日本では，社会政策は未だ整備されておらず，また都市労働者階級における生活構造の未成熟が社会問題・労働問題の解決を困難なものにしていた。このような急激な社会変動は，必然的に社会調査の対象や方法論を飛躍的に多様化させる結果となった。また行政調査主体の制度化が進み，中央官庁のみならず東京市（府）や大阪市（府）などの行政自治体が主体となった労働・社会問題に関する調査も数多く実施され，民間の調査研究機関も続々と設立された。

（２）中央官庁と地方自治体による調査

この時期，とくに労働者を巡る社会・生活問題に集約的に取り組んだものとして大別して２つの流れがある。第１のものは中央官庁と各地方行政自治体が主体となった社会調査・社会踏査であった。中央官庁の実施した社会調査は主にわが国の社会問題全般の政策立案における基礎資料として実施され，貧困問題，児童問題，婦人問題，保健衛生，労働保護等をテーマに据えていた。後述する高野岩三郎の「月島調査」も，内務省保健衛生調査会によるものである。また地方行政自治体においても，東京府，京都府をはじめ各道府県庁で，また東京市，京都市など有力都市で実施された。貧困調査，不良住宅調査，失業調査等，その目的は中央官庁と同様に社会事業を目的とするものであったが，その内容と傾向において独自色を出していた。例えば北海道庁の「移動労働者調査」「旧土人（アイヌ民族）に関する調査」等，住民生活・労働面で地域色に富んだ実態調査が多くみられ，また東京市の「浮浪者調査」のように各自治体によって集中的に実施された調査が存在するのも特徴的である。東京市の浮浪者調査には『どん底の人達』（草間八十雄，1936）年等により，戦前の浮浪者実態調査・研究の第一人者であった草間八十雄が東京市社会局の嘱託として関与・推進していた。また1923（大正12）年に刊行された『余暇生活の研究』（大阪市社会部調査課編，1923）は，大阪市社会部調査課による娯楽・余暇に関する

生活実態調査報告であり，官庁が実施した調査の中でもユニークな存在である。そこから娯楽問題が都市住民生活の大きな割合を占めるようになってきた時代状況を敏感に察知していることが伺える。

（3）高野岩三郎の基幹労働者調査

　第2の流れとして，個々の研究者や運動家，あるいは民間団体による調査活動をあげることができる。そのなかには賀川豊彦の『貧民心理之研究』（1914年）や村島帰之の『ドン底生活』（1918年）のように，阪神地区の下層社会の実情を，自ら下層民と生活を共にし，その参与観察による成果が後の「不良住宅地区改良」政策において活用されるといった，優れて実践的なルポルタージュも見受けられるものの，やはりこの時期の特徴として，従来の「貧民」調査や観察記録ではない，新たに都市部に出現した「新興無産労働者」の調査が中心的な位置を占めるようになる。

　この時期，鉄鋼や造船といった重工業の発達と共に都市部に男子基幹労働者層が集住し始め，当該労働者とその家族に対する本格的な社会調査活動が様々な民間人・団体により展開される。そのなかでの代表的人物が高野岩三郎であり，彼の指導のもと1916（大正5）年「東京における二十職工家計調査」が実施される。同調査は「我が国に於ける近代家計調査の嚆矢」（権田保之助　1933，8頁）と評価されているように，ミュンヘン大学留学中G・マイヤから学んだ理論統計学的分析を駆使しており，科学としての社会調査という方法論的意味合いにおいてもそれまでにない斬新な調査であると共に，調査対象者（世帯）にそれぞれ調査の意義を説明し，調査対象者たる労働者が主体的に調査に参加しているという意識を喚起した点においても非常に画期的な調査であった。

　次に高野は1919（大正8）年から1920年にかけて，当時都市基幹労働者が集住していた東京市京橋区（現中央区）月島において「月島調査」を実施した。同調査は実地調査だけでも，1．月島の社会地図作成のための実地踏査，2．児童身体検査，3．労働者の身体検査，4．労働者家族栄養調査，5．長屋調

査，6．衛生関係の職業の調査，7．小学校衛生調査，8．工場労働調査，9．労働者家計調査，10．小学校児童の家族関係，娯楽等の調査，11．飲食店調査，12．寄席の実地調査，13．露店調査及通行人調査，14．写真撮影，というように，広範囲にわたって構成され，調査員として権田保之助，星野鉄男，山名義鶴，三好豊太郎ら，その後社会事業，社会・労働問題で活躍することになる多彩な研究者が参加している。この調査は，内務省保健衛生局が主催であり，都市衛生に関する実地調査として計画されたものであったが，実際の報告書に占める保健衛生に関する部分は少ない。高野は「衛生」という概念を広く「社会衛生」として捉え，社会と衛生との関連，労働者の衛生問題を根底で支える生活環境や生活状況，つまり労働者家庭の居住条件，家計状況，就業状況，地域的特色等の，生活諸条件の全般に及ぶ総合的な地域実態調査を目指したといえる。また同調査の実施に当たって，調査地月島のなかに調査事務所を設置し，専任の調査担当者がそこに住み込むという参与観察の手法を活用し，C・ブースのロンドン調査にならって社会地図の製作にも専念することなどを含め，「月島調査」は後に日本における「社会調査ないし労働調査の先駆」（関谷耕一，1968，13頁）とよばれることとなる。

　高野は「月島調査」と同時期の1919（大正8）年，大原社会問題研究所（大原社研）へ初代所長として招かれることになる。大原社研は社会問題・労働問題に関する民間研究機関であり，倉敷紡績の経営者・大原孫三郎が設立した。1918年以降の物価高騰は「米騒動」を引き起こし，同年3月には朝鮮で万歳事件が発生した。このような暗い世相の背後にみられる経済的・社会的矛盾の是正と救済事業の促進が必要とされた。大原社研をはじめとし，協調会（1919年），倉敷労働科学研究所（1921年）産業労働調査所（産労・1924年）等，民間および半官半民の研究機関・団体が相次いで設立されたのもこのような時代背景によるところが大きい。

（4）権田保之助らによる民衆娯楽調査

　第一次世界大戦以降の産業構造の変化は，おりからの大正デモクラシーの潮流に乗って，都市部に新たな生活様式や生活文化，いわゆる大衆文化を生み出すこととなり，世間では娯楽や余暇への欲求が急激に高まっていく。新たな娯楽として活動写真が民衆の心をつかむのもこの頃である。このような新興娯楽の登場・隆盛とあいまって，娯楽・余暇と労働者民衆の生活との関係性を対象とした研究（民衆娯楽論）が1920年から30年にかけて登場し，各論者は，労働力温存の「余暇善用」論として，あるいは娯楽統制の立場から，また娯楽を民衆教化の手段としてそれぞれの主義・主張を娯楽論に託して論じるようになる。その民衆娯楽研究の第一人者である権田保之助は「月島調査」にも参加し，その後も高野岩三郎と共に大原社研の研究員となって，「倉紡工場労働者娯楽調査」（1920年），「浅草調査」（1921年），「文部省全国民衆娯楽調査」（1921年），「娯楽・サービス業従事者調査」（1922年）をはじめ，民衆娯楽に関する実態調査を数多く試み，それら調査活動のなかから「『生産の為めの娯楽』『生産の結果を増大せしめる為めの娯楽』に非ざる『人間生活創造の為めの娯楽』を提唱せん」（権田保之助［1931］1974，211頁）といった優れて民衆中心的・民衆生活創造的な主張を展開している。同じく大原社研の研究員であった大林宗嗣も1930（昭和5）年に大阪市で「カフェ女給調査」というユニークな実態調査を行った。大林は当時，「女給」を売春婦の一種としてみていた世間に対し，彼は「女給」を職業婦人としてとらえ，女給を淫らな存在とラベリングすることこそが彼女たちを結果的に「堕落」させてしまうのだと主張した。

（5）今和次郎の考現学的生活・風俗調査

　第一次世界大戦以降，産業構造の変化に伴い東京では新たな都市文化が創造されるが，1923（大正12）年の関東大震災により壊滅的打撃を受けてしまう。しかしその後再建・復興した東京は，結果的に大衆消費社会に見合ったかたちで新たな舞台，「巨大消費都市」東京へと再生することとなる。今和次郎は，

第3章 社会調査活動の歴史　85

図3-1　風俗記録INDEX

出所）「東京銀座風俗記録」『考現学　今和次郎集　第1巻』

柳田国男や佐藤功一などの民俗学者の下で日本民家の研究を蓄積していたが，この新たに出現した都市風俗や消費革命によって大きく変化した家庭生活を観察・調査し，徹底したスケッチと口語による説明で記述分析をおこなうこととなる。彼は自分の用いる調査手法を「考現学」と名づけ，当時の都市大衆消費社会を体現する象徴的な場（銀座の路上，デパート）や（図3-1），やはり大衆消費社会の発生とともに登場し，それを裏面で支えた下層労働者群が住まう地域（本所・深川）（図3-2），大衆消費の代表的な享受者であるサラリーマンが暮らす，新興郊外住宅地（高円寺・阿佐ヶ谷），そして都市化に伴い新たに登場した公共の場としての公園（上野公園・井の頭公園）などを「社会地

86

図 3-2 本所深川の店にみられる品物と値段 <1><2>

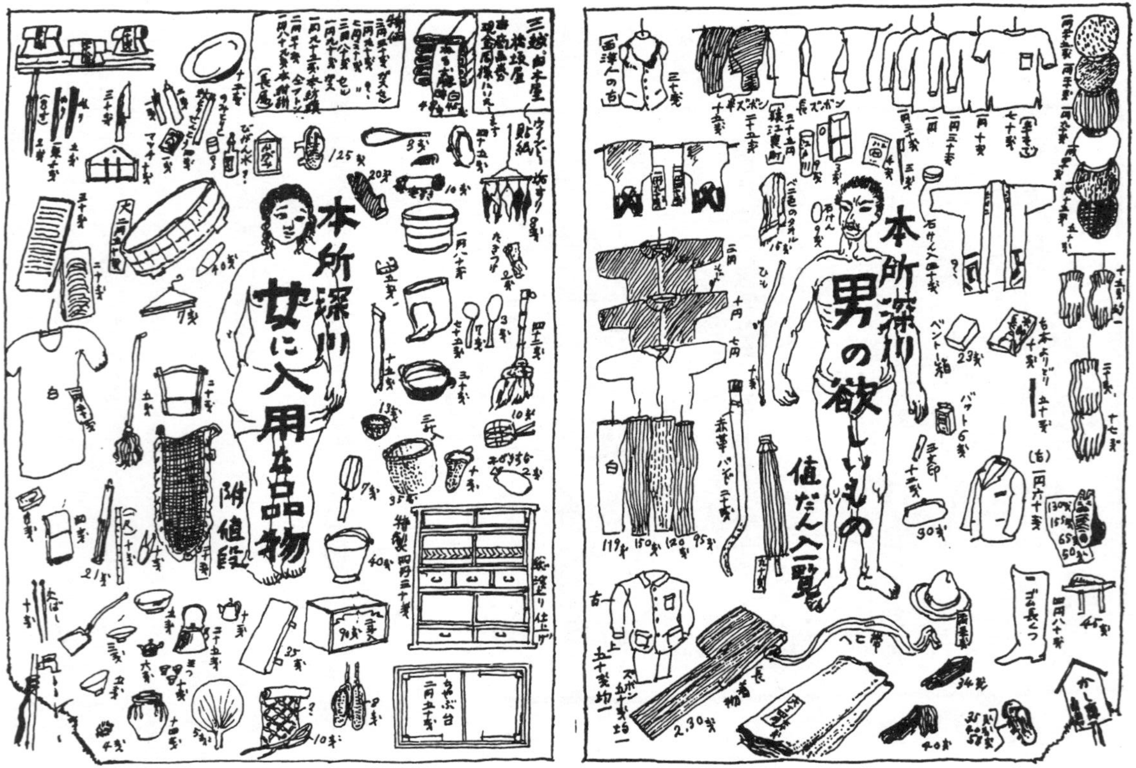

出所）『考現学 今和次郎集 第1巻』

図」として描き起こし，そこで活動する人びとがどのような格好をしているのか，彼らが住まう家庭内にはどのような生活財（持ち物）がそろっているのか，頭のてっぺんからつま先まで，家の隅から隅まで，綿密に調べ，記述し，誰とどういう行動をとるかを，逐次追跡尾行するというように，都市の「現在」を徹底的に探索し，記録し尽くした。

今和次郎の考現学的手法を用いた調査は，単に現代のめまぐるしく変わり行く都市風俗を記録するだけではなく，普段見慣れている風景を徹底的かつ異なった視点から観察する姿勢をわれわれに提示した。今日，生活学の分野では，今和次郎の考現学的調査を日常生活のなかに用いることにより，地域の活性化や福祉行政への提案がなされるようになっている。

なお前出・柳田国男らの民俗学者による，聞き取り調査や生活記録調査を中心とした農山漁村における数々のフィールドワークや，渋沢敬三を中心とした「アチックミューゼアム」による民具等の生活資料の採集調査は，単に民俗学的な農山漁村調査であったというだけではなく，その方法論を含めて，広い意味での国民生活の実態調査と位置付けることも可能であろう（今和次郎，1971）。

（6）社会学による理論的展開と実証研究

社会学の分野において，本格的に調査の理論的考察，実証的・経験的調査研究が行われるようになるのも，昭和期以降である。それまでの社会学は欧米における社会学理論の紹介に重点が置かれていたが，当時の社会のドラスティックな変貌に呼応するかのように，輸入理論のみではなく，実証的研究・調査の独自的展開の重要性に関する意識が芽生えはじめた。

戸田貞三は，『社会調査』（1933）においてアメリカ流の統計的社会調査法の紹介・導入に努め，『家族構成』（1937）では国勢調査を二次的に利用しつつ，日本における集団的特質と家族形態との関係を統計的に明らかにした。鈴木栄太郎も積極的に欧米の実証的社会学の手法を取り入れつつ，日本の農村の実情に即した手法を『農村社会調査法』（1932）において紹介し，日本農村の社会

学的体系化を『日本農村社会学原理』(1940) に結実させる。有賀喜左衛門も農村において集約的なモノグラフを採集することにより，『日本家族制度と小作制度』(1943) で「同族団」の概念を提示し，日本社会の身分階層関係・主従関係の本質を家族制度に求めた。有賀と並んで日本の「同族団」研究の第一人者である喜多野清一も，アメリカのコミュニティ論を摂取しつつ，農村における綿密な実証的調査を行った。また野尻重雄は，農村から都市への労働人口の移動に関する実証的調査から，農家の経済階層や従業形態が「離村」の重要な動因であることを『農民離村の実証的研究』(1978) にまとめた。

　都市社会学の分野でも，磯村英一は，戸田貞三の「東大セツルメント」と草間八十雄の浮浪者調査に直接的な影響を受け，シカゴ学派の都市理論と唯物論的な階級観の理論的展開のもと，東京市社会局において数々の都市貧困調査を手掛ける傍ら，社会事業や社会問題に関する多くの論文を発表した。磯村と同様，1920年から30年中盤にかけて大阪市社会部で労働調査・社会事業調査を集中的に行っていた山口正は，その経験科学的な立場から『都市生活の研究』(1924) を発表し，都市や社会事業に関する理論の確立に尽力した。奥井復太郎も当時のシカゴ学派の都市理論を批判的に吸収しつつ，巨大都市へと変貌しつつある東京の社会生態学的実証・調査研究を行いその成果は『現代大都市論』(奥井復太郎　1940) にまとめられた。また，実際に調査活動にのぞんだものではないが，米田庄太郎が「『モノグラフィ』法論」(1917) や「科学的『アンケート』法論」(1918) において提示した社会調査の方法論は，大阪市社会部による「独身労働者の生活」調査 (1921) や「常傭労働者の生活」調査 (1922) へと具体化している。

c　戦時期
(1) 調査の国策化と「国民生活」研究

　1931 (昭和6) 年の満州事変以降，日本は急速に軍国主義・全体主義化し，1937 (昭和12) 年の日中戦争勃発後の国家総動員体制と厳しい言論統制のなか，

それまで対象や方法論を多様化し発展してきた社会調査活動も，その実施数と多様性において後退せざるを得なくなる。このような状況下，政府はもとより民間の流れをくむ研究所の多くは，大原社研のようにその研究領域と規模を縮小するか，もしくは日本労働科学研究所（1937年，倉敷労働科学研究所から改組）のように戦時経済体制の効率的な継続・推進に必要な，「生産性向上」のための労働・産業調査研究という形で，活動を続けることとなる。

　このような状況下にあって，単純に生産効率増強のための調査研究とは異なり，戦争の長期継続による国民体位の減退，つまり労働力の再生産すら困難になった現状に対し，国民生活がいかにすれば理性的に再生産されるか，その最低条件の解明が，大河内一男の「国民生活の理論」を中心に多くの研究者によって展開された。特に内閣家計調査の時系列的分析とともに，昭和恐慌下の半失業状態にある職人家庭の日常生活が描かれた生活記録（豊田正子，山住正巳編，1995）を用い，「生活の全体的構造的考察」が試みられた，永野順造の『国民生活の分析』（1939）や，労働者世帯における生活時間の実態調査に基づき，そこに人間のエネルギー代謝という生理学的観点を援用し，一日24時間の時間配分が決定される上での構造的枠組を提示した篭山京の『国民生活の構造』（1943）各種家計調査の結果から一世帯あたりの「最低標準生活費」を理論的に算出し，戦時下における国民の消費生活がいかに文化的最低限度の「標準」生活からかけ離れているかを俎上化した，安藤政吉の『最低賃金の基礎研究』（1941）などには，戦時経済体制の推進を目的とした労働力の再生産論に依拠しつつも，その根底には，戦争によってその形成・維持が危機的状態にさらされている国民生活を，なんとか水際で「防衛」しようという，それぞれの「国民生活」研究者の切実な願望がこめられている。

（2）満鉄調査部による調査

　満鉄調査部は1907（明治40）年，南満州鉄道株式会社初代総統である後藤新平によって設立された。後藤は台湾総統時代，すでに植民地台湾の慣習・言

語・家族制度・社会経済組織等の詳細な調査を敢行していたが，満鉄調査部ではより積極的に，多種多様な調査活動が「満州」や「内蒙古」において実施された。さらには，文献資料を中心としたロシア革命後のソ連の調査研究や，日中戦争時における「支那交戦力調査」・「中国農村慣行調査」，日米開戦の直前には「日米戦力比較調査」等の国際関係上，当時の日本にとって「重要」な調査を実施していた。満鉄調査部は明らかに帝国主義的侵略のための調査機関として機能していたわけであるが，この2,000人を超える調査部員をほこり，世界各地に支部を設置した巨大調査機関は，太平洋戦争末期に至るまで，当時の疲弊しかつ思想的な閉塞状況にあった日本内地では考えられないほどの，多彩でユニークな調査活動を継続していた。

(渡辺暁雄)

7．日本における社会調査史　＜戦後編＞

　第二次世界大戦後，わが国では，社会の諸分野における民主的改革へ向けて現実を把握するために，実証的研究の必要性が高まった。また，自由に社会科学的な研究を行なうことが可能となり，社会学においてはアメリカ社会学が導入され，調査の理論，技術が紹介されたことにより，社会調査は急速に普及していった。

a 戦後復興から高度経済成長へ（1945年～1950年代）
　　　　　　　　　　　　　　　——貧困調査・労働調査・農村調査
　終戦直後，人びとの生活は窮乏し，都市部には大量の失業者があふれ，労働組合運動が爆発的な勢いで展開されるという状況のなかで，戦後社会調査は，貧困層の生活実体を正しく把握しようという貧困調査と，労働運動による社会改革への期待を込めた労働調査として始まった。また，農村においては，農地改革によって地主制が，憲法，民法の改正によって家制度が解体されようとし

ており，早急な農業の再建という課題のために，その実体把握調査が着手された。生活，労働，農村調査は，戦前から社会調査の主要な分野であったが，戦後改革のなかで民主化という新しい視点を得て，前近代的な状況と近代化の推進という状況が混在する，それぞれの分野の問題に取り組むこととなった。

生活調査は，まず始めに都市部の貧困調査として出発した。都市における貧困層の分布と形成に関する調査や，賃金基準算定資料のための家計・生計費調査，生活保護基準を確定するための被保護層調査などである。江口英一は，全体社会における貧困層という社会階層の位置を把握するために，所得のもとである職業活動を視野に入れ，人間生活を，歴史的・構造的に把握しようとした（江口英一，1979）。また，鎌田とし子は，社会階層の把握に，労働のほか家族や地域生活という視点を取り入れ，生活者の姿をより詳細に捉えることに成功した（鎌田とし子・鎌田哲宏，1983）。

終戦直後の労働調査では，後進的な状態にある労働者の生活を把握することが重要なテーマであり，尾高邦雄や松島静雄，中野卓は，零細工場の労働者の前近代的な労働状況を詳細に分析している（尾高邦雄，1956）。50年代に入り，次第に経済が復興し，経営組織が近代化されてくると，それにともなう労務管理に対抗するための労働運動が大きなテーマとなった。この頃は労働社会学の隆盛期で，多くの意義ある社会調査が生まれており，とくに，社会変革に向けての運動論や実践論が重視されている。また，経営規模が拡大するにつれて，調査対象の企業の規模も，中小企業から大企業へと移っていった。

農村調査では，農地改革によって生まれた自作農が，封建遺制的な村落構造を改革し，農村社会を再建する主体となるか否かが問われた。古島俊雄ら「山村の構造グループ」は，農村の家族制度を取り上げ（古島俊雄，1952），福武直は，農村の民主化を阻害している封建的な村落秩序について分析した（福武直，1949）。そして50年代半ば，高度経済成長を迎えると同時に，農家経済と村落共同体が早くも解体し始めると，農村調査の主要なテーマも，農村内部の秩序や組織の問題から，資本主義の急速な発展という外部の問題との関連へと移っ

ていった。

　また，原爆被害者の調査を通して，原爆の影響を社会学的に捉えようとする原爆被害者調査も，戦後いち早く着手された。中野清一は，原爆の影響を被害者の人間関係において捉えようとし（中野清一編，1982），山手茂と伊東壮は，原爆被害は，被爆者を原爆症という身体障害と貧困の悪循環に陥れていると分析した（伊藤壮，1975）。

　また，公害・環境問題が社会学の対象であることを示した公害調査も，この頃から盛んとなった。島崎稔の安中調査は，公害・環境問題に関する，本格的な社会学的調査の先がけである（島崎稔，1965）。

b 高度経済成長から第一次石油危機へ（1960年代）——地域生活調査・公害調査

　農村では，50年代から農業人口の流出，兼業化，過疎化が問題となっていたが，60年代に入ると資本主義の急成長によって，さらに問題は深刻化し，地域開発政策による都市化や，公害による農民の生活破壊といった問題に直面することとなった。さらに，「農業基本法」等の農業政策によって，農業経営そのものが破綻されようとし，家，共同体にわたる生活全体の変質を迫られていた。このような状況で，地域の工業化や都市化が村落構造や家族，経営や生活に与えた影響を分析するために，農村調査に，資本主義という枠組みのなかで農村社会の変動を捉えようという，変動論的農村把握の視点が導入された。そのなかで，農民の生活を取り上げた調査，村落社会の構造変化を分析する調査，過疎化問題を取り上げた調査，巨大開発や公害，都市と農村問題等を扱った調査などが生まれ，その対象も，村落社会から，より広範な地域社会へと拡大されていった。

　公害問題に関しては，工業の高度成長期をむかえた60年代から，後の環境社会学調査につながるような調査が活発化した。福武直，石川淳志，北川隆吉，飯島伸子等が，地域開発と公害，住民運動について調査結果を発表した（石川淳志他編，1983　飯島伸子，1984　北川隆吉他編，1987）。

原爆被害者調査では，慶應大学の社会学グループが，家族や地域社会等の社会集団の変動（存続あるいは解体と再組織化過程）を追求した調査を行った。また，被爆地域の徹底的な復元調査や，被爆者の健康，精神構造を明らかにする調査も行われた（志水清・湯崎稔，1969）。

またこの時期には，それぞれの分野で，先行する調査の成果を理論化する試みがなされ始めた。

c 低成長期（1970年代）——生活史調査・環境問題調査

貧困調査を出発点とする生活調査の分野では，70年代に入ると，生活調査の独自性を明確にしようという動きが表れた。さらに，地域生活，コミュニティ調査という従来からの調査に加えて，多様な生活問題や生活意識に関する調査が展開した。調査対象は，余暇生活，消費者行動，社会保障，災害被害者生活など広範であり，かつ専門分化している。また，70年代後半からは，個人研究に主眼をおいた生活史調査が活発となった。中野卓は個人のライフ・ヒストリーの社会学的調査研究の意義を主張した（中野卓，1977）。布施鉄治は，社会の変動と個人の生活を関連づけた上で，個人の生活分析を行った（布施鉄治，1982）。原爆被害者の生活史調査では石田忠が，個人の自己形成過程を，歴史的，構造的変動過程に位置づけて分析した（石田忠，1973）。

農村では，減反や生産調整が強化され，農業経営の破綻，農村生活の破壊という基本的な問題は依然として深刻なものであった。その一方で，低成長期に入って村落共同体の見直しが図られ，地域農政や農村自治体，過疎地域の調査等を通して，村落の再生を探る試みがなされた。

70年代は，国際的にも環境問題が問題とされ始め，公害問題に関する活発な報道によって，水俣病やイタイイタイ病等の深刻な公害問題やさまざまな健康被害問題が一般の関心を集め，被害者に限らない，広範な反公害運動も盛んになった。公害問題は，農村や地域生活，住民運動などを視野に入れて調査されるようになり，自治体，住民運動，巨大開発と公害被害について，多くの調査

がなされた。

d 1980年代以降

　農村では，農産物の輸入自由化等の経済の国際化に対応し，農業構造は再編される方向にある。また農村の高齢化，農家の後継者不足は深刻で，第2次過疎化という現象を生み，農業調査にも，新たな方法が必要とされるようになった。このような状況で，農業経営や農家生活と自然環境を結びつけた環境問題が議論されており，従来からの開発や都市化の問題だけでなく，農薬問題，有機農法についてなど，新たな視点から，農業と農業環境の調査が行われている。また近年では，海外，とくにアジアの農村についての調査も数多く発表されている。

　公害調査は，公害問題の調査から，より視野の広い環境問題の調査へと発展し，この時期，質・量共に飛躍的に伸び，環境社会学という新たな分野が誕生した。調査の対象は，産業公害（水俣），開発公害（琵琶湖）から，交通機関公害（新幹線），エネルギー問題（原子力発電所），自然環境破壊，生活環境破壊，開発途上国の環境問題等，広がりを見せている。またそのアプローチも，従来からの地域社会学や農村社会学に依拠したものから，生活史研究，意志決定論，地域計画論等からの研究方法を取り入れるなど，多岐にわたっている。公害・環境問題は自然科学のみの領域ではなく，人間生活に関わることである限り，社会学の領域であるということを示した環境調査は，社会学の新たな調査領域である。

　生活・労働・農村調査から出発した社会調査は，その後さまざまに専門分化しつつ，人間の生活・精神構造と社会変動の関連を追求してきた。そして，たとえば，農村調査において環境問題が重要な視点となるように，新たな分野も加わってきた。さらに，近年活発となってきた海外の社会調査を通して，新たな方法が導入されつつある。

（飯野智子）

II

調査活動の企画と実施

第4章　調査の構想と方法

「習うより慣れろ」「理屈を並べる前に身体を動かせ」ということは，社会調査について確かにあてはまる。言葉や文章で何度説明を聞いてもよくわからなかったことが，実際にやってみるとああそういうことか，とよくわかる。とくに街頭や職場で見知らぬ人と出会い，言葉を交わす経験のなかには，他では得られないちょっとした驚きや発見がある。それをフィールドワークの醍醐味といってもいいかもしれない。

しかし，社会調査はただ何となくどこかへ出かける散歩ではなく，楽しみのための旅行でもない。目的をもって組織的に行う一連の知的活動なのである。社会調査は「科学的」「実証的」研究なのだ，という言い方がなされてきたが，いまここでは「科学的」とか「実証的」ということの正確な意味は括弧に入れて通り過ぎておこう。それは後で述べることになるし，少々ややこしい問題だからだ。

この章以下では，まず社会学や社会科学系の勉強をして論文を書こうとする大学生や大学院生が，自分であるいは自分たちで社会調査を企画実施する場合を想定して，調査活動が進行する順番に必要となる知識と考え方を述べていくことにしたい。その場合，中心となるのは調査票（質問紙）を用いて回答を数値化して表現する標準的な調査法である。このような調査法にとっては，数量的なデータ処理の前提となる数学や統計学の基礎知識，とくに標本調査の場合の推定や検定の知識が必要となる。しかし，本書ではページの制約のため，その部分の説明を詳しく述べる余裕がない。統計学的な数量分析の説明について理解しにくい点があれば，巻末にあげてある参考文献を合わせて読んでほしい。また，調査票を用いない調査，あるいはとりあえずデータを数値化することを目的としないタイプの調査法がいくつかある。これらの調査法についても，あとで章を改めて述べることになるが，まずはどのような調査法をとるにせよ，

調査計画の最初に共通に考えておくべき「問題の設定」から始めよう。

1．社会調査の諸段階

　これまでの章でみたように，広い意味で社会調査といったときには，社会学のような研究を目的とした調査だけがあるのではない。むしろ，実際に世のなかでさまざまに実施されている社会調査は，政府や企業の行う大規模なものから小集団での実験やインタヴュー，さらに個人の素行調査や信用調査などプライベートな目的のものまで，公私をとわず広く人々の生活や意識を把握するために行われるものということができる。また，フィールドワークという言葉も，さらに広く現場・現地（フィールド）に出るという意味にとれば，企画段階でアイディアを練るために現場に行ったり，最終段階で調査結果を現地に報告に行ったりすることを含め，さまざまな活動を包括している。

　しかし，社会生活や人間関係の示すあらゆる側面を一度に調査することなどできないし，どのような社会現象も社会調査によって把握できるというわけにはいかない。総合的・多面的にものを見る，ということは大事だけれども，われわれの普通の生活では行き当たりばったりに遭遇する印象を，頭のなかでなんとなく「総合」している場合が多い。われわれの日常生活では，ひとつのことにじっくりとこだわって考えたり，観察したり，文章にしたりしている時間がないので，目の前の必要を満たすことに追われて，とりあえず印象を「総合」した「自分の常識」ですませている。それで普段の生活は別になにも困らない，ようにみえる。

　でも，何かを明確に把握するためには，視座を据えてみる，つまり意図してひとつの視点を取らなければ，実は確実なものは何もみえてこない。社会調査は，意識的にある場所に視座を据えることでつながりをもった像を結んでみえてくるものをデータとして捉え，これを分析することで社会現象のある特定の側面を明らかにしようとする活動である。それは同時に，その視点からはみえ

ない側面をみていないということであるが，それは方法的に選び取った視点であるから，みていない側面があることはその調査にとって欠点ではない。ただし，どのような視点，どのような方法で調査を企画し実施したのかを明示しておくことと，その調査がみていない側面があることを常に意識しておくことが難しいけれど大事である。

調査は万能ではなく限界をもっている。それを自覚した上で，意味のあるデータとして利用できる形にするためには，よく考え抜かれた企画を立て，適切な手法が選ばれ，周到な準備のもとに調査が行われる必要がある。一般的な社会調査のプロセスをおおまかに図示すると以下のようなものになる。

《企画・準備段階》 →	《実施段階》 →	《集計・分析段階》	→《報告段階》
基本設計(テーマ・方法)	現地調査実施	editing, coding,	報告書作成
仮説の構成・対象者選択		入力・集計・分析	報告書配布
調査票作成・pre-test, etc.			

実際の調査では，いろいろ不確定な事情によってこれらの作業が並行したり重複したり，逆戻りしたりしながら進んでいくが，以下では，学術的な研究を目的とした社会調査を実際に行う場合，まず考えなければならないこと，を説明していくことにしよう。

2．調査研究の出発点「問題の設定」まで

学術研究を目的とする社会調査が他の調査と違う点は，調査のテーマや目的が，調査を企画立案実施する主体の自由な選択に任されている，と「考えられる」あるいは「考えておく」ということにある。政府や企業が行う統計調査や市場調査・世論調査では，普通その調査のテーマや目的は予算とともに既に外から与えられている。調査者は，それを具体化し実行するために知恵を絞って働くのである。しかし，学術研究は営利や実利を目的としないから，調査テー

マや目的は純粋に学問的な動機と理由から導かれる，はずであり，具体的な調査の設計は調査者自らが自由に考えてよい，と考えられてきた。つまり，社会調査にとっては何よりもまず問題が調査可能な形をとって設定される必要がある。

　ところが，調査テーマを自分で決めて設計しなさい，といわれるとまず何を考えるだろうか。指示され与えられることに慣れている学生は，自分で考えなさいといわれると何も思い浮かばず困ってしまう人もいる。そこで，自分が日常経験していること，あるいはマスコミやジャーナリズムの報道などから，とりあえず興味を引いた話題に結びつくテーマを選ぶ。「思いつき」というものは何もないところから出てくるのではなく，多くは無意識に受容し記憶している雑多な情報のなかから，偶然に選ばれるのである。社会学はとくに，あらゆる社会現象を幅広く取り扱っているように見えるから，手当たり次第にテーマはころがっている。

　それはその時々の流行に左右されていたり，目立った事件や印象深いコメントなどとともに記憶されている。そこには多少なりとも怒りや悲しみのような感情が伴っている。凶悪でショッキングな犯罪の報道から強い印象を受け，家族や教育の問題に興味を持つ人もいるだろう。たまたまみたTVドラマや恋愛映画などから，男女の人間関係の複雑さに関心をもつこともある。こんな事件はどうして起こるんだろう，許せないとか，みんなはこれをどう考えているんだろう，気になるとか，あ，これすっげえ面白えなあ，など素朴な感情から問題が出発するということもないわけではない。問題設定の出発点は，まずあることに自分の注意をぐっと向け，もっと知りたいと思ったときに始まる。それはとても知的な興味になる。

　しかし，そのままでは社会調査にはならない。通常，調査は何かを明らかにするために，つまり探求すべき課題があり，それがまだ十分に解明されていないから行われる。すでによくわかっていること，誰でも知っていることをあえて調べようという人はいない。だが，よく考えてみると誰でも知っている「常

識」の多くは，古い知識でもう今は変わってしまっていることや実はちゃんと調べられたことがない「嘘や噂」が含まれている。だから，「常識」と思われていることについても調査をして確かめることはとても意味がある。

　そこで，ある問題に興味を持ち知りたいと思ったら，何が，どこまでわかっていて，どこからはわかっていないのか，その問題を考えるには，少なくともどんなデータを集める必要があるのか，をまず確認しておく作業が必要なのである。何を調べるのかを具体的に決めなければ調査はできないのである。

　たとえば，自分の祖母が病に倒れて寝たきりになったため同居することになり，家族の日常生活がそれまでにない困難を抱えてしまったとする。なんでこんなことになっているんだろう？ただ悩んでいたり傍観しているよりは，視点を据えて考えてみたい。そこでそれまで関心もなかった高齢者の医療や介護の現状と問題点を詳しく知りたいと思ったならば，まず何をするだろうか？普通は高齢者問題について書かれた本を探して読んでみる。あるいは，友人知人とそのことについて話してみて，関心をもっている人が他にもいることに気付く。感想や経験や情報を集め考えていくと，それを専門的に研究している学問と研究者がいることがわかる。

　学問や研究というのは，ただ面白いから，それを勉強するのが好きだから，知識を増やしたいからという動機でやっている部分が大いにあるが，それだけでは自己満足に陥り，せっかく時間をかけて集め考えた知的作業が無駄に終ってしまう。それが重要な問題だと考えて研究する人間が世のなかにたった1人しかいないようにみえても，似たようなことを考えている人は意外にいるものである（それも調査しないとわからないが）。研究者というのはある分野のある問題について何年も何十年もかけて考えている人のことだとすると，その結果を自分だけでしまいこんでいることは社会的な無駄になる。研究成果はできるだけ公表し交換することで，発展し広く役立てることが期待できる。

　ノーベル賞を獲得したような科学上の大発見が，世界のまったく離れた場所で同時に複数の学者によってなされたようなことはよくある。新しく重要な情

報は，公表され共有されることによって社会的に有効なものになり，その問題を追及している人々の間ですぐに試され，確認され，普及することで一般に定着していく。学会や専門学術雑誌，そしてインターネットとはそもそもそうした専門学術情報を世界中で素早く交換する手段として開発されてきたものなのだ。そのことによる弊害もあるが，現在では自然科学だけではなく社会科学においても，専門研究者が何年も努力して積み上げた成果のアウトラインは誰でも知ろうと思えば知ることができるようになってきた。これは，苦労して書籍を手に入れ読まなければいけなかったほんの少し前の時代には考えられなかったことである。

　あるテーマを立て，それを調べて考えようとするとき，自分の頭で考えることはもちろん大事である。しかし自分でやってみれば判るように，たいした知識もなく見通しもなくただ考えるのははっきり言って無駄である。考えるためには材料も訓練も必要だからだ。もしそのテーマについて専門に研究している学問があるなら（たいていはあるのだが），まずその学問で何がどこまでどのように明らかになっているのか，どんなことが問題になっているのかを知っておくのがよい。それを研究している人が何という名前でどんな主張をしているのか，をできれば知りたい。

　それには本を読むのが普通だが，どの本をまず読めばいいか初めはわからない。街の書店では，難しい内容の本はほとんど置いてないし，大きな図書館に行くと本はたくさんあるが，どれが一番読むべき本であるかは読んでみないとわからない。一番いいのは，その領域の専門家に直接聞くことである。しかし，専門家にいつでも会えるわけではないし，第一どこにどういう専門家がいるか知らないのが普通である。今はインターネットで調べるのが便利だが，キーワードなどが適切でないと目指すホームページに辿り着く前にくたびれてしまう。本当に役に立つ情報を手に入れるのは，思ったより簡単ではない。

　でも，本を探し，キーワードを探し，専門家の名を知り，問題をみつけ出すという作業は，あることについて自分の頭で考えるということの基礎であり土

台であり，社会調査の重要なトレーニングなのである。調査は英語で「リサーチresearch」であるが，「リサーチ」するにはまず既存の情報を「サーチsearch」しておかなければいけない。その場合，役に立つのが専門書の巻末につけられている「索引」と「文献リスト」である。「索引」は事項索引と人名索引に分かれている場合もある。事項索引はその本のなかに出てくるキーワードであり，そこでとり上げられている問題の重要な概念とヒントのリストと言っていい。人名索引と文献リストは，その問題について今までに関係した人物と文献資料などのリストである。さらに，本文中にも「註」や「引用文献」があげられている場合が多い。丁寧に書かれた本であれば，その分野の重要な概念，定評のある文献についてきちんと並べてあり，よい研究案内になっている。このような本を見つければ見通しは一気に広がる。これを利用しない手はない。まず頼りになる本をひとつ見つけ，それを読んで索引と文献リストに目を通せば，その本の著者の視点を媒介にその問題とそれを研究している分野のおよその姿が見えてくる。そこから，次々と文献資料に手を伸ばしていくことができる。そこで霧のなかにあった調査テーマが，うっすらみえてくるのである。

　ついでに言えば，書店や図書館にはたくさんの本が並んでいるが，索引や文献リストや註などがついている本とついていない本がある。ついている本は，著者が自分の調べたこと考えたこと主張したいことをただ述べるのではなく，調べ考え主張したプロセスと材料と背景を一緒に提示して，読者にその問題を考えてもらう手がかりを与えるように配慮して書かれた本である。索引や文献リストがついていない本は，読者の娯楽のために書かれたエンタテインメントの文章や，著者のメッセージを直接感情に訴えるプロパガンダの文章，それに主張などは必要のない記事を並べた情報誌である。後者の本も，ものを考えるヒントになることもあるが，問題を立てリサーチをするには直接の役には立たない。それはどこまでが著者のオリジナルな思考の結果であり，どこからが先行する他者の仕事を利用したのかが明示されていない，という意味で参考にできないからである。調査を企画する上で，一度は索引や文献リストのある信頼

の置ける文献に目を通しておくことが必要である。

　また，幸いなことに日本では，多くの社会現象について信頼のおける統計数値が「指定統計」という国家の事業として定期的に調査され，結果が公表されている。その代表は5年に1回実施される国勢調査であるが，他にも「事業所統計調査」「人口動態統計」「工業統計」「商業統計」「農林業センサス」など多くのナショナルレベルで精度の高い統計が整備されている。それらは多額の予算（税金）を使い，多くの労力を費やして蓄積されたデータである。行政の行った統計は一見無味乾燥な数字の羅列のように思える。しかし丁寧に読み込んでいけば，それは有益な情報の宝庫である。

　さて，これでようやくテーマとおよその調査項目を決めることができた，としよう。次に必要なのは，「仮説」である。

3．仮説と命題

　社会現象を経験的に捉えるには，いくつかタイプの違うやり方がある。いま仮に自然科学をモデルに（1）発見・記述・分類の段階と，（2）理論による説明の段階，そして（3）予測と計画の段階に分けて考えてみる。

　（1）発見・記述・分類の段階では，対象はまだ未知の部分が多く，あらかじめ理論的に要素同士の因果関係や影響関係を想定できない。したがって観測は，発見を目的に主要な2，3の指標だけを丹念に調べて記録し，既存のデータと付き合わせることで今まで見つかっていなかった知見（findings）を発見する（ことがある）。新しい惑星とか新しい植物種の発見などは，偶然見つかる。偶然といっても観測や採集をしていなければ，そもそも発見する機会はないわけだし，既存の知識を身につけた人がみなければそれが新発見であるかどうかすら判断できない。そこでデータがこれまでにない特性を示していれば，あたらしい名前を付けて記述され既存の分類体系の中に新種として位置づけられる。しかし，社会現象の場合はそれが既知の現象とどこが違うのかを記述す

るために，分類の体系や理論的枠組みから考え直すこともしばしばである。

　たとえばA地区に住む高齢者の20％が寝たきりで要介護状態にあり，B地区では同じ状態が高齢者の5％でしかない，というデータが出てくればそれはひとつの発見である。ただ，それだけではどこが新しい問題なのか決まらないので分類が難しく，単にA＝0.2, B＝0.05という数字が記録されるだけである。既に全国的に寝たきりの高齢者比率が地区別に統計数字として出ていれば，それを何らかの基準で分類し，そのどこかにA地区，B地区を位置付けることができる。しかし，それだけではなぜそうなっているかはわからない。しかも，新しい「事実」が発見されるのは，突然UFOに出会うように偶然それが現われたのではなく，多くの場合測定の手法が変わることによって発見されるのである。

　測定の基準や手法は，これまでの知見の集積から編み出され組織されているものであるから，まずその概念定義と背景となる分類体系を理解していなければ，そもそも測定ができない。「高齢者」「要介護」などの定義をはっきり押さえておかないと正確なデータを得ることができず，さらに問題群のなかにそれを位置付けるためには，関連のありそうな多数の他の要因をデータとして測定しておかなければならないのである。それらが揃ったとき，次の理論による説明の段階に進むことができる。

　（2）理論による説明の段階では，「なぜそうなっているのか」を説明しようとする。それはデータそのものから自動的に出てくるわけではない。理論がなければ説明は不可能なのである。ここでいう理論とは難しく言えば，「ある事態を述べた立言（statements）の集合が体系的に連関しているもの」（ラドナー『社会科学の哲学』1966, 15頁）である。立言とはAはBである，とかAであればBである，などといった文の形で表される判断であって，体系的連関とはそれらが互いに演繹的に定式化（formulation）へ結びつけられ，法則のような形で一般化されたもの，またはそれを目指したものである。理論には抽象度の高い包括的な理論から，限定された部分的な理論まであるが，社会調査にとっては経

験的に確かめることが可能な形になっているほど「使える理論」である。

　例をあげると，先ほどの「要介護高齢者比率」がA地区とB地区で大きく異なるというデータを説明する理論を想定してみる。特別養護老人ホームなどの「高齢者福祉施設」の比率（1施設当りの高齢者人口などとして表すとすると）は地域によって差があり，高齢者医療を行う病院や診療所などの「医療施設」の比率も偏りがあるとすると，これらの要素の間に理論的な説明がいくつか可能になるかもしれない。理論的には「高齢者福祉施設」が多い地区では「要介護高齢者比率」は低くなり，「医療施設」が多い地区でも低くなると仮定する。これを説明する上位の立言は，「高齢者福祉施設」や「医療施設」の存在は地区内の高齢者の健康状態を向上させる，というものである。「要介護高齢者比率」をa，「高齢者福祉施設比率」をβ，「医療施設比率」をγとすれば，この3つの関係だけについてみればひとつの関数関係$a = a\beta + b\gamma$（a，$b > 0$）という式ができる。したがって演繹的には，aの値が高いA地区はβとγは両方高いか，どちらかがとくに高く，B地区はその逆の結果になるはずである。これが「仮説（hypothesis）」になる。「仮説」は基本的にAはBである，AであればBである，などという文の形をとる。

　「仮説」は，さまざまなレベルで理論的に作ることができるが，社会調査で実際に収集したデータによってその正否を確かめることができるように作るものを作業仮説と呼んでいる。作業仮説を経験的データによって検証することで，その成否を判断しそれを通じて理論による説明が最終的に正しいかどうかを確かめる道具である。ちなみに上の例では，実際に日本のある地方で調べてみると仮説は否定された。データが示すところでは「高齢者福祉施設」や「医療施設」の存在は「要介護高齢者比率」をむしろ高める結果となっている。それは「要介護高齢者」のなかに在宅療養者と施設入所者が含まれ，施設があることで「要介護高齢者」が集まってしまうこと，同居親族の有無，とくに子世代との同居が減っていること，高齢化の速度が地域によって大きく異なることなど，仮説を導いた理論が条件として組み込んでいなかったいくつかの要素があった

のである。

　事実発見型調査と仮説検証型調査という対になった言葉があるが，手ぶらで町へ飛び出してフィールドワークすればすぐ「事実」が発見できるわけではないし，頭の中だけで完璧な仮説を作ってデータと一致したから正しいとか，理論が証明されたとか断定するのは気が早すぎる。理論や仮説をまったくもたないで調査は不可能であるが，データによる検証というのは簡単に結果がでるようなものではない。社会現象のもつ複雑性の前にはたくさんの罠が仕掛けられている。少なくとも仮説が正しいか間違っているかを確かめるためには，命題（proposition）の形をとった文で表現される必要がある。

　命題というのは，複数の変数（variablesまたは要素elements）の間の関係をあらわす文のことを指す。たとえば「医療施設が多い地域ほどその住民の健康状態は他より良い」というのも命題の形になっている。「医療施設」と「健康状態」というふたつの変数のある関係を述べているからである。変数というのは同一のことがらについてある幅をもった値をとる数（ここでは一つ一つの調査項目，または質問によって出てくる回答の集計値と考えておこう）である。

　説明にはいくつかタイプがあるが，社会学でしばしば行われるのが「因果的説明」である。社会現象に関する命題が示す変数間の関係には，時間的な前後関係や勢力的な影響関係が想定できるものが多いので，変数のどれかを原因（独立変数），他の変数のどれかを結果（従属変数）とみなすことができれば，その命題は因果的説明を構成することになる。ホーマンズが提示した「二人以上の人々の相互作用が頻度を増すと，彼らが互いに好意を抱く度合いが増し，またその逆の関係も成り立つ」という命題（Homans, 1950）は，「相互作用」と「好意」という2変数の間に因果的関係を想定している。つまり二人の間の好意が増したり減ったりするのは，相互作用の結果と考えるわけである。この場合は，好意が増すことでさらに相互作用も増すということもあるし，その逆もあるので，一方的（不可逆的）な因果関係ではないが，「少年法の改正施行によって少年の凶悪犯罪は減少する」というような命題は，時間的にその後の

凶悪犯罪発生率よりも少年法改正が先にくるので不可逆的であり，因果的説明になる。先の「医療施設」と「健康状態」の場合は，これに近い関係が想定できる。

このように命題の形をとって変数の間に一定の因果性を想定し，理論に結び付けられるような作業仮説を想定しておくことは，社会調査の設計において重要な準備作業であるだけでなく，調査データの分析において中心となる目標であり，最終的に設定したテーマに対してどれだけ有効な説明ができるかを決めるのである。

論理的に明確な作業仮説を考えておくことは，社会調査をしようとする者にとって問題がどのようなものであり，少なくともどれだけの要素，どんな属性や変数をデータにしておかなければならないかを確認する作業なのである。そして，成功した調査は何かを発見するだけでなく，その問題を無理なく説明し，その説明に用いた理論を磨き上げる，かもしれない。それは今のところひとつの理想に過ぎないが，もし理論がそのような力をもって人々に認められるならば，その研究は次の予測と計画という段階に到達することを目指していると言っていいだろう。

（3）予測と計画の段階では，さまざまな要因を体系的に組み合わせた整合的な理論がひとまず構築されているものとして，将来起こるであろうことを予測する。このような理論をひとつのシステムと考え定式化した「モデル」に置き換えてみると，「モデル」は初期条件として想定された変数に数値化されたデータを投入し，時間を組み込んだ関係のシステムの構造を規定する係数（パラメータ）を想定して数量的な処理を行えば，予測としてのシミュレーションが可能になる。自然科学のみならず，社会現象についてもそのようなシミュレーションは，人口現象や経済現象などいろいろな未来予測として実際に行われている。また，望ましい目標を設定して，そこに到達することを計画し政策的な提言や行動計画を策定するということも，社会工学的な応用技術として行わ

れている。経済計画や軍事戦略計画や社会福祉計画など，数量的な分析がシステマティックに展開する可能性のある分野では，予測と計画への期待は高まるだろう。それは社会科学の見果てぬ夢のようなものである。もし未来の状態が，かなりの正確さで予測できるのなら，人間が望ましい未来を作り出すことも可能だ，と。

　しかし，数量的な方法を信用しない社会学者の多くは，社会主義計画経済が失敗したように社会計画もどうせ失敗すると考えているし，数量的な社会調査を自らの方法として研究している社会学者は無責任に失敗するなどといって安心してはいないとしても，社会現象の予測は地震の予知よりも何倍も難しいことを知っている。どちらの立場も，今のところ明確な根拠を示しているとは言えない。

　現在の科学的予知のレベルでは何月何日地震が起こるとまでは予測はできない。もしそれを予言する人がいるならただの占い師である。ところが明日政治的暴動が起こるという予測は，地震よりずっと起こる可能性は高い。政治的暴動は人間のすることだから，人々の言動や社会状況について確かな情報が集まれば，かなりの確率で予測ができそうである。しかし，やっかいなことに実は暴動は起きない可能性が高かったにもかかわらず，明日暴動が起こるという予測が流れ，当事者に知られるようになったことで人々はこの予測自体に反応して，暴動に加わる人々が増え実際に激しい暴動が起きてしまうということがある。これは「予言の自己実現」つまり，未来の予測を述べた予言それ自身が人々の行動に影響を与えて，予言がなかったならば起こらなかったような新たな事態を引き起こす，という場合である。このように，未来の完全な予測は原理的に不可能である。

　だからといって，未来は一切わからないと考えることは，社会現象の研究の視野を狭め，さらにあやしげな占いや呪術に道を開くことにもなる。われわれは未来予測に十分謙虚である必要があるし，科学の名のもとに行う計画や政策に慎重な注意を払わなければならないが，だからこそ予測や計画という活動に

目をそむけてはならない。それには信頼のおける社会調査が必要なのである。しかし，調査計画立案にとっては予測の問題はまだ先のことなので，ここは次へ進もう。

（水谷史男）

4．方法の選択

社会調査のテーマが決まり，問題が絞られ，仮説が立てられたなら，次は調査方法の選択である。以下では，社会調査として行われるさまざまな方法には，どんなものがあるかをみてみよう。

a 技法の分類

現地調査の方法は，大きく分けると，①観察によるデータの収集法〈観察調査〉（視覚，目による調べもの），②質問紙あるいは調査票を用いて質問し，回答を得る方法〈質問調査〉（言語，耳による調べもの）がある。

質問調査は，調査対象者が質問紙を自分で読み，自分で回答を記入する「自記式」質問紙法と，調査者が対象者に口頭で質問し，回答を求めて，調査者が記入する「他記式」面接法とに分けることができる。調査対象者と直に接して質問をする場合は「面接法」としてさまざまな技法がある。

「観察法」は写真やビデオの発達によって，また「質問調査」も電話の普及やインターネットの登場によって，現状では不十分だけれども，新たな評価，メリットとデメリットを確定していく必要がある。ふつう，調査法でイメージされるアンケート調査は，直に会って回答を得る面接法にしろ，郵送法にしろ，回収率が低下してきているのが現状である。

（1）観察調査

調査者の視覚を通して，直接に被調査者の行動や言語を科学的に分析する方

法である。観察のコントロール（見方の統制）程度によって，統制的観察と非統制的観察に分けることができる。つまり，① 自由観察法（単純観察・非統制的観察法），② 組織的観察法（統制的観察法 controlled observation）である。統制的観察は，観察者たる調査員に観察すべき事項および時間を詳細に指示して，組織的に実施する観察である。したがって，観察は項目と指示が決められた観察調査票をもとに行われ，データの量化が可能である。非統制的観察は，特別な指示を調査員に与えないので，自由観察とも単純観察ともよばれる。「単純」とはいうが，逆に観察が有効で意義をもつためには，かなりの経験的熟練や知識が要求される。また統制的であれ，非統制的であれ，第三者的立場で外部者として観察する場合と，対象に参加しながら観察する場合がある。後者をとくに参与観察法という。③参与観察法（participant observation method）は，非参与観察法と対比されてとくに使われる方法名であるが，それぞれ長所と短所がある。参与観察は，調査者とは生活形態・思考様式がいちじるしく異なり，外部からの観察だけでは観察される行為の意味が容易につかみがたい場合に有効である。しかし，参与することによって当該集団のなかで一定の役割を果たすことになり，集団を全体的・客観的に評価することが困難になるおそれがある。一方，非参与観察は，客観性・全体性・論理性が確保しやすい反面，情報の種類が限定されて，当事者の状況の定義を理解できず，初歩的な誤りをおかすおそれがある。実際には，両者の調査法の典型を思い描いて併用することがよい。

（2）質問調査

★面接法

　面接（インタビュー）は，質問紙または調査票を使用することもあれば，使用しないこともある。調査者と被調査者が言語を介して直接に接触する，社会調査の技法としては重要な方法のひとつでありながら，マニュアル化しにくい側面をもつ。あらかじめ決められた質問事項にもとづいて面接し，その回答を

記入する方法と，指示的なものと大括りの質問事項は決められていることが多いが，相手に応じ状況に応じ，質問を変更する非指示的方法とに分けることができる。つまり，① 標準化面接法（指示的面接法 directive interview method），② 非標準化面接法（自由面接法，非指示的面接法 nondirective interview method）である。指示的面接法は，結果を集計分析する統計調査に利用され，非指示的面接法は，面接記録を言語化して実態調査として報告することが多い。

面接調査は，調査員が調査対象者を一人ひとり訪問して面接し，回答をえる方法をとるので，延べ人員や費用，時間がかなりかかることになる。調査対象者本人に直接聞くので誤解がもっとも少なく，回収率も高いとされるが，調査の質が面接者（調査員）に左右されるから調査員の訓練が留意すべき点としてある。非指示的面接法は，多数の調査員を動員する形の調査には向かないし，かなり面接者の経験や熟練に依存した方法で，あえて方法と呼ぶべきかは疑問である。面接者が「柔軟に」考えている質問内容は逆にステレオタイプである場合も多い。

指示的方法と非指示的方法のそれぞれの長所を生かしたい場合には，③ 焦点面接法（focussed interview method）がある。これは一定のサンプルについて調査を行った後に，さらに必要な質問内容について面接指針の枠内で，質問の順序やことば使いにかなりの自由を与えて調査をするものである。④ 深層面接法（depth interview method）というものもあるが，臨床心理におけるセラピー経由の方法であり，回答の仕方に関して一定の心理モデルを前提としているから，「深層」という用語から受ける印象よりもかなり形式的な方法であり，社会調査法としてはほとんど役に立たない。この他，同一の対象に対して一定期間をおいて数回にわたる面接を行い，時間的経過のなかで意見や態度がどのように変化していくのかを記録，分析する，⑤ 反復面接法（repeated interview method）という方法がある。大量サンプル調査のサーベイとして分類する場合は，パネル調査（panel survey）とよんでいる。

面接は，被面接者の数によって，集団面接と個人面接に分けることができ，

通常は被面接者の数をひとり，つまり個人として想定しているが，多くの被面接者と同時に会い，相互にデスカッションをしながら情報をうる場合を，⑥ 集団面接法（group interview method）とよんで，ふつうの個人面接法と区別する場合がある。個人面接の前にだれに面接するのが調査の意図にかなっているのか選び出すために，または個人面接のあとで事実を確定する場合に実施される。以上は理念的な区分であって，実際は調査者（面接者）および調査対象者（被面接者）とも複数人で対面することが多い。

★質問紙法

アンケート法とよばれているものであるが，アンケートの元来の意味は，有識者など専門家に限った意見の収集のことである。クエスチョネーアも元来同じ意味であるが，まとめて大量サンプルの収集を目的とするサーベイとよぶのが普通である。質問紙または調査票を用いる面接法を質問紙法における面接法として扱うこともできる。

① 配票法（留置法）：質問紙を調査対象に訪問配布して，記入を依頼し，一定の日数が経過したあとで直接に訪問して回収する方法である。国勢調査はこの典型的な例である。調査員が配布と回収の2回にわたって，調査対象者の自宅を訪ねることになるが，対象者本人が不在の場合でも，本人に記入してもらうことを念押ししたうえで，家人に依頼することが可能である。面接法を前提として調査を設計しても，誰もが忙しい事情では実質的に留置法になることが多い。回収時に回答に記入もれがないかなどチェックする必要があるが，対象者本人を前にチェックできればなおよい。面接法での調査員の質の偏りが回避でき，労力，費用が少なくて済むという長所をもっている。配布あるいは回収のどちらかを郵送で行う場合もある。面接法に比べて，複雑な質問には向かないし，本人だけではなく，家人の意見が混入している恐れも否定できない。事実に関する質問と，意見に関する質問とをはっきりと分けるなど，調査票のデザインや設計上の工夫が大切である。

② 集合法（ギャング・サーベイ　gang survey method）：対象者を1ヵ所

に集めて質問紙を配布し，その場所で記入してもらう方法である。学校や企業で行うことが多いが，集まってもらうことができれば，費用や時間，調査員数も少なくて済み，説明や記入条件などの質を一定にすることが可能で，回収率も高い。調査内容は，集まる人の客観的属性が似ていることが多いから，意見や態度の調査に向いている。

　③ 郵送法（mail survey method）：日本での郵送調査は回収率が2～3割と低く，データの偏りが大きいため，重要視されていないが，調査の現実として，経費やマンパワーの関係から郵送調査に頼ることも多い。とくにプライバシー意識の高い都市部では回収率は低い。しかし，督促状を定型化し複数回にわたって送り，質問項目を厳選すれば高回収率になるともいわれる。コスト的には送りか，回収のいずれか片側だけを郵送としたり，着払いなどの工夫はもとより，電話調査との組み合わせも工夫できよう。対象者本人が本当に答えているか確認はできないが，調査対象の母集団を特定しサンプリングが可能な点で，サンプル調査の原理を踏襲できる。

　④ テスト法（P.F.T.＝Picture Frustration Test 絵画欲求不満テストなどの心理テストの応用）：社会学ではほとんど使用していない。

★電話法（telephone survey method　面接法の変形・準用）：

　調査員が調査対象の世帯に電話をかけ，調査対象者であることを確認して，調査票にしたがって質問を行い，聞き取った回答を調査員が記入する方法である。複雑な質問はむずかしいといわれているが，アメリカ合州国ではかなり発展しているといえる。たとえば，社会階層に関する調査は，職業経歴など複雑なことを質問するのであるが，Erik Olin Wright の国際比較調査は，アメリカでは電話法によって実施されている。一般には，短い期間に意見に関するデータを集める必要がある場合（選挙の投票行動に関する情報など），有効な方法である。調査員が歩きまわる必要がないなどコスト的に効果的な側面ももっている。長所として，直接に接触する面接でおこる身振り・手振り・表情などの余分な情報がないので，逆に調査の質を統御しやすいことも指摘されている。

★オンライン調査（on-line survey）または電子調査（electronic survey）：

　パソコン通信やインターネットなどの通信ネットワークを利用した調査で，コスト的な面で利便性があり，集計も迅速である。しかし母集団の設定の仕方によっては，例えば質問がインターネット使用者外に及ぶ場合などは抽出不可能な母集団を設定していることになり，原理的に回答サンプルは偏っていることになる。現在のところ，母集団をかなり限定した調査のみ可能であり，結果は今後の調査のパイロット的な位置にとどまっている。質問紙形式の回答を集めるのではなく，文献情報や団体組織の情報を収集するという目的であれば，公開の程度に差があるが，瞬時にして海外にもつながり，有用であることは確かだ。

b フィールドワークの具体的な方法

　多様な調査技法は，それぞれの長所・短所があることを詳細にみてきた。しかし，実際の現地調査の一連の過程では，ほとんどの方法を原則をふまえながら組み合わせているといってよいのである。だから，調査実施上のマニュアル（手引き）としては，もう少し大括りの分類を提示しておいた方が便利だろう。また謝品などをどうするかなどの具体的な問題も発生する。筆者の経験を引用しよう。

　例＝「安比高原の開発と環境」調査：

　対象者は関連地域に居住する住民。町役場の選挙管理委員会にお願いして，選挙人名簿からランダムサンプリングをした住民に対して，質問紙を介した面接調査（指示的）を実施。しかしながら，地域の概況を押さえるために，職業安定所や農協，町役場の商工観光課でインタビュー調査（非指示的）と資料収集を行っている。現地の調査期間中に面接法ではサンプル数がこなしきれないので，対象者不在の場合は留置法をみとめ，一部サンプル地区については郵送回収を行った。また予備調査で宿泊したペンションではご主人に経歴や営業の

様子，客層などを聞いている。

　以上のように，ひとつのテーマに対して調べるということになると，さまざまな調査法が組み合わされるということがわかるだろう。また，現在では調査対象者とのコンタクトに電話やファックス，e-mailを使用して，調査内容を説明することは，ごく一般的に行われている。

　本章では，大量サンプルを収集するというサーベイを念頭において調査法を紹介しているが，少数の対象者について詳しく研究をすすめる事例研究（ケース・スタディ）も社会調査に含まれる。参与観察，住み込み調査を中心とする狭義の人類学的フィールドワークや室内的実験と比較すると，サーベイは次のような長所，短所をもつ。

　サーベイでも，住み込みのフィールドワークでも，調査現地にいるということは，基本的に現地の人からみれば，「よそ者」であることに他ならない。それは地理的な意味の現地である場合もあるし，職場や組織など，ふだん調査者がかかわりをもたない現場である場合もある。だから調査者は「自分がどのように見られているのか」ということを意識せざるをえない。それに応じて「自分はどのような服装やことば使いで接したらよいか」ということは常識にしたがうということで，各人が回答を用意できるはずである。「よそ者」であれ，せいぜいが取り繕って「新参者」としてみられたとしても，異邦人であること

	参与観察	サーベイ	室内実験
現実の複雑性に対する配慮	◎	×	×
現実の社会生活に対する調査者の近さ	◎	×	×
調べられる事例の数	×	◎	×
明確な因果関係の把握	△	×	◎
調べられる時間の幅	△	△	×
調査活動による干渉のバイアスの排除	×	△	×
調査デザインの柔軟性	◎	×	×

◎とくに優れる　○優れる　△限りあり　×不可能

にはかわりがない。たとえば、スラムを調査するときには、それに合わせた服装をするべきなのか。答えは、「とくに嫌みな格好でなければよい」。

　もうひとつの問題は、異邦人であるならば、現場のことはよく知らず、調査者が行っているデータ収集なるものは、現場・現地の人びとにとっては当然なことであり、調査は無駄ではないのかという疑念である。実は、調査で知ろうとしている事柄は、現地・現場の人びとが知っている事柄とは違うのである。たとえば、ことばの問題で考えてみるとよくわかる。ある言語を研究している研究者は、実際に話し、聞くという面では、現地の子どもにも劣るかもしれない。とくに初めて接する方言や、特殊言語の研究を考えてみればよいだろう。しかしその研究者は、その言語を丁寧に聞き取りながら、その言語の構造を徐々に明らかにしていくだろう。現地の子どもは、言語の構造や文法など知りもしないし、その必要もない。社会調査にもまったく同じことがいえるのであるが、「土地の物知り」がいることがある。これは、キーとなる情報提供者＝インフォーマントであり、適切なインフォーマントをもつことが、調査の成否を分かつことにもなる。それは、フォーマルな行政機関である場合もあるから、柔軟に考えた方がよい。

c　これからの技法

　最後に新しい方法と問題意識について若干触れておこう。社会調査が研究対象をもらすことなく記述し、対象に関するデータをすべて保存しうるならば、それはデータ収集という意味での社会調査としては完璧であるようにみえる。とくに、ビデオやCD、パーソナル・コンピュータ等の情報機器が、一般の家電製品のように使用され始めている現在においては、そのように考えられる。さらに情報機器は使いやすく発展もするだろう。けれども、このような考え方は社会調査法として間違っている。もちろん、これらの使用方法に関して、社会学における社会調査論が、ひとつの指針なり、分析技法を整理しておくことは求められているところである。しかし残念ながらビデオ分析の技法などは整

理されつつあるが，社会学において一般的な理解がもたらされている状況とはいい難い。

　収集データについて，対象をそのまま写し取っていれば「完全」であるとはいえない。これには「分厚い記述」（thick description）とよばれるものが必要とされているのである。みたままの姿をカメラのように記録するという程度を越えない「薄っぺらな記述」（thin description）とは違って，「分厚い記述」は人びとの発言や行動に含まれる意味を読みとる作業であり，幾重にも折り重なった生活と行為の文脈を解きほぐして，書きとめる作業なのである。むしろ現在の社会学は，データが生起し編集される過程に対して大変気をつかっているといってよいだろう。少し具体的にみてみよう。

①エスノメソドロジー（Ethnomethodology）：

　みえているが気付かない（seen-but-unnoticed）「からくり」を解く方法である。それは民族学のある特殊な方法でもなければ，社会学の新しい方法的アプローチでもない。人びとが日常生活において達成している実にさまざまなことを遂行するために使っている，方法や手続きを分析する科学プログラムのことであるとされる。エスノメソドロジーの創始者のガーフィンケルは，「アグネス，彼女はいかにして女になり続けたか」という論文で，ある両性的人間の「女性」としての通過（パッシング）作業とその社会的地位の操作的達成について分析してみせた。「会話分析」という技法では，会話という活動が，「あいづち」や「割り込み」を含みながら遂行される過程であることを明らかにしている。データ収集の方法としては非参与観察法といえる。

②生活史：

　生活史あるいは生活記録を収集して分析する領域を「生活史」法と命名しているけれども，とくに厳密な定義があるわけではない。そもそも都市社会学の源流シカゴ学派では，日記や書簡の類が重要なデータとみなされている。その多くは「参与観察」を踏まえて実施されるけれども，多くの社会学者が利用するデータ形態のひとつでもある。職場の参与観察をすれば，職場で記入する業

務日誌をみるということもあるし（河西宏祐『企業別組合と「労働者文化」―石油産業における「少数者運動」』），労働者側の日記を利用するということもある（熊沢誠『ある銀行労働者の20年』）。職場生活ということでいえば，中野卓『下請工業の同族と親方子方』(1978) は，戦前の農村社会学における「同族団・家連合」の理論的枠組みを町工場の職縁社会にも適用して，昭和20年代の中頃から30年代初頭における実態を描いたものであるが，「労働組合に於ける人間関係 ―親方徒弟的組織に支配されるその一タイプ―」での調査では，面接で得た生活史資料を活用して，職長と古参班長を頂点とする組合リーダーとその人的系譜を分析している。

　生活史の方法からみると，社会調査の方法は以下のようにもその特徴を分類することができる。①言葉による調べものの方法：アンケート調査，仮説立証型。②耳による調べものの方法：聴き取り法，アマチュアにはむずかしいところがあるとされる。③眼による調べものの方法：服装，行動など外形を記録・整理する方法。④生活記録による調べものの方法：日記，手紙，作文，家計簿，映画，マンガ，流行歌謡をデータとして活用する。生活史法は現在のところ事例調査を中心としているのが実態であるが，データ収集法からすると多様である。

　こうしてみてくると，社会調査が扱う狭い意味のデータ以外にも，さまざまなデータと発見というものがありうるということを納得していただけるだろう。

〔青木章之介〕

第4章　調査の構想と方法

調査方法	観察調査			面接調査	質問調査				
比較項目	統制的観察	参与観察	エスノメソドロジー	面接法	配票法	郵送法	集合法	電話法	オンライン法
自計／他計	他計	───	───	他計	自計	自計	自計	他計	自計
事例／大量データ	事例大量	事例	事例	事例大量	大量	大量	大量	大量	事例大量
調査への協力態勢	必要	あればよい	あればよい	必要	あればよい	片側郵送や託送の場合必要	関係者の協力が必要	特になし	特になし委託する場合は必要
複雑な内容の質問	───	可能	可能	可能	難しい	難しい	説明すれば可能	難しい	難しい
質問の量	観察量大	観察量中小	観察量中小	多くできる	多くできる	難しい	ある程度可能	調査員の技術に依存	ある程度
回答内容のチェック	───	可能	可能	可能	ある程度可能	不可能	不可能	可能	不可能
調査員の影響	ない	大きい	ない	大きい	ない	ない	ある	大きい	ない
回答者の疑問への回答	疑問なし	説明可能	疑問なし	説明可能	回収時に説明可能	問い合わせに対応可能	説明可能	説明可能	不可能
本人の回答確認	───	可能	───	可能	ある程度可能	不可能	可能	可能	可能
調査員以外の影響	───	───	───	ほとんどなし	家族などありうる	家族などありうる	会場発言者などありうる	家族などありうる	ほとんどなし
プライヴァシー保護	報告で注意	報告で注意	報告で注意	難しいので注意	回収封筒の用意で可能	可能	可能	難しいので注意	難しいので注意
調査票回収率	───	───	───	高い	高い	低い	一般に高い	中程度	低い
調査の費用	一般に大きい	小さい	小さい	大きい	大きい	中程度	学校や企業で実施の場合小さい	中程度	委託など中程度
調査に要する日数	集中すれば短い	一般に長い	集中すれば短い	中程度	長い	かなり長い	集中すれば短い	中程度に依存	長い

第5章　調査の設計と準備

1．調査対象の決定と標本抽出

　社会調査の過程のなかで，調査対象の決定は，きわめて重要な位置を占めている。それは，いかに素晴らしい質問紙や調査票を作成したとしても，それらをまったく的外れな対象に対して用いれば，その調査結果は自ずから意味のないものになり，調査目的を果たすことができなくなるからである。

　そこで，われわれは現地調査に先立ち，まずいかに調査対象を適切に選び出すか，すなわち調査する対象を，どのような方法で，どの程度の規模で抽出するかという課題に取り組まなければならない。本章では，この「標本抽出」（サンプリング）というテーマについて説明することにしよう。

a　全数調査と標本調査

　社会調査において調査対象を決める方法は，大きく「全数調査」（悉皆調査(しっかい)ということもある）と「標本調査」の2つに分けることができる。

★ **全数調査**

　全数調査とは，「調査対象に決めた単位（母集団）のすべてを調査する方法」である。そのため，調査対象を決める方法としては，もっとも容易で，もっとも誤差の少ない方法である。

　しかしながら，たとえば5年に1度，実施される「国勢調査」の場合，そのための労力，経費，時間などは膨大なものになっている。国勢調査の例でいえば，その調査データの集計・分析には約2年の時間がかかるといわれている。

　また，国勢調査のような大規模な調査にはさまざまな制約があって，基本的には国や地方自治体などの公的な機関でしか実施できない。しかも，世論など

のように社会情勢によって時々刻々と変化していくものを，迅速かつ的確に把握し，分析するような調査としては適さないという欠点がある。

このように調査対象となる母集団が非常に大きい場合，全数調査という方法では一定の限界が生ずることになる。そこで，こうした全数調査の問題点を克服するために，社会調査では標本調査という方法が取られている。

★ 標本調査

標本調査は「母集団のなかから，その一部を抽出して調査する方法」である。社会調査では，この抽出した調査対象を「標本」（サンプル），また抽出する過程あるいは方法を「標本抽出」（サンプリング）という。

標本調査は，上述のように母集団のなかから標本を抽出するので，全数調査と比べると「標本誤差」[1]が生ずる。つまり，調査単位である母集団と，抽出された標本の間にさまざまな乖離が生じ，母集団の特性を標本が十分に代表するものにならないということである。

> 1）標本誤差（sampling error）とは，標本抽出（サンプリング）の際に偏った標本を選ぶことによって生じる誤差である。しかしながら，実際の社会調査では被調査者（回答者）が曖昧な回答をしたり，調査者が聞き間違いや記録・記入のミスをしたりすることによっても誤差が生じる。こうした標本抽出以外の原因によって生じる誤差は，非標本誤差（non-sampling error）とよばれる。

標本調査も初期の頃はこの標本誤差が大きく，社会調査としての信頼性は必ずしも高くはなかったが，今日では統計学や確率論などの進歩に伴って，その信頼性も高くなり，標本誤差の範囲を数学的に示せるようになっている。

標本調査は，全数調査と比較して労力，経費，時間などを節約できるため，質問紙や調査票の内容などを充実させることができる。しかし，その反面，標本の抽出に際しては，高度な知識と技術が要求され，また調査を実施した後に事後分類ができないという欠点がある。

いずれにしても，全数調査と標本調査にはそれぞれ長所と短所があり，実際

の社会調査では調査の目的や条件などにあわせて，どちらがその調査に適した方法であるかを十分に考慮して，選択することになる。

b 標本調査の基本的な考え方

（1）標本調査の2つの方法

標本調査とは「母集団から，その一部を抽出して調査を行い，その標本の特性値（統計量）から母集団の特性値（母数）を推定しようとする調査」である。

そのため，標本調査ではどのような方法で標本を抽出するか，すなわち標本抽出がもっとも重要な課題となる。標本抽出にはさまざまな方法があるが，それらは「有意選択法」（purposive selection）と「無作為抽出法」（random sampling）の2つに大別できる。以下，それぞれの方法の内容と特徴について説明することにしよう。

★ 有意選択法

有意選択法は「母集団を代表すると思われる標本を，調査主体が意図的に選び出す方法」である。有意選択法にはいくつかの調査があるが，ここでは①「典型調査」と②「割当調査」を，その代表的な調査として取り上げることにする。

① 典型調査

典型調査は「調査対象の抽出にあたって，調査主体が『典型』と考える対象（特定の個人や地域など）を意図的に標本とする調査」である。

一般的に典型というと，調査対象のなかでもっとも標準的なもの，平均的なものを考える傾向があるが，社会調査では調査目的によっては必ずしも標準的，平均的ではない特別な対象を「典型」として考えることもある。その意味で，ここでいう典型とは「一定の時代の人びとの生活がその代表性を備え，個性的であると同時に，普遍的性格を帯びて現れるもの」であり，M.ウェーバーのいう「理念型」（idealtypes）の意味が含まれている。

いずれにしても，典型調査における対象の抽出は，最終的には調査者の「主

観」に委ねられているのである。
　② 割当調査
　割当調査とは「調査項目と関連が深いと思われる標識（性別や年齢など）によって母集団をいくつかの集団に分け，その上でそれぞれの集団の大きさに応じて，調査者が意図的に標本の割当を行う調査」である。
　割当調査は，応募法や機縁法などのような恣意的な標本抽出に比べると，外形的には母集団と近似するものの，割当てられたひとつの集団の内部での標本抽出が，基本的には調査主体の「主観」に基づいていること，また母集団に関する数多くの標識のなかで，どの標識が調査項目に関連するかを事前に決めなければならないことから，標本としての「代表性」が確保されているとはいえず，統計的な客観性がまったくない調査である。

★ **無作為抽出法**
　無作為抽出法は「標本を抽出する際に主観的な意図による作為を排除し，客観的な手続きによって，無作為に標本を母集団に近似させる方法」である。
　そのため，無作為抽出法は，母集団に含まれるすべての調査単位が標本として抽出される確率が等しくなるように設計されている。つまり，無作為抽出法は「母集団のなかから，それと同じ特性値をもつ標本の抽出される可能性が，完全に確率法則に委ねられた抽出法」なのである。
　無作為抽出法は，上述の有意選択法の問題点を克服するために開発された方法であり，有意選択法と比較して，① 標本の「代表性」が確保できる，② 抽出の「標本誤差」が理論的に確定できるという利点がある。

（2）無作為抽出法の原理
　標本調査において母集団から標本を抽出する方法としては，有意選択法よりも無作為抽出法の方がすぐれていることがわかった。では，その無作為抽出法は一体，どのような原理に基づいているのであろうか。次に，その点について説明することにしよう。

いま，ある大学で社会調査論の講義を履修している学生300名のなかから，無作為抽出法によって30名の学生を抽出する調査を考えてみる。

ここでは仮に抽出された30名の学生の身長を測ることにすると，その平均値は，おそらく母集団である学生300名の身長の平均値とは少し異なる数値になるであろう。

次に，同じように別の30名の学生を抽出し，その身長を測って平均値を算出すると，やはりその値は母集団の平均値とも，また上記の標本の平均値とも異なる値になるであろう。そして，このような作業を繰り返して行くと，学生300名のなかから30名を抽出する組み合わせは，事実上，無限大に存在するといえるので，その標本分布は図5-1のように「正規分布」(normal distribution)することが知られている。

標本調査では，上述の標本分布に関して次の2つの定理が重要になる。

図5-1 正規分布

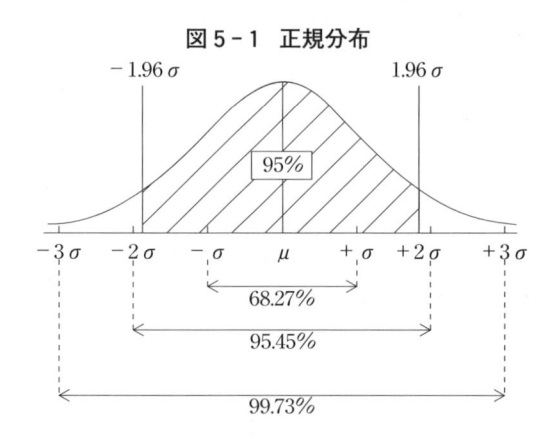

-1.96σ ・ 1.96σ

95%

-3σ -2σ $-\sigma$ μ $+\sigma$ $+2\sigma$ $+3\sigma$

68.27%
95.45%
99.73%

★平均の標本分布

まず第1の定理は，「正規分布を示している母集団から無作為抽出された標本の平均は，やはり同じように正規分布を示す」という定理（中心極限定理）である。すなわち，母集団の平均（母平均）がμ，母集団の分散がσ^2，大き

さ N の正規分布を示す母集団から，大きさ n の標本を無作為抽出すると，標本平均 $\bar{x}$ の標本分布は，

　平均が μ，標準偏差が

$$\sqrt{\frac{N-n}{N-1} \cdot \frac{\sigma^2}{n}}$$

の正規分布を示す。

　また，このことは仮に母集団が正規分布でなくとも，標本数が十分に大きいならば，母集団がかなり特殊な分布をしていない限り，成立する。

　次に，第2の定理は，すべての正規分布の性質として，「平均から両側に標準偏差の1.96倍の幅を取ると，その範囲に全体の95％が含まれる」という定理があるので，この定理は「標本平均 $\bar{x}$ は

$$\mu \pm 1.96 \sqrt{\frac{N-n}{N-1} \cdot \frac{\sigma^2}{n}}$$

のなかに95％の確率で含まれる」といい換えることができる（図5-1参照）。

★ 比率の標本分布

　母集団の大きさが N で，ある標識の比率が P である時，その母集団から大きさ n の標本を無作為抽出すると，標本比率 p の標本分布は，標本が非常に大きく，P が極端に小さくない限り，

　平均が P，標準偏差が

$$\sqrt{\frac{N-n}{N-1} \cdot \frac{P(1-P)}{n}}$$

の正規分布を示す。

　比率の標本分布の場合も，平均の標本分布と同様，「平均から両側に標準偏差の1.96倍の幅を取ると，その範囲に全体の95％が含まれる」という定理が成り立つので，この定理は「標本比率 p は，

$$\mu \pm 1.96 \sqrt{\frac{N-n}{N-1} \cdot \frac{P(1-P)}{n}}$$

のなかに95％の確率で含まれる」と言い換えることができる。

★母平均・母比率の推定

　上述の2つの定理は，いずれも母集団の平均や比率が既知の場合に，標本の平均や比率がどの範囲に含まれるかを示している。しかしながら，現実の社会調査で母集団の平均や比率（母数）の推定を行う場合は，逆に標本の平均や比率（統計量）が既知で，母数が未知である。

　そこで，上述の各式は，それぞれ次のように書き換えることができる。

① 母平均 μ は，　　$\bar{x} \pm 1.96 \sqrt{\dfrac{N-n}{N-1} \cdot \dfrac{\sigma^2}{n}}$ に95％の確率で入っている。

② 母比率 P は，　　$p \pm 1.96 \sqrt{\dfrac{N-n}{N-1} \cdot \dfrac{P(1-P)}{n}}$ に95％の確率で入っている。

　ここで示した95％の確率は，社会統計学では「信頼係数」（coefficient of confidence）といわれ，①および②の式で示される範囲は，信頼係数95％の「信頼区間」（confidence interval）といわれる。

　いずれにしても，われわれは，母平均や母比率を推定するために，標本平均や標本比率を用いた場合の「標本誤差（ε）」を，①と②の下線部分から知ることができる。

c 無作為抽出法の種類と方法

　既述のように，無作為抽出法の原則は，母集団に含まれるすべての調査単位が標本として抽出される確率が等しくなるようにすること，すなわち「等確率性」にある。

そこで，社会調査ではこの等確率性を損なうことなく，標本を抽出する方法がいろいろと考えられている。ここでは，それらについて簡潔に説明することにしよう。

（1）単純無作為抽出法

単純無作為抽出法（systematic random sampling）は，すべての無作為抽出法の基本になる標本抽出の方法である。

この抽出法は「母集団に含まれるすべての調査単位に一連の番号を記入し，そのなかからいわば『くじ』を引くように，標本を抽出する方法」である。いうまでもなく，実際の標本調査ではくじを引くことはできないので，「乱数表」が用いられている。

単純無作為抽出法には，標本誤差が少なく，標本の抽出が容易であるという利点があるが，その一方では，たとえば国勢調査のように母集団が非常に大きくなると，標本抽出を行うためのサンプリング台帳が作成できなかったり，標本が広範囲に分散して現地調査が難しくなるという欠点がある。

（2）系統抽出法（等間隔抽出法）

系統抽出法（systematic random sampling）は，単純無作為抽出法の手続きをより簡単にした標本抽出の方法である。

この抽出法は「母集団や標本数が大きい場合に，抽出を開始する位置を乱数表を使って無作為に決定し，その後はサンプリング台帳から一定の間隔（等間隔）で標本を抽出していく方法」である。標本抽出の間隔は，基本的には母集団の数を標本の数で割った整数部分とし，最初の標本はこの数字よりも小さい数字にして抽出を行う。

系統抽出法は，単純無作為抽出法のように一連の番号を母集団に記入しなくても標本の抽出ができるし，また抽出の作業が簡単でミスも比較的起こりにくい方法である。しかしながら，何らかの理由で，標本抽出の間隔がサンプリン

グ台帳にみられる周期性と一致したりすると，特定の標本だけが抽出されることがあるので注意が必要である。

(3) 副次抽出法（多段抽出法）

　副次抽出法は，単純無作為抽出法を繰り返し用いる標本抽出の方法である。

　この抽出法は「まず第1段階として第1次抽出単位（たとえば市町村）を無作為抽出法で抽出し，次にそのなかから，第2段階として第2次抽出単位（たとえば世帯や個人）を無作為抽出法で抽出していく方法」である。なお，上記のように無作為抽出を2回繰り返す方法は「副次抽出法」(sub-sampling)，また3回以上繰り返す方法は「多段抽出法」(multi-stage sampling) といわれる。

　副次抽出法には，第1次抽出単位の大きさの違いを無視して全く等確率に抽出を行う「一般副次抽出法」と，抽出単位の大きさに比例して第1次抽出を行う「確率比例抽出法」(probability proportionate sampling) がある。

　一般副次抽出法は，全国を網羅する母集団の膨大なサンプリング台帳がなくても，第1次抽出の枠となる市区町村の名簿があれば標本抽出が可能である。また，第2次抽出では抽出された市区町村の選挙人名簿や住民基本台帳（住民票）があれば，標本抽出ができる。

　それに対して，確率比例抽出法は，第1次抽出の段階でまず比例抽出を行い，第2次抽出では第1次抽出の単位からそれぞれ同数の標本を抽出する方法である。この抽出法は，予定した標本数を確保する点では優れているものの，母集団の大きさ，第1次抽出単位のそれぞれの大きさがあらかじめ判明していないと使えないという欠点がある。

　いずれにしても，一般副次抽出法と確率比例抽出法は，2段階以上にわたって無作為抽出を行うため，それぞれの段階で標本誤差が生じ，単純無作為抽出法に比べると標本抽出の精度は低くなる。

(4) 層化抽出法

　層化抽出法 (stratified random sampling) は「母集団をいくつかの層に分類し，そのおのおのから無作為に標本を抽出する方法」である。その際，各層はそれぞれ同質になるように，また各層間はお互いに異質になるように分類する。つまり，層化抽出法は，このような層に対して，無作為抽出法を用いる標本抽出の方法である。

　この抽出法は，母集団から直接抽出する単純無作為抽出法よりも標本誤差が小さいことが知られているので，より少ない数で，より精度の高い標本を得ることができるという利点がある。しかしながら，実際の社会調査では，標本抽出の際に必ずしも母集団に関する予備知識が得られるとはかぎらないし，また標本誤差を調べるには，層化した各層ごとに誤差の計算をしなければならないので，他の抽出法と比べてより高度な知識と技術が必要になる。

　層化した各層への標本の割当にはいくつかの方法があるが，もっともよく用いられるのは，各層の大きさに比例して標本を割り当てる「比例割当法」(proportionate allocation) である。この方法は，まずはじめに市町村，人口，産業形態などの違いによって母集団を層化し，ついで各層からその比率に応じて，標本の無作為抽出を行う方法である。

　層化抽出法は，母集団が大きい場合，多段抽出法と組み合わせて用いられることがあるが，その場合はとくに「層化多段抽出法」といわれる。

d 標本調査の実際

　ここまでは標本調査の種類や，その基本的な原理などを中心に説明してきたが，実際の標本調査は，それらをもとにして，一体どのように行われるのであろうか。本章の最後に，その具体的な過程や方法などについて説明することにしよう。

(1) 標本設計の実際

標本調査を行うにあたっては、まず調査対象である母集団を確定し、次に標本抽出の方法と標本の大きさを決めなければならない。標本調査では、これを「標本設計」という。

★ 標本抽出の方法の決定

標本抽出の方法には、「有意選択法」と「無作為抽出法」の2種類がある。有意選択法は、既述のように、調査主体が何らかの意図にもとづいて標本を抽出するため、標本調査としての客観性や代表性が確保されていない。そこで、標本調査において標本抽出の方法という場合は、実際には「無作為抽出法」を意味している。

無作為抽出法には、①単純無作為抽出法、②系統抽出法、③副次抽出法、④層化抽出法の4種類の抽出法があり、実際の標本調査ではこのなかからどの抽出法を選択するか、あるいはどの抽出法を組み合わせて用いるかを決める必要がある。

標本調査では母数の推定が重要な課題になるので、できる限り、標本誤差を小さくすることが望ましい。あるいはまた、標本調査の効率性という視点からいえば、標本誤差を一定にして、できるだけ標本の大きさを小さくすることが望ましい。その意味では、④「層化抽出法」が、標本抽出の方法としてはもっとも望ましい方法であるといえる。

しかしながら、④層化抽出法では、母集団の層化を行うための予備知識が事前に必要になったり、あるいはまた全国調査のように母集団が大きい場合には、③副次抽出法などと組み合わせて用いることが必要になるなどの制約が存在している。ただし、この場合には層化抽出法だけの場合に比べて、標本誤差が大きくならざるをえないという問題がある。

標本抽出の方法としていえば、④層化抽出法は標本誤差を小さくする抽出法であり、②系統抽出法や③副次抽出法は、標本誤差をある程度は認めた上で、標本調査の実施を容易にする抽出法であるといえよう。

いずれにしても，標本抽出の方法の決定には，上述のような抽出法の制約だけでなく，標本調査の対象や条件なども関連してくるので，実際に標本抽出の方法を決める場合には，それらも十分に考慮した上で決める必要がある。

★標本の大きさの決定

標本抽出の方法が決まると，次は標本の大きさをどの程度にするかを決めなければならない。標本調査では，既述のように母数の推定が重要になるので，その推定誤差をどの程度の範囲まで認めるかによって，実際の標本の大きさが決まる。

ここで前述の標本誤差の式を n（標本数）に関して変形すると，それぞれ以下のようになる。

①標本平均の場合

$$n = \frac{N}{\frac{(N-1)\varepsilon^2}{1.96^2 \sigma^2}+1}$$

②標本比率の場合

$$n = \frac{N}{\frac{(N-1)\varepsilon^2}{1.96^2 P(1-P)}}$$

上記の各式に標本誤差 ε，母集団の大きさ N，母分散 σ または母比率 P を代入すると，標本の大きさ n を知ることができる。しかしながら，上記の各式には実際の調査では未知である母分散 σ や母比率 P が含まれているため，その値は過去に行われた調査の結果や，専門的な知見などにもとづいて，文字通り，推定しなければならない。

なお，単純無作為抽出法以外の抽出法を用いる場合には誤差が異なってくるため，より複雑な数式で標本の大きさ n を決めることになる。ただし，標本の大きさは，上述のような理論的計算だけで決まるものではなく，標本抽出の方法の場合と同様，標本調査の対象や条件なども大きく関連してくる。また，標本の大きさは，調査データの分析にあたってどの程度の標本数が必要になるかということも関連してくるので，実際に標本の大きさを決める場合には，それらを十分に考慮した上で決める必要がある。

(2) 標本抽出の実際

標本抽出を実際に行う際に，まず必要となるのは「サンプリング台帳」である。サンプリング台帳とは「母集団のすべての単位が記載されている台帳のこと」であり，標本抽出のもとになるものである。

社会調査の領域では，「選挙人名簿」と「住民基本台帳」（住民票）が比較的よく用いられるサンプリング台帳であるので，ここではこの2つを中心にして簡潔に説明することにしよう。

★ 選挙人名簿

選挙人名簿は「住民登録されている住民について，市町村の選挙管理委員会が作成・管理している名簿」である。選挙人名簿には，20歳以上の選挙権を有する住民の氏名，住所，性別，生年月日が記載されている。

選挙人名簿は，住民が実際に住んでいる市区町村に住民票を登録していない場合や，住民が日本国籍を有していない場合などは名簿にリストアップされないため，厳密にはすべての住民を網羅しているとはいえない。しかしながら，こうしたケースは，全体としては必ずしも多くはなく，統計的には問題がないと判断されるので，サンプリング台帳として用いられている。

なお，選挙人名簿を閲覧するには，市区町村の選挙管理委員会へ問い合わせ，必要な書類一式（閲覧者の氏名，閲覧の目的，範囲など）を整えて申請することになる。

★住民基本台帳

住民基本台帳（住民票）は「住民登録をしている住民に関して，市町村が作成・管理している台帳」である。住民基本台帳は，基本的にはすべての住民を対象としているため，さまざまな調査で利用することができる。

住民基本台帳は，かつては社会調査でよく利用されたが，選挙人名簿と比較してより多くの情報が記載されているため，現在では住民のプライバシーの保護を理由に利用することがかなり難しくなっている。また，住民票の閲覧は原則として有料であるため，標本数が多い場合，そのための費用がかさむことに

なる。

　現在，市町村などの公的機関を通して社会調査を行う場合，その調査の是非を判断する「審査委員会」（名称は各地方自治体によって異なる）の審査を受けなければならない。しかし，その審査を通れば，市町村などが調査に協力してくれることもあるので，調査によっては市町村が作成・管理している住民基本台帳のデータベースを用いて，サンプリングを行うこともできる。

★その他

　サンプリング台帳として何を用いるかは，調査の目的や対象などによって異なる。いうまでもなく，選挙人名簿や住民基本台帳などのように既存の「名簿」（リスト）になっていなければ，サンプリング台帳として利用できないということはない。調査によっては，それをさまざまな手段を講じて，あらたに作り上げていかなければならない場合もある。

　いずれにしても，標本調査においてまず必要になるのは，母集団を確定できるサンプリング台帳の確保であり，もしそれが確保できない場合（たとえば，ホームレスに関する調査など）は，サンプリングそのものを行えないので，標本調査として実施する意味がなくなることになる。その場合は，統計調査法ではなく，むしろ事例調査法などの別の調査方法によって調査を行うことが必要になる。

（和気康太）

2．尺度構成と調査票の作成

a　測定の尺度

　社会調査は捉えようとする社会現象について，対象を限定し調査対象となる人，集団，組織などに対してあらかじめ用意した一定の尺度（scale）を使って，調査対象のもつある特性を数値として測定（measure）し記録することをめざ

す。言い換えれば，尺度なしで何かを正確に測定したとはいえず，少なくとも数値化することはできない。ものの長さを測るのにものさしが，重さを量るのに秤が，体温を計るのに体温計が必要なのと同じである。

　しかし，物理的特性の測定と違って，社会調査の場合は測定器を当てるようなわけにはいかない。シャーロック・ホームズのように初対面の人をみただけで，その人の職業や生活史をいい当ててしまう能力を調査員はもっていない。対象者が正直に答えてくれることを前提にして，「あなたのご職業は何ですか？」と質問する。「医者です」と答えがあったら，用意された職業分類コードにしたがって調査票に医者の該当番号を記入する。そして「開業されているのですか，それとも病院などに勤務されていますか？」などと質問を続ける。尺度はここでは，職業名から判断する職業分類コードである。尺度は普通，調査目的にそって調査する側によって一定の幅をもったカテゴリーまたは変数として構成されている。それに数値を与えることによって，回答はデータになるのである。

　社会調査では，上の例のように言葉を媒介として質問したり質問紙に記入してもらったりすることによって実際の測定をすることが主な方法になる。もちろん調査の現場で対象者の顔色や行動を観察したりすることもできないことはないし，ヴィデオなどによって会話自身を記録することもある。しかし，ここでは言葉による調査，つまり標準化された質問紙調査を前提に話を進めることにする。

　対象の何を測定するのかによって，どんな種類の尺度を用いればよいか，というよりどんな尺度しか用いられないかが決まってくる。採用された尺度によって，そこから得られた数値（測定値）の意味と計算されるデータの特性値や統計的処理が異なることを知っている必要がある。尺度についてはスティーブンス（S. S. Stevens, 1951）による4分類がよく知られている。

（1）名義尺度（nominal scale）

　すべての人間は，男または女のどちらかに属する。性転換者という例外はあるが，転換しても男か女かでしかありえないのだとすれば，性別は相互排他的な，つまり同一人の両方への所属はありえない2つしかない集合である。これをカテゴリーとよぶ。今女性に1を男性に2を与えよう（普通は男性が1なのに，なぜ？という人にはそんなことどっちだっていいというしかない）。これが名義尺度のレベルである。この数値は男性が女性の2倍偉いなどということをまったく意味していない。カテゴリーが3つ（たとえば，1.女性的，2.中性的，3.男性的）になっても4つ（たとえば1.太った女性，2.痩せた女性，3.太った男性，4.痩せた男性）になっても，数字はカテゴリー分類の便宜として与えられるだけである。したがって数値間のそのままの計算は意味がない。名義尺度によって表現されるのは，カテゴリーごとの度数，比率，モード（最頻値）であって，属性としてのある特性の分布であり出現率である。相関係数は属性間の相関としてとることができる。社会調査の場合，名義尺度でしか測れないものが多いということから，次の順序尺度，間隔尺度との違いを考慮して質問を作り，分析することが必要になってくる。性別や職業のような基本的な属性は，単にその分布が何％であるかということより，他の変数とのクロス分析において活用される。

（2）順序尺度（ordinal scale）

　名義尺度はどのカテゴリーが1であっても2であってもよく，並ぶ順序に意味はない。しかし，よくみると大小や好悪や強弱といった何らかの基準によって順に並んでいる場合がある。たとえば，余暇にするスポーツの質問で，1釣り，2テニス，3サッカー，4マラソンと並んでいれば肉体的消耗度の順番を想定することができるし，最終学歴について1中学，2高校，3短大，4大学，5大学院と並んでいれば，そこには順番に学校に通った期間の長さという意味が含まれている。この順序をばらばらにすると単に名義尺度になるが，順序に

意味をもたせるのが順序尺度である。

　順序尺度の数値は、1よりも2が相対的に上位にあるというだけで、量を表さないから名義尺度と同じくテニスが釣りより2倍消耗するとはいえない。統計的には名義尺度の集計値に加えてメディアン（中央値）、パーセンタイル、順位相関係数などが計算できる。社会調査の質問に盛り込まれる操作化された概念や選択肢は、並列的で中立的なもののようにみえて多くは価値の順位を含んでいる。また幅のある尺度上に変異をもって分布することを期待して、そうした質問を並べるのである。しかし、その幅は等間隔であるとはいえないから、統計的分析が想定する数値データが絶対量を示すような場合の分析手法はほとんど使えないので、カテゴリカルなデータを扱う手法が開発されている。

（3）間隔尺度（interval or distance scale）

　測定する数値そのものが等間隔の距離をあらわすように構成された尺度、量が目盛の上で等間隔に並ぶようになっていれば加法性が成り立ち間隔尺度のレベルになる。ただし、絶対零点をもたないのが次の比例尺度と違うところである。気温の摂氏30度の15度との差は－30度と－15度の差と同じではっきりと等間隔だが、0度というのは便宜上決めてあるだけで温度がないということではない。経過点のひとつにすぎない。間隔尺度としてとられている数値は、平均値（算術平均）や分散、ピアソンの相関係数などが意味をもつ。社会調査の場合、計器で直接測定できないものでも態度尺度のように操作を加えることで、間隔尺度に置き換えることはできる。

　たとえば、相加評定尺度といわれるリッカート尺度で測定される態度得点などは、一定の態度を測るようにつくられた多数の質問項目を並べ、回答傾向から不適切な項目を排除していくことによって間隔尺度を構成する。たとえば、どんな行為が「男らしい」かを測定するとして、さまざまな場面での態度や行為についての質問項目を並べておき、それらに1から5、あるいは＋3から－3までの得点を与えておく。回答を項目分析にかけて「長い髪をいじる」項目は全

般に反応が低く分散が大きく，つまり男らしさをあまり弁別しないが「毎日ひげを剃る」項目は大きく関連する，というように「男らしさ」との関連が弱い項目を除いて，有効な各項目の総合得点をとる。するとその数値は「男らしさ」を量的に示す尺度になると考えられる。この場合，0は「男らしさ」とは無関係という意味で絶対零点だとすれば次の比例尺度として使えるが，相関の低い無関係な項目を除くという操作をしているので，間隔尺度としてみた方がよいだろう。

(4) 比例尺度 (ratio scale)

　0で始まる数値は，身長や体重のように量的に正確に表されるので統計計算の広範な手法が適用される。しかし，社会調査で得られるのは一般に名義尺度によるカテゴリー・データがほとんどなので，完全な数値データはあまりない。だが，たとえば，給与所得や世帯年収（税込みかどうかを明示）などは条件さえ整えば金額として答えてもらうことはできる。金額は量的な指標で，絶対零点をもつ比例尺度になる。経済学の国民所得統計や家計調査の収支項目などは基本的に金額という数値でとられるので，自然科学の物理量と同様数値間の差だけでなく比率が意味をもつ。比例尺度の数値は，平均（幾何平均）や分散のほか各種の相関係数や変異係数など数値データとしての計算を前提とした統計的手法が適用できる。

　ただし，社会調査での所得金額については，実際は面接調査のなかで正確な金額まで質問するのはかなりむずかしい。答えたくない質問であるということもあるが，回答者も正確な金額を把握しているとはかぎらないからである。そこで，便宜上何万円以上何万円未満という形の段階的なカテゴリーを設定して質問することになる。これは順序尺度または間隔尺度のレベルになる。

　尺度のレベルによって，データの集計・分析のさいの使用できる統計的手法が決まってくるので，同じ1，2という数字であらわされていてもそれが単なる分類記号としての名義尺度なのか，数値の量的な差が意味をもっているのか

は，区別しておかなければならない。カテゴリー・データや質的データだからといって統計的な手法がまったく使えないのではなくて，一定の仮定のもとに数量的な変換を行うことによって比例尺度としての分析を行う手法も開発されている。こうした尺度のレベルに注意を払うことは，データに適用する統計的処理を誤ったり，コンピュータがまさに機械的にはじき出してくれる統計数値を読み違えたりしないために重要である。

b 妥当性（validity）と信頼性（reliability）

どのような尺度であれ，それが測ろうとする対象の特性を間違いなく測っているのでなければ意味がない。間違いなく測っているということは，どのように保証されるのだろうか。それには妥当性と信頼性という2つの側面がある。調査結果として提示されるのは測定数値であったり統計的処理や加工を経た図表であったりするのが普通だが，そこで用いられた尺度や手法がどのようなものであるかを示し，妥当性と信頼性を備えたものであることが納得されるとき，はじめて調査結果は価値をもつのである。

（1）妥当性

妥当性とは，測定しようとしている対象の特性を適切に測定しているかどうか，それを正確に測定するのにふさわしい方法が取られているか，ということである。細かくいえば，そこでとられている尺度の妥当性，質問文の妥当性，操作過程の妥当性，対象選択の妥当性，などがあげられる。

尺度の妥当性は前節でみたような尺度レベルの妥当性の他にも，測定しようとしている内容をそれが過不足なく網羅しているかどうか，という点の妥当性が問題になる。それは尺度そのものの内部から出てくるというよりも，調査する側の理論的枠組みや既存の研究動向の上に立って判断されるものなので，経験と批判を重ねることによって整備されてくるといえよう。たとえば，用意された選択肢以外の回答（その他項目）が多いような場合，その内容を適切に分

類しカテゴリー化したり，新たに尺度を組み直したりすることができれば改善される余地がある。また，そこで用いた用語や概念と実際に測定されているものが一致していないような場合，操作的定義を再確認する必要が出てくる。

　社会学で使用される専門用語や概念は，そのままでは社会調査の測定の対象にするのがむずかしいから，いくつかの質問項目に分解したり具体的な言葉に置き換えたりする操作をしなければならない。抽象度の高い概念であれば，この操作化を何段階かにわたって行う必要がある。例をあげれば，個人の「社会的地位」はそのまま尋ねても答えられないから，職業名，従業上の地位・職位，所属組織の規模，所得，威信，財産などいろいろな項目について質問をつくり，それらを総合して判断することになる。また一見具体的な「老後への不安感」といっても，質問にするさいは経済的不安感，肉体的健康への不安感，家族などとの人間関係への不安感などについてそれぞれ具体的に尋ねる必要がある。また「老後」といった言葉の捉え方は20歳台と50歳台では当然異なり，同じ高齢期といっても平均的にみて70歳の人と80歳の人では生活条件が異なる。そこで「仕事をやめた後の生活」とか「ひとりで身の回りのことができなくなった生活」などといった言葉に言い換える必要も出てくる。こういった操作は，調査設計にあたって一定の仮説にもとづいて何かを確かめようとすれば必ず必要になってくる。

　しかし，「社会的地位」を測定するのに複数の指標を使えば，それらが「社会的地位」を構成するのに十分であるのか，単に多数の指標をとればいいのではなく，重要な指標とそうでないものとの間にウエイトをつける必要があるのではないか，それらの指標が適切に測定され尺度のレベルがそろっているのか，指標を組み合わせる手順は正しく行われているか，などが問われてくる。その段階で妥当性を欠いた操作化を行っていれば，調査データは「社会的地位」を正確にあらわしているとはいえない，という批判をうけることにもなる。

（2）信頼性

　信頼性とは，その調査における測定値が何らかの偶然的な要因や特殊な条件によって，実は偏っており正確な測定になっていない可能性がない，ほとんどないと信じることができる，ということである。これは，妥当性と違ってその調査データや方法をみただけでは最終的にわからないことである。調査の実施者は，誤りのないように理論通り正しい手続きを踏んで調査を行っているとしても，1回限りの測定結果がまったく誤りのないものであるかどうかは，保証されない。たまたま測定結果を歪めるような偶然性の要素，事前には気がつかなかった特殊な要素が入り込んでいないとはいえない。

　少なくとも尺度の問題でいえば，信頼性を確保するには同一の対象者に同じ測定をもう1回あるいは2回，3回と行っても，同じような測定値が得られればよい，とされている。繰り返すことによって偶然的な要素は消え信頼性が高まる。同一の調査を2回行ってそれらの相関係数を比較して信頼性係数（reliability coefficient）を出すという方法である。しかし，少数の項目，少数の被験者への実験などならともかく，多数の標本を対象とする社会調査の場合，まったく同じ調査を同一対象者に繰り返し行うことは実際上きわめてむずかしい。類似した質問紙による同一地域同一母集団での時点の異なる再調査というのはしばしば行われているが，時点が違うことによって同じ測定値が出てくることは原則としてありえない。測定値がかなり違うからどちらも信頼性がない，と考えるよりもこの違いは時間の経過による変化として解釈できるならばあまり問題にはされない。複数要因が絡まりあう社会現象の再起性や不確定性は，実験科学のような信頼性を求めることにそもそも無理があると私は思う。しかしそれでは，信頼性は確かめられないのであろうか。

　操作的には1回の調査のなかにあらかじめ信頼性をチェックするように類似した項目や並行した項目を組み込んでおき，信頼性係数（クロンバッハの α 係数など）を求める手法も考案されている。しかし，調査対象者数が多く質問項目も多数であるような社会調査の場合，実際は主要な質問項目についてこうし

た手続きを盛り込むことは調査票のボリュームを過大にすることになりかねない。

　現実に行われている社会調査を考えたとき，調査の信頼性は事後的に，むしろ第3者の批判によって，あるいは同様の別の調査結果と比較検討することによって浮かび上がってくると考えられる。そして，もっと社会学的に広い意味の信頼性を考えるならば，調査主体への信頼性，つまりわれわれが専門的な批判に耐えるだけの手続きと方法を堅持し明示して，有効性の高い調査結果を提示していくことによって，社会から信頼をうけることこそが必要ではないだろうか。方法的にいい加減な調査，恣意的で安易な調査，不躾な調査，結果を知らせない調査はけっして少なくない。こうした調査にさらされた一般の人びとは，社会調査に不信感を抱き対象者に選ばれることを迷惑に思い，拒否するだろう。望ましくない調査を駆逐していくためには，質のよい調査を行っていくことによって，調査主体への信頼性を高めることが重要である。

c 調査票の作成

（1）調査票（質問紙）による調査

　社会調査における調査票とは，標本調査にせよ全数調査にせよ，面接調査にせよ留め置き調査にせよ，質問形式の標準化，回答の整序化を目的として使用される印刷物である，といえよう。

　調査票の特性である形式の標準化とは，同一の形式で同一の質問を一定の順序で調査対象者に問いかけるということである。調査票の中核は質問紙，つまり問う順番に並べられた質問文である。面接調査であれば調査員は調査票の順番にそこに書かれたとおりの言葉で質問していくように指示される。留め置き調査の場合でも，記入者は調査票の指示に従って順番に質問を読み，それに答えていくことを期待される。質問は想定されたすべての対象者に理解できるような言葉・表現でつくられ，質問の順番には正確に効果的に調査が遂行されるような配慮がなされる。よくできた調査票は，質問者も回答者もスムーズに内

容を理解し適切な回答をして無駄がない，のが理想である．その意味で形式の標準化は，社会調査が変異をもった多数の対象者に対して等しく「同一の刺激」を与えるという前提に立って合理的に考え出されるものである．

　また，回答の整序化というのは，質問に対してさまざまに予想される回答の内容を，調査する側の意図にそって利用可能なデータに変換するために，調査票の上で選択肢のような形であらかじめ用意しておく，あるいは自由回答のように言語化された回答を集計の段階でコード化するといった作業も含んでいる．これによって回答者の感じる多彩なニュアンスや微妙な判断の揺れを消去し，「同一の刺激」に対する，予想された範囲内に位置づけられる「明示的な反応」を獲得するのである．

　そのような方法が，社会学が問題にする「社会学的リアリティ」にとって最善の方法であるかどうか，調査票によって削ぎ落とされるものがむしろ「社会学的想像力」にとって重要であるかもしれない，ということはまた別の問題である．調査票を用いた社会調査は，その本質において「近代的」なものであり，そのかぎりにおいて可能なかぎり整合的合理的に作成されなければならないという前提のもとに発展してきたのだから．

（2）調査票の構成

　調査票は，その調査がテーマとする問題，そこで考えられるべき命題や仮説に関わる重要な情報を質問のなかに盛り込んで，調査対象者に質問し回答を得ようとして作成される．不確定な要素を排除した実験室のなかとは違い，社会調査の現場は日常性のなかにあり，最終的に説明されるべきことがらにかかわる要因は数多いのが普通である．少しでも影響のある関連事項を調査票に盛り込もうとするだけで，質問はどんどん増えていく．しかし，回答を求められる側からすれば，その質問が調査目的にとってどのようなかかわりがあるのかもわからぬまま，はてしなく続く質問に答えるのは苦痛である．社会調査は質問者と回答者という役割をもって行われる整序されたコミュニケーションである

とすれば，調査する側の必要だけで質問項目を過大にしたり複雑にしたりすることは避けなければならない。そこで，調査票の作成にあたってまず考慮されるのは，調査票1票に要する時間と予想される調査対象者の協力度である。

通常の訪問面接調査であれば，1票の調査票の質問開始から終了まで15～30分，長くても40分ぐらいが限度であると考えた方がよい。調査員の能力にもよるが，いたずらに回答を急がせてはいけないから，質問項目についていちおう最大20～30問くらいが限度であると考えよう。そこにどういった内容を盛り込むかは，調査目的・作業仮説との関連でまず考えられる質問項目をあげ，優先順位をつけて整理し，統合削除していくというのが一般的である。

調査票の構成は大きく分けて，① 表紙（依頼文，記入法の指示，調査主体と連絡先など），② フェイス・シート（性別，年齢など基本的属性項目を並べたもの），③ 中核となる質問（テーマに即した各質問項目）に分かれる。

表紙が最初であることは普通だが，事前に依頼のはがきなどを出しておく場合は，白紙にしたり記入法の指示だけにする場合もある。依頼文は，調査の目的，どうやって対象者を選んだか，集計処理にあたって回答者のプライヴァシーを守ること，調査結果の利用についてなど，対象者が不安なく調査に協力してもらえるように丁寧かつ簡潔に述べる。面接調査など他記式（調査員が答えを聞いて記入）の場合は，面接の開始のさいに調査員が述べる内容であるが，留め置き調査や郵送調査のように自記式（調査対象者が自分で調査票を手にして記入）の場合は，依頼文と記入法の指示は，よくわかるように書いておかないと，間違って記入されたり途中で放棄されたりするおそれがある。文章の読解力は人によって違いがあるから，調査対象者のなかで新聞を読むのに苦労するような読解力の人が含まれる場合は，さらに文章に配慮が必要だろう。

（3） 質問紙（questionnaire）における質問の順序

フェイス・シートは，質問の冒頭に置く場合と最後に置く場合がある。どちらが効果的かは全体の質問の流れによるが，性別・年齢などは考えなくても答

えられる質問であり，年収や職業などは人によっては答えにくい質問なので順番を考慮する方がよい。質問の順番は，一般にたずねられた立場になって考えると，単純な質問から始めて複雑な質問へ，事実に関する質問を先にして意識に関する質問に進む方が，無理がない。

　形式的に単純な質問とは，質問に対し「はい，いいえ」といったYes, Noで答えるYes-No questionである。選択肢が3つ，4つと増えていくと，回答者はどのように答えてよいのか把握しにくくなり，考える時間が必要になる。たくさんの選択肢のなかから選ぶ場合は，全部に目を通してから判断しなければならない。また，事実に関する質問とは，「あなたはこの1週間に何かスポーツをしましたか」のように，回答者が実際にそれをしたかどうかという事実をたずねたもので，すぐに答えやすい。意識に関する質問は「あなたはどんなスポーツをやってみたいと思いますか」のように，願望や可能性といった意識をたずねるので，人によっては考える時間が必要になる。

　ある質問にYesと答えた人にだけ，より詳しい質問をする形式もよく用いられる。これはSQ（sub-question）質問といって，質問の流れが枝分かれしていくので，調査員や回答者によく指示して間違えないようにしなければならない。集計のさいに，その質問に答えるべき人（SQ質問の対象者）と答えを求めていない人（非該当者）を区別し，数値が混入しないようにしておく必要がある。

　回収した調査票の質問に回答が記入されていないことがある。この非該当の場合は，その人には答えを求めていないので当然回答はなくていいのだが，答えてほしい人が答えていない場合，それは無回答NA（No answer）またはDK（don't know）のいずれかである。NAは回答者にとって正しい答えは実はあるのだが何らかの理由で答えたくない，たとえば年齢を聞いているのに記入がないのは，この人が自分の年齢を知らないというより人に教えたくない隠したいと考えていることになる。これに対しDKは，回答しようとしても自分でも答えられない，たとえば世帯収入を聞かれてもその人が家計を把握していなければどのくらいか知らず，わからないから無回答になっているということはあ

りうる。同じ無回答でもNA，DK，非該当はそれぞれ意味するところが違うので注意しなければならない。通常は集計のさいにこれに異なったコードをあてるが，非該当は論理的にチェックすれば識別できる。DKもそのような答えが予想される質問には「知らない」「自分にはわからない」などの選択肢を入れておくことでかなり防げる。NAは回答者自身の価値判断なので，防ぐのは難しいが，無回答をなるべく少なくする努力はしなければならない。

質問の順番は調査をスムーズに進める上で重要なものであり，よく考えてつくった上で，事前に実際に試行的な調査（プリテスト）を行い，修正を加えるのが望ましい。

（4）質問文作成の留意点

調査票の質問項目は，質問文（wording）と選択肢（alternatives）または自由回答部分からなる。質問文の一般的な原則は，回答者が質問の意味を正確に理解してくれるように，やさしく，簡潔に，わかりやすく，ということだが実際につくってみるといろいろ問題があってなかなかむずかしい。留意点をあげてみよう。

★あいまいな言葉，多義的な言葉を説明なしで使うことは避ける。

たとえば，「おじいさん」は本人の母方の祖父，父方の祖父，配偶者の母方父方の祖父，一般的な高齢者の男性のどれに対しても使われる。家族関係などをたずねる場合は区別できるように確認しなければならない。「会社員」や「サラリーマン」も回答として使われるが，おそらく給与生活者というだけでどんな会社で何をしているのかわからず，職業分類上ではあいまいすぎて使えない。

★差別的な言葉，刺激的な言葉を無意識に使うことは避ける

たとえば，「外人」「乞食」などは「外国人」「ホームレス」と言い換えることで一見中立的な印象に変わるが，差別的なニュアンスを感じる人はいる。これは必ずしも一般的に使われているから問題はないともいえない。「ご主人」という言葉を使ったら「夫はいるけど彼は主人ではない，私は彼の召し使いではな

い」といわれて調査を拒否された例がある。「老人」という言葉も次第に使われなくなっている。

★難解な言葉，専門用語を説明なしで使うことは避ける

　たとえば，「扶養者」や「所得控除」などは法律上の用語で，説明がないと知らない人も多い。今はあまり使われない古い言葉や，一時的な流行語なども使わない方がよい。「リストラrestructuring」は本来の意味を離れて「企業が従業員の首を切ること」をさすようになってしまったが，「首切り」の意味で使うのなら「首切り」または「解雇」でよい。言葉は文脈のなかで意味を確定するので，一概にこのことばを使ってはいけないとはいえないが，回答者が意味を間違えないように注意しなければならない。

★複雑な文章，長すぎる文章を避ける

　たとえば，「あなたは自分の自由になるまとまったお金が手に入ったときに，普段からやりたいと思っていたことや買いたいと思っていたものに，すぐ全部を使ってしまいますか，それともまず貯金をしておいてあとでゆっくり使い道を考えますか」という文章は，長すぎる上にお金を手にしたという仮定のもとで，実際にそうするかどうかという実行行為を聞いているのか，そうしたいかどうかという態度や意識を聞いているのかがはっきりしない。質問の趣旨からすれば「もしあなたが100万円の宝くじに当たったとしたら，それをすぐ使いますか，それとも貯金しますか」と聞いて，「すぐ使う」と答えた人に使い道を自由回答か選択肢で選んでもらう方が具体的で答えやすい。文章を長く複雑にすると，回答者に要求する質問の論点が複数になるダブル・バーレル質問（double-barreled question）を作ってしまうおそれが高くなる。たとえば「不況を回復し日本を良くするためには政治に関心がない若い人ももっと選挙にいくべきだという意見にあなたは賛成ですか，それとも反対ですか」という文章は，若い人が選挙にいくべきかどうか，という論点と不況回復に選挙の投票率が関係するという論点と，若い人が政治に関心がないという論点が一文のなかに併存している。回答者はどの論点に反応して答えるかわからない。ダブル・バー

レル質問を避けるには，それぞれの論点を別々の質問として作る必要がある。
★**時点や場所をなるべく特定する**

　たとえば，「あなたは何かスポーツをしますか」と聞かれて「水泳」と答えた人にも，毎日泳いでいる人と去年まで月に1度泳いでいたが今年は全然泳いでいない人がありうる。「あなたは過去1ヵ月の間に何かスポーツをしましたか」と聞いた方がはっきりする。「この町があなたは好きですか」という質問は，「この町」の範囲が狭い町内なのか行政上の都市なのか，判断は回答者に任されていてあいまいである。「あなたの出身地はどこですか」という質問も，いろんな土地を移った人の場合，生まれた場所なのか，育った場所なのか，一番愛着のある土地を答えればいいのか迷ってしまうだろう。「生まれた場所」か「中学卒業時に住んでいた所」などという指定をして，時点や場所をなるべく特定して答えられるようにする必要がある。

★**誘導的な文章にしない**

　たとえば，「最近子供によるいじめや凶悪犯罪の増加が目立っています。外国に比べ少年を取り締まる法律は甘いという声がありますが，あなたは法律を厳しくするべきだと思いますか」という質問は，かなり賛成の回答を誘導しようとする質問となっている。マスコミなどで事件が話題になっているときに，こういう質問をすれば賛成率が高く出ることが予想される。ところが，この質問を「犯罪や非行を犯す子供は家庭環境に問題があることが多く，家族とは別の保護が必要とされています。あなたは犯罪を犯した少年を成人の犯罪とは別に保護し教育する法律について知っていますか」「現在の法律を今すぐ変える必要があると思いますか」「最近の少年による凶悪犯罪について何が原因だと思いますか」というぐあいに順序を逆にすると，結果はかなり変わってくる。これも一種の誘導質問になっている。前に置かれた質問が，後の質問に影響を与えてしまうことをキャリー・オーバー効果と呼ぶが，これなどは個々の質問は誘導的でなくても質問の流れ全体が回答をある方向へ導いてしまうような質問である。回答者に意識されないように誘導質問を作ることは，調査の技術と

してはいくらでも可能だが，それは悪用というべきであろう。誘導質問は避けなければいけない。

　調査票による社会調査は整序されたコミュニケーションである，と前に書いた。質問文は調査する側にいる者の調査される側にいる者への一方的な問いかけという形をとる。さまざまな生活さまざまな背景をもった回答者は，たとえ言語を共通にしていてもわれわれと同じように質問文を考え理解してくれるとは限らない。むしろそれこそが当たり前だと考えて，調査票を作らなければいけない。われわれが回答者に求めるのは，あらかじめ予想され期待された回答ではなく，調査を通じて回答者が冷静に考え判断したユニークな回答なのだから。それは時にはわれわれの意図や予想をはるかにこえて，調査をしなかったらわからなかった何かを教えてくれる。

(5) 選択肢の作成

　標準的な面接調査の場合を想定すると，調査員は質問を並べた質問紙をもち，そこに書かれた順に調査対象者に質問文を読む形で質問をし，答えを聞いて調査票に記入する。選択肢が多い場合は，回答の選択肢を書いたカードなどを対象者にみせて答えてもらうのが一般的なやり方である。

　複数の選択肢のなかから，ひとつだけを選ぶように指示した質問を単一選択SA（single answer）質問，2つ以上選んでよい場合を複数選択MA（multiple answer）質問，選択肢を用いずに回答された答えを言葉で記入する場合を自由回答FA（free answer）質問と呼んで区別する。どれを採用するかは質問の内容によるが，自由回答の場合は，あとで結果をみてコード化するなどの操作が必要になる。また複数選択の場合，優先度の高い順に順番をつけて選んでもらうこともある。

　選択肢の作成にあたって留意すべきなのは，尺度のところでも述べたように，調査の目的や命題や仮説を十分に説明できるような妥当性をもったものにすることである。できれば測定の尺度の水準を上げるように，順序や間隔をもった

データとして利用可能な形に作っておくことを工夫する。しかし，同時にすべての回答者にとって適切で過不足のない答えがそのなかに含まれている必要がある。いたずらに数の多い選択肢は答えにくく望ましくないが，必要なものは必ず含まれていなければならない。回答者が答えをもっているのに与えられた選択肢にふさわしいものがなければ，「その他」にするか，むりやりどれかに○をつけてしまうだろう。これは実はむずかしい問題である。

　とくに意識をたずねる項目では，質問文以上に文章を簡潔にして答えを整序しなければならない。「1賛成，2やや賛成，3どちらともいえない，4やや反対，5反対」などという形式はよく使われるものだが，一般的には回答が中間の2，3，4に集まりやすい。しかし「どちらともいえない」はある意見や態度の中間点なのか，それとも別次元のものなのか。5段階の尺度として使うならば単に中間点であるが，質問文の意図と選択肢という調査する側の問いかけの枠自体を越えあるいは拒否しているのかもしれないのである。では，「どちらともいえない」やDK回答に近い「わからない」という選択肢を，外に出してすべてにつけておくとして，これがあまり多くなればその意識項目の妥当性は疑われてくるだろう。

　選択肢は調査票を作る段階で，ありうべき回答の種類や範囲を予測してしまう，というよりもそもそも，それは調査する側の理論的な枠組みや前提に合わせてつくられるのである。だから賢明な回答者であれば，選択肢の一覧に目を通すだけで，この調査をする側が何を考えているかを見抜くかもしれない。そのとき，彼が自分が単なる研究材料に利用されていると思うか，それともこの調査は面白い考え方であるから協力してやろうと思うか，は調査の中身，質問文と選択肢にあらわれる調査する側の構想力にかかっているといっていい。私はこれまで何度か自分の作った調査票で，回答者に「こんな質問はおかしい」，「こんな問には答えられない！」「つけたい選択肢がない！」という意見を頂いたことがある。わざわざ選択肢に棒線を引いて自分で新しい選択肢を作ってくれた回答者もあった。それは集計の処理上はNAとする他なかったが，メタレ

ベルの批判として大変参考になった。これこそが，社会調査の愉快なところである。

(水谷史男)

3．現地調査の技法

フィールドワークを実際に行う場合に発生するさまざまな問題については，あらかじめ予測できることとできないことがある。用意された実験室や当事者と言葉を交わさない行動観察のような作業であれば，現場で発生する不確定で変則的な事態はあらかじめ回避されているので起こりにくいと考えられる。だが，多数の調査対象者にむけて同じ調査票を用いて質問する訪問面接調査の場合や，少数の情報提供者に個別に自由インタヴューをする聴き取り調査の場合では，調査という行為は相互的な会話のやり取りに中心があるので，どれほど用意された質問であっても相手によって反応が異なり，何が起こるかわからない不確定性を含んでいる。

ここではまず，調査票を用いた訪問面接調査の場合に起こりうる問題を中心に考えてみたい。

a 事前のアプローチ

特定地域の住民から標本抽出した調査対象者に面接調査をする場合を想定すると，まず現地調査の実施前に対象者名簿から住所を確認して依頼のはがきを出すのが普通である。そこには，調査の目的・主旨，実施主体（責任者と連絡先），調査の実施期間などが明記されている必要がある。どのような方法で対象者を選んでいるかも簡単に述べておいた方がよいだろう。

はがきが着くと，なかには連絡先に確認や断りや苦情などが寄せられてくる場合がある。これにきちんと対応する体制をとっておかないと，調査への不信感や不安を与えて現地調査に悪影響を与えかねない。また，市役所・役場など

地元の関係機関の了解を取っておくことはもちろん，必要に応じて町内会や自治会などの役員，学校の生徒を対象にする場合は学校長などにも話を通しておくと順調に行く場合が多い。ただし，役員などが非協力的な組織では，事前連絡がかえって裏目に出て，調査実施そのものを拒否されてしまうこともあるので注意が必要である。いずれにしても，事前の情報収集を十分にして，対象となる地域や組織の特徴をつかんで効果的な準備をしておくことが重要である。

この他に準備すべきものとして，詳細な地図が必要であり，あらかじめ住所などから所在地を確認しておくとよい。また，質問によっては選択肢の数が多く長い文を使う場合は，カードにして回答する人に渡してみてもらいながら回答してもらうので，字が大きく見やすいカードを作っておく。

個人に対する時間をかけた面接の場合も，事前の説明と相手のスケジュールへの配慮は当然欠かせないが，無作為抽出と違って紹介者などのルートで探す場合が多いから，こうすればうまくいくという一般的な方法はないが，誠意をもって依頼することが肝心である。

b 調査員への指導

調査票を用いた面接調査の成否は，何よりも調査員の能力にかかっているといえる。調査の妥当性は主に調査設計や作成された調査票に依存するが，調査データの信頼性を左右する大きな要素は調査員である。現地調査を開始する前に，十分な時間をかけて調査員に対する説明と訓練をしておくだけでなく，調査が始まって最初の面接が終った段階で，回収した調査票をよくチェックし，その調査員が指示どおり質問をしているか，聞き方，回答の処理の仕方，くせや問題点などをよく指摘して，聞き漏らしやあいまいな個所があれば再度訪問するような指示をする必要がある。これを繰り返せば，調査員はその調査票に習熟し，間違いのない回収票を得られるようになる。しかし，それでもある程度個人差が出てくる。調査の精度を上げ，回収率を高めるには，調査員の能力を向上させていくことが不可欠である。

c 面接場面の留意点

　例えば，面接場面で相手の答えを丁寧に確認して記入した数字も，先を急いで「3番ですよね‥」などと誘導的に聞き出した数字も，前後の回答と矛盾しなければ点検を通過してしまう。質問文そのものは調査票に書かれていても，その通り質問しただけでは回答者が意味を理解できなかったり，質問の趣旨を取り違えたりする場合がある。そこで補足的に説明したり，誤解がないかどうか確認したりするのは調査員の役割であるが，調査の内容をどこまで理解しているかで差が出やすい。数量的なデータといっても，それが生み出される調査現場では人間的な要素を排除することはできない。それを知った上で調査員を訓練する必要がある。

　さらに，訪問して調査を始めるまでの導入過程，質問を続けていく中間過程，調査の終了後の回収過程を通じて，調査員には臨機応変の効果的な対応が求められる。なかでも導入過程で拒否にあわないためには調査対象者に安心感を与えられるかどうかが決め手になるが，この点で調査員の第一印象，相手に与えるイメージがどうしても影響する。言葉，態度，服装や容姿などが親しみやすいか警戒心をもたれやすいかは，調査の進行に影響してしまう。個人のパーソナリティは変えにくいが，服装や態度に配慮することで拒否はかなり防ぐことができる。そして数日間あるいは十数日を要する現地調査では，不在者の家を何度も訪問しなければならないなど，調査員の肉体的・精神的な疲労や健康管理にも十分な配慮が必要になる。

　市場調査などでは，調査対象者に謝礼として物品を渡したり後で景品をつけたりすることが普通に行われているが，学術調査では謝礼の商品を配る必要はないとされ，予算上も費用がかかるのでせいぜい少額のボールペンやタオルなどを用意する程度であった。謝礼の物品は，渡すタイミングによっては効果的だが，それを目当てに調査に協力してもらうのではなく，あくまでお礼の気持ちを表現するもの，と考えるのがよいだろう。

d 事後のフォローアップ

　回収した調査票の点検，修正加工などのエディティング作業については次章でふれるので，ここでは現地での作業を終える前の留意点を述べておく。少しでも有効回収票を増やし回収率を高める努力は現地でしておかなければならない。現地調査の終盤には，回収状況を確認し調査員から「不在」や「不能」「拒否」の具体的な理由や状況を確かめた上で対策を考える。時間帯などを変えて訪問し，家族や近所の人に事情を聞いておく。調査員を代えて別の日に再訪問するとうまくいくこともある。標本調査は選ばれた本人に調査するのが原則であるので，代りに家族など他の人を調査したのでは意味がない。留置き調査や郵送調査では本人が記入したかどうかを最終的に確かめることができないが，この点では面接調査は本人を確かめて調査をするので確実といえる。回収した調査票の管理はしっかりしてプライヴァシー保護に努めるとともに，結果を知りたいと申し出た対象者には後日結果を報告するようにする。

　見ず知らずの他人と初めて言葉を交わすのは，お互いに不安があるものだが基本は調査する側の誠意を示すこと，そしてある程度根気よく粘る必要もある。ただし，相手がどのような人物かまったくわからないので，万一危険を感じるような場合は即座に中断避難することも考えなければならない。郵送回収などの場合は，戻ってこない調査票について督促状などを出して追加回収を図ることも必要になる。

　以上，現地調査で予想される技術的な問題を述べたが，調査法が異なればそれに応じて対処すべき方法も違ってくる。共通するのは，調査される側にとって自分が協力を求められている調査とは，けっして日常的でもなければ愉快でもない行為だと思われていることである。調査員の来訪を待ち望んで歓迎するような人もいないわけではないが，ほとんどの場合は多忙を理由に調査への協力を警戒し敬遠するのが普通といっていい。どのような目的でやっているにせよ，わざわざ見知らぬ人を選んで個人的なことまで聞き出そうとする調査員という存在は，きわめて怪しい人物かもしれないと思われても仕方がないのであ

る。そこを乗り越えるには，調査員がその調査の目的や意図をよく把握して，相手に説明できるかどうか，警戒心を解いてもらえるだけの誠実さを感じてもらえるかどうか，にかかっているのである。

(水谷史男)

第6章　調査データの集計と分析

1．データの集計と分析

　社会調査には「統計調査」と「事例調査」の2種類の調査がある。
　統計調査は「①多数の事例について、②少数の側面を全体のなかから切り取ってエクステンシィブに、③しかも客観的に計数または計量して、④相関係数等の客観的な分析法によって普遍化を行う調査」であるという定義からもあきらかなように、調査対象から得られた多数の標本（サンプル）に関する大量のデータを、定量的かつ客観的に調査するところに特徴がある。そのため、統計調査は、一般に量的な調査方法（quantitative research method）であるといわれる。
　本章ではこうした統計調査において集められた量的なデータを、社会調査の過程で、いかに集計し、分析するかというテーマについて論及する。なお、量的な調査方法に対して、質的な調査方法（qualitative research method）である「事例調査」については、次章において論じられる。
　統計調査では現地調査が終わると、エディティング（editing）→コーディング（coding）→タビュレーション（tabulation）という3つの段階を踏んで調査が進められていく。本章で説明する量的なデータの集計・分析は、このなかの「タビュレーション」に相当するが、その前段階であるエディティングとコーディングについても、集計・分析のための重要な準備段階と考えて本章で言及する。

a データの集計・分析の前に行うこと

（1）エディティング

　統計調査では，現地調査において質問紙・調査票（以下，便宜的に「調査票」と略す）を回収すると，それらの内容を一票ずつ確認・点検する作業，すなわち「エディティング」が行われる。

　エディティングの過程で，調査票に記入漏れや誤記などが出てきた場合には必要に応じてあらためて調査を行ったり，それらを調査員に確認して，訂正するなどの対応が必要となる。また，エディティングの作業は，現地調査が終了してから時間が経てば経つほど，むずかしくなるので，作業自体はできるだけ早く行った方が効果的である。

　なお，エディティングでは，単純な記入ミスを発見するだけでなく，論理的なエラーを点検することも必要となる。たとえば，共働きの世帯で子どもがいないのに，「児童手当を受給している」というような回答は論理的にありえないので，この調査票の回答者は，実際には共働きの世帯ではなく，子どもがいるのか，もしくは児童手当をなにか他の社会保障の手当等と誤解しているということになる。このような論理的な矛盾を検出し，修正する作業も，エディティングでは重要となる。

　さて，こうしたエディティングの作業を終えても，すぐにデータの集計・分析ができるわけではない。われわれは，その前にデータを入力するための準備作業として「コーディング」を行わなければならない。

（2）コーディング

　コーディングとは「調査票のデータ（回答）を入力するために，質問項目（変数）やその選択肢（分類カテゴリー）を何らかの数値や記号に符号化し，データを類別化する作業」である。たとえば，ある調査票の「性別」という質問項目の選択肢でいえば，「男性」→1，「女性」→2というように性別を数値に変換することを意味する。ここでいえば，1と2が「コード」（code）に該

表6-1　コーディング・リスト（例）

質問項目	カラム番号	内容	DK・NA／非該当
ID番号	1 − 4		
（問1）性別	5	男性＝1 女性＝2	9
（問2）年齢	6 − 7	20歳～99歳	99
（問3）結婚	8	既婚＝1 未婚＝2	9
（問4）就業状況	9	就業中＝1 それ以外＝2	9
（問5）同居世帯員			
(1) 一人暮らし	10	○あり＝1 ○なし＝0	9
(2) 父親	11	（以下，同様）	9
(3) 母親	12	＜注＞	9
(4) 兄弟姉妹	13	すべてに○がない	9
(5) 祖父・祖母	14	場合はNAとする。	9
(6) その他	15		9

当する。

　このようにコーディングの作業を行うのは，調査票の質問項目や，その選択肢をそのまま，調査データとして入力したのでは，集計・分析が効果的かつ効率的に行えないためである。なお，コーディングを行うにあたっては，データ入力のミスを防止したり，データを公開する際の参考資料とするため，表6-1のような「コーディング・リスト」を作成する。

　表6-1は，自計調査のコーディングリストであるため，比較的簡易なものになっているが，訪問面接調査などの他計調査の場合にはさまざまな回答になるため，この表は，かなり複雑になるのが一般的である。また，「自由回答」の場合には，事前のコーディングが難しいために，現地調査で調査票を回収したあとで，その質問項目の回答結果をみながら，コーディングの作業（アフター・コーディング）が行われることが多い。

　さて，表6-1からもわかるように，コーディングは，①カラム番号の確定→②質問項目・選択肢の符号の決定→③不明・無回答（DK・NA）および非該当の処理という順で進められる。社会調査では，被調査者（回答者）が，調査票のすべての質問項目に調査者が意図したような回答をするとは限らないので，

調査票のなかに③「不明」な回答や「無回答」があるのが普通であり，それらはデータ入力の際，「欠損値」(missing value)としてあつかわれる。なお，最近では①〜③の作業が，ＳＰＳＳなどの統計ソフトを用いて，パソコンのディスプレイ上で容易に行えるようになってきており，簡単な調査票の場合は，調査票から直接データを入力することも少なくない。

（３）データクリーニング

コーディングの作業が終わると，調査票のデータが入力される。しかし，そのデータも，そのままでは集計・分析に用いることはできない。なぜならば，それを最終的に使えるデータにするには，「データクリーニング」が必要だからである。

データクリーニングとは，「集計・分析のための適切なデータを作成するために，入力されたデータに対してさまざまな処理を行うこと」であり，具体的には「入力エラー」と「論理エラー」の２つに対するチェックのことをいう。なお，広義には極端な外れ値（極外値）の検出と処理も，データクリーニングに含まれる。[1]

 1）入力エラーとは，データ入力の際に，たとえば調査票に「1」と記入されているのに誤って「2」と入力してしまうようなミスから生じるエラーをいう。それに対して，論理エラーとは，たとえば一人暮らしなのに世帯員数が3人と回答していたり，非該当の個所なのに回答が記入されていたりというように，論理的に矛盾した形でデータが入力されているエラーをいう。

さて，以上のエディティング，コーディング，データクリーニングという3つの作業を経て，最終的に表6-2のような形式ですべての調査データが確定されると，いよいよそれをもとにしてデータの集計と分析を行うことになる。

第 6 章　調査データの集計と分析　　**159**

表 6-2　調査データの入力例

NO	地域	1の1	1の2	2	3	3-1	3-2	4	ダ1	5	6	7	8	9	10	11	12	13	14	15	16	17	ダ2	18	19	20	21	22-1	22-2	ダ4	23	24
110001	2	1000010000	0000000000	3	1	1	2	010010	8	8	2	91999999	1001000000	1	1	5	9999192999999999	99999	4	2	111191111112	1111111111111	888888	9	3	1	3	02	01	8888	1	3
110002	3	1100101000	0001100100010003000000	5	1	1	1	100000	8	5	4	99999999	0100010010	1	9	1	2344331342444433134	12212	3	3	1222211122212	12121111112111	888888	9	2	2	3	02	02	8888	1	3
110003	1	1000000000	0000000000	9	1	1	1	100000	8	7	3	33333333	1011010101	4	4	4	33333333	12212	2	2	11111112112	11111121212	888888	9	2	1	1	02	01	8888	5	1
110004	1	1000001000	0000000000	2	2	2	1	010101	8	7	1	91999919	1001010001	9	9	4	121231341333211233	12222	3	6	222222222222	222211111111	888888	9	3	1	1	00	00	8888	3	3
110005	2	0100101000	0000100000001000000000	4	2	3	3	010111	8	7	7	33133333	1001010000	1	4	4	342323323342222	12212	3	2	1112112121	21111111111	888888	9	2	2	2	01	01	8888	3	3
110006	1	0100010000	0000000000	4	2	2	3	111111	8	5	4	33112313	1101010101	1	1	3	32322333333322322	12212	3	3	211211112121	1112221121211	888888	9	2	1	1	02	02	8888	3	3
110007	1	1000101000	0000000000	9	2	3	1	011000	8	3	3	99999929	1101000010	1	1	6	3233243233333233	12212	3	6	11221121211	212222112211	888888	9	2	1	3	02	02	8888	5	3
110008	3	1000001000	0000000000	5	2	1	1	111000	8	8	2	33232323	1001000010	2	3	1	21199129999919919	19992	4	1	199991999199	211222211211	888888	9	2	2	1	02	02	8888	3	1
110009	2	0000000001	0001000001010003000000	5	1	2	2	011010	8	8	1	33233329	1000010001	1	1	3	33223323232322	22222	3	2	112111121212	12222221111	888888	9	3	1	3	02	02	8888	3	1
110011	1	0000000000	0000200000000000000000	4	2	2	1	001100	8	7	4	33333321	0010010010	1	1	3	33233242322233	12212	3	2	112111111111	11111121211	888888	9	2	1	1	01	02	8888	3	1
110112	4	0000000000	0000000000	2	2	2	3	010100	8	7	1	29999999	1101000100	1	1	1	33333299923333433	22222	3	4	112222222221	2122221221	888888	9	2	2	2	02	02	8888	3	3
110013	2	1000000000	0000000000	3	2	2	1	100000	8	7	4	99229999	1000010010	1	4	2	3243243243343233	12212	3	1	111111111111	29222221211	888888	9	2	2	1	02	00	8888	3	1
110014	4	0000010000	0000000000	4	3	3	3	011010	8	6	9	33333313	1000010010	1	1	4	33323243434343233	22222	3	5	12222112222	11111111111	888888	9	2	2	2	01	01	8888	2	3
110015	1	1001100000	0010010001000000000000	6	3	3	1	011001	8	5	7	99999999	1010101001	1	4	1	33322332233333232	12212	3	2	112111211121	12111111111	888888	9	2	1	2	02	01	8888	5	3
110016	1	0000000000	0000000000	4	3	3	3	000010	8	7	2	92999999	0000010100	1	1	2	22443323323313	12212	3	2	11121111111	21111111111	888888	9	2	2	4	02	01	8888	4	3
110017	1	0000000000	0000100010010001000000	5	2	2	2	100001	8	6	4	33333323	0000010010	1	1	1	22231323423233	12217	3	2	1121111111	11111111111	888888	9	2	1	2	02	01	8888	3	3
110018	2	0000000000	0000000000	9	3	3	3	000001	8	7	4	99129999	1001000000	9	1	5	22221233423343213	19992	3	1	11111111121	111991111111	888888	9	3	2	1	03	00	8888	4	3
110019	1	0000000000	0000000000	5	3	3	2	001110	8	7	4	33333319	1001010000	4	4	4	444414241444144	12222	3	2	1112212121	11111111111	888888	9	3	2	1	00	00	8888	2	3
110020	3	0000000000	0000010000100001000000	4	2	2	2	001100	8	6	4	33133329	1101000000	1	1	1	32323423232322232	92292	4	3	21112111111	21222221111	888888	9	2	2	1	01	02	8888	3	1
110021	3	1000101000	0000000000	9	2	2	1	011101	8	7	6	99199929	1000010100	1	1	1	92431343411434133	12211	3	9	11211911191	212222211121	888888	9	3	2	1	00	00	8888	9	3
110022	1	0000000000	0000000000	4	2	2	1	110010	8	7	3	33333323	1001010000	1	1	2	32432323423434233	12212	3	1	11211221222	11121111111	888888	9	3	2	1	01	01	8888	2	3
110023	5	0110010000	0000000000	5	3	3	3	110111	8	7	4	33233333	1011011100	2	3	1	3312213232233211	12212	4	5	119112211121	119111222211	888888	9	3	1	2	02	01	8888	4	3
110024	1	0000100000	0000000000	4	2	2	2	100010	8	7	1	33233329	0101010000	4	2	1	22212323432323	12222	3	2	11211121121	299902022111	888888	9	3	2	1	01	01	8888	4	3
110025	1	0000000000	0000000000	9	3	3	3	010000	8	7	1	99299999	1001000010	1	1	1	949449999291999299	99999	2	6	99999999991	111111111121	888888	9	2	2	1	00	01	8888	3	3
110026	5	0000011000	0000000000	5	3	3	3	000001	8	7	2	93333339	0101010000	1	4	3	322223332323333	19992	3	2	111111111122	111111111292	888888	9	2	1	1	02	00	8888	4	3
110027	5	1000011000	0000000000	5	2	2	2	011010	8	6	5	33113329	1001000100	1	1	1	2322223333333333	12222	4	6	11211121211	11111111111	888888	9	3	1	1	02	02	8888	5	1
110028	5	1011001000	0000000000	5	3	3	2	000010	8	7	2	99199999	1000011000	1	1	1	999919999999122	99999	3	2	112111111121	11121111221	888888	9	2	2	2	02	01	8888	4	3
110029	1	0000000000	0000000000	9	2	3	1	000001	8	6	3	99999999	0000001000	1	1	5	92992923344333333	12212	3	1	11911111122	22222222222	888888	9	3	2	1	00	00	8888	2	3
110031	3	1000001000	0000000000	5	2	2	1	000101	8	8	3	33333323	1001010000	1	3	2	3222134433344222222	12211	3	7	11211121222	11121121122	888888	9	2	2	3	00	00	8888	3	3
110032	3	0000001000	0000020000202000000000	2	2	2	9	011000	8	7	9	99111999	1001010000	1	1	3	33223133824222122	12222	3	4	11211121121	11211111111	888888	9	2	1	1	02	04	8888	3	3
110033	1	0000001000	0000000000	4	2	2	1	100111	8	5	3	33311339	1001010000	4	4	1	32233312332222	12212	3	3	11121111111	22211221111	888888	9	2	1	3	02	02	8888	3	3
110034	1	0000011000	0404040001001000000000	5	2	2	3	011011	8	4	7	33113339	0011110000	1	1	3	4244231413343232	12222	3	1	11121111211	111211111111	888888	5	1
110035	3	0100101000	0000000000	2	2	2	1	010010	8	7	8	99999999	0111010000	1	1	3	124413433223243	12212	3	3	999999999999	112121112111	888888	9	3	2	1	00	01	8888	3	3
110036	1	1000011000	0000000000	9	2	2	1	000101	8	6	6	99999999	1000000000	1	4	2	32113342433443243	19999	3	9	99999999999	999999999999	888888	9	3	2	1	02	02	8888	3	3
110037	1	0000001000	0000000000	5	2	2	2	001110	8	5	6	33333323	1000010000	1	1	1	32223332423443223	12222	3	2	112121212111	22211121121	888888	9	2	1	3	02	01	8888	5	3
110038	1	0100101000	0000000000	4	2	2	2	011010	8	7	3	33113339	1011110000	1	1	3	424423141334222122	12212	3	5	111111111111	11122121121	888888	9	2	2	1	01	01	8888	3	3
110039	1	0000001000	0000000000	5	2	2	2	010111	8	5	8	33333311	0011110000	1	1	1	3344234242433243	12222	3	2	11111111111	11212112121	888888	9	2	1	2	02	01	8888	3	3
110040	4	0000000000	0404040010001000000000	5	1	1	1	010111	8	4	6	99999999	1000000000	1	1	1	342213233332233	12222	3	2	111111111111	21111111212	888888	9	2	2	1	01	01	8888	5	3
110041	4	1000001000	0000000000	2	1	1	1	100101	8	7	6	99999993	0000000000	1	4	1	34232132233332233	12222	3	2	1112111111112	211111111112	888888	9	2	1	1	01	01	8888	3	3

b 社会調査における記述と説明

　社会調査の性格や特徴については，すでに第1章で論じられた通りであるが，その目的は，大きく「記述」と「説明」の2つにわけることができる。前者の記述というのは「社会現象がどのようになっているか」についての言説（statement）であり，後者の説明というのは「なぜそのような現象が存在しているのか」についての言説である。英語のロジック（logic）でいえば，記述は"When, Where, Who, What, How"に属するものであり，説明は"Why"に属するものであるといえる。

　どのような社会調査でも，基本になるのは社会現象の記述である。たとえば，「社会の近代化に伴って，社会福祉は欧米の先進諸国で制度化した」という記述は，先進諸国の社会福祉の内容や制度化の動向などに関する時系列データを集めれば，ある程度行うことができる。しかしながら，"なぜ"そのような社会福祉の制度化が先進諸国で起こったのかという説明は，記述された調査データ自体があきらかにするわけではない。それは，あくまでも調査者自身が説明することであり，それゆえに社会科学者は，一般に記述よりも説明の方に関心をもっている。

　社会調査の目的とは，簡潔にいえば上述のような「社会現象に関する記述と説明を行うこと」である。そして，記述は説明の「前提」となるため，両者は相互に密接不可分な関係にある。社会調査における量的データの集計・分析は，いわばこの2つのために行われるのである。

　以下，本章ではこうした視点に基づきながら，量的データの集計・分析の方法について，具体的に述べることにしよう。

c 量的データの集計・分析の方法

　調査データの集計・分析を行うにあたっては，まずはじめに変数を確定し，それを測定しなければならない。「変数」（variable）とは「調査対象の単位（case）ごとに異なる調査対象の属性のこと」である。たとえば，調査票で頻

繁に用いられる性別，年齢，学歴などはすべて変数である。また，「測定」(measurement) とは「調査対象ごとに変数の数値（またはコード）をあたえること」をいう。そして，この測定値のあたえ方（尺度）には，①名義尺度 (nominal scale)，②順序尺度 (ordinal scale)，③間隔尺度 (interval scale)，④比例尺度 (ratio scale)，の4種類がある。なお，それぞれの尺度の内容と特徴については，第5章で論じられているので，135頁～138頁を参照してほしい。

変数は，質的変数と量的変数の2種類にわけることができるが，上記の4つの尺度でいえば，①名義尺度と②順序尺度で表されたものが「質的変数」，③間隔尺度と④比例尺度で表されたものが「量的変数」である。ただし，変数によっては，たとえば，学歴などのように測定の方法によって質的変数にも，量的変数にもなるものがあり，その場合には両者の差異は，相対的なものになる。[2]

2）学歴の場合，小学校卒，中学校卒，高等学校卒，大学卒のようにカテゴリーの分類をすると「順序尺度」になるので質的変数となる。しかし，学歴を「学校で教育を受けた年数」とすると，小学校卒＝6年，中学校卒＝9年，高等学校卒＝12年，大学卒＝16年となり，「比例尺度」として考えることができるため，量的変数となる。

（1）変数の集計・分析の方法：単純集計

「質的変数」の場合は，基本的には表6-3のように単純集計表（grand total

表6-3　単純集計の結果（例）

		度数（人）	比率（%）	有効比率（%）	累積比率（%）
1	65歳～69歳	286	35.0	39.6	39.6
2	70歳～74歳	182	22.3	25.2	64.7
3	75歳～79歳	117	14.3	16.2	80.9
4	80歳～84歳	88	10.8	12.2	93.1
5	85歳以上	50	6.1	6.9	100.0
9	欠損値	93	11.4	……	……
	合　計	816	100.0	100.0	

tabulation）を作成してカテゴリーごとに集計する。なお，「欠損値」は，集計値から除くのが普通である。最近の統計ソフト（SPSSやSASなど）は，実数と比率（％）を自動的に計算し，しかも簡単に作図ができるものが多いので便利である。また，集計・分析の際には，作図をして視覚的にするとその特徴がわかりやすい。

　一方，「量的変数」の場合は，質的変数のようにカテゴリーごとに集計することはできない。それは，量的変数が質的変数と異なり，数量的に連続した変数であり，一定の単位ごとに幅をもって分布しているからである。たとえば，身長ならば1cm単位で，また体重ならば1kg単位で測定され，それらが日本人の青年男子ならば，身長は160cmから190cm位のところに，また体重は60kgから90kg位のところに測定値が分布することになる。そのため，こうした量的変数の場合，通常は「記述集計」といわれる方法を用いて集計・分析が行われる。

　記述集計の目的の第1は，その変数の「代表値」を見つけることであり，第2はその代表値の「典型性」を見つけることである。この典型性に関しては，後述のように度数分布の変動を表す統計量が必要になる。

　記述集計でよく用いられる代表値は，①最頻値（mode），②中央値（median），③平均値（average）の3つである。

　①最頻値とは「度数分布のなかで数が最も多い，または比率が最も大きい数値」である。また，②中央値とは「度数分布を等しい大きさに2分する数値」であり，③平均値とは「度数分布している値の総和を値の総個数で割った数値」である。なお，②中央値と③平均値は，度数分布が完全な「正規分布」をしている場合は一致するが，③平均値は各値にウエイトがかかっているため，極端な外れ値が影響をあたえるのに対して，②中央値はそうした影響を受けない点が異なっている。

　さて，度数分布の変動を表す統計量としてよく用いられるのは，④分散（variance）と⑤標準偏差（standard deviation）の2つである。

　④分散とは「各測定値と平均との差を2乗し，その平均をとった数値」であ

記述集計について

＜例題＞
　ある大学の公開講座に参加している地域住民150名のなかから，無作為抽出法によって15名を抽出し，その年齢を聞いたところ，以下のような結果であった。この標本（サンプル）の（1）最頻値，（2）中央値，（3）平均値，（4）分散，（5）標準偏差の5つを求めなさい。

$$30,\ 31,\ 36,\ 36,\ 38,\ 46,\ 49,\ 56,\ 30,\ 33,\ 36,\ 37,\ 44,\ 46,\ 52$$

＜解説＞

（1）最頻値　　　（正答）36歳
　　　15名を年齢順に並べ換えると36歳が3名で最も多いので，最頻値は36歳となる。

（2）中央値　　　（正答）37歳
　　　15名を年齢順に並べ換えると15名の中央に位置する第8番目の値は37歳なので中央値は37歳となる。

（3）平均値　　　（正答）40歳
　　　15名すべての年齢を足して，それを個体数15で割った値が平均値なので，平均値は40歳となる。
　　　→（測定値1＋測定値2＋測定値3＋………＋測定値15）÷15（個体数）
　　　⇒（30＋31＋36＋………＋52）÷15＝40（歳）

（4）分散　　　（正答）64
　　　各測定値から平均値を引き，その差を2乗して平均を取った値なので，分散は64となる。
　　　→ $\{$（測定値1－平均値）^{2}＋（測定値2－平均値）^{2}＋（測定値3－平均値）^{2}＋………＋（測定値15－平均値）$^2\}$ ÷15（個体数）
　　　⇒ $\{(30-40)^2＋(31-40)^2＋(36-40)^2＋………＋(52-40)^2\}$ ÷15＝64

（5）標準偏差　　　（正答）8
　　　標準偏差は，分散の平方根なので，ここでは8となる。

図6-1　正規分布と標準偏差の関係

標準偏差（s）の幅が狭い場合

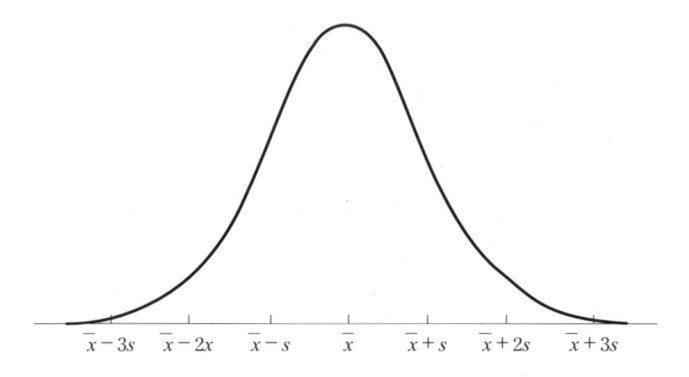

$\overline{x}-3s$　$\overline{x}-2x$　$\overline{x}-s$　$\overline{x}$　$\overline{x}+s$　$\overline{x}+2s$　$\overline{x}+3s$

標準偏差（s）の幅が広い場合

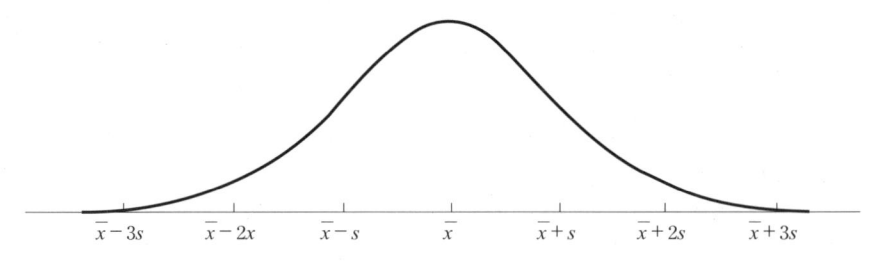

$\overline{x}-3s$　$\overline{x}-2x$　$\overline{x}-s$　$\overline{x}$　$\overline{x}+s$　$\overline{x}+2s$　$\overline{x}+3s$

り，⑤標準偏差は「分散の平方根」である。なお，具体的な計算方法は，＜例題＞の通りである。

　上述の①最頻値，②中央値，③平均値は，いずれも調査対象である集団の度数分布を１つの統計量で代表させるものであるが，④分散と⑤標準偏差は，文字通り，その分散（散らばりの程度）を示すものであり，その基本は，個々の測定値と代表値がどの程度離れているかをみることにある。つまり，図6-1のように分散や標準偏差が小さければ，測定値全体の散らばりが小さいことを意味し，逆にそれが大きければ，測定値全体の散らばりが大きいことを意味する。

　なお，標準偏差は，平均値が大きいほど大きくなる性質があるので，測定値の分散を厳密に比較するにはその影響を除かなければならない。そのため，標

準偏差を平均値で割った値で比較することが多い。この値を「標準得点」もしくは「変動係数」という。

(2) 変数間の集計・分析の方法：クロス集計

社会科学者は，一般に調査データの分布よりも，その変動に関心をもっている。たとえば，高齢化という現象をひとつの例としていえば，「欧米諸国で社会の高齢化がどのように進んできたか」という記述だけでなく，「欧米諸国のように近代化が進むと，なぜ社会が高齢化するのか」という説明に，社会科学者はその研究の焦点をあてている。

われわれは，通常，こうした説明を行うために「仮説」を設定し，そこから導出されるさまざまな変数と変数の関連を，実証的な調査データを通してあきらかにして，その仮説を検証するという方法を取っている。

つまり，上記の例でいえば，所得水準の向上，国民の栄養状態の改善，出生率の低下，などのさまざまな変数を設定し，それらが高齢化という変数と，どのように関連しているかを分析することによって，高齢化という現象を説明しようとするのである。

こうした変数と変数の関連を分析する場合に，①因果関係，すなわち一方の変数が「原因」で，もう一方の変数が「結果」であると仮定する場合と，②単に変数間の関係だけをみて，因果関係を仮定しない場合がある。なお，上述のように仮説を検証する場合は，①因果関係を仮定して集計・分析が進められるが，この場合の原因に相当する変数は「独立変数」(independent variable) または「説明変数」とよばれ，結果に相当する変数は「従属変数」(dependent variable) または「被説明変数」とよばれる。

前述のように，変数には質的変数と量的変数の2種類があり，それらの変数間の関係を分析する場合には，表6-4のように独立変数（説明変数）と従属変数（被説明変数）が，どのような変数かによって用いる分析の方法が異なるので注意が必要である。

表6-4 データ分析の方法の種類

a．説明変数と被説明変数の区別があるもの

被説明変数	説明変数	分析法
質的	一般 — 質的 — 1個	クロス表分析，比率の分析，属性相関係数
	2個以上	多重クロス表分析，ログリニア分析，要因分解法，エラボレーション，数量化Ⅱ類
	2値 — 質的	ロジット分析，プロビット分析
質的	量的	点列相関係数，判別関数
順序	順序（1個）	クロス表分析，順位相関係数
量的	質的	t検定，分散分析，多重分類分析
	量的 — 1個	相関係数
	2個以上	（重）回帰分析，パス解析，共分散構造分析，イベントヒストリー分析
	質的＋量的	共分散分析

b．区別しないもの

変数の性質	分析法
質的	数量化Ⅲ類，双対尺度法，対応分析，多次元尺度法
量的	主成分分析，因子分析
ケース間の距離ないし類似性	クラスター分析

出典　盛山和夫・近藤博之・岩永雅也著『社会調査法』放送大学教育振興会，1992, p. 109

　以下，本章ではそれらのなかから，基本的な分析方法である「クロス表分析」と「相関係数」について少し具体的に説明することにしよう。

（3）クロス表分析
　クロス表分析は，質的変数と質的変数の関連を表であらわしたものである。
　表6-5は，高齢者を対象としたある調査における「性別」と「学歴」のクロス集計表（cross table tabulation）であるが，ここではこの表をもとにして，その見方について詳しく説明することにする。
　まず，クロス表の表示には「実数」と「比率」（％）の2種類がある。また，

表6-5　クロス集計の結果（例）

性別×学歴

		1 小学校卒業	2 中学校卒業	3 高等学校卒業	4 短期大学・専門学校卒	5 大学・大学院卒	合計
1	男性	57	10	60	56	112	295
		19.3	3.4	20.3	19.0	38.0	100.0
		37.0	43.5	21.4	50.9	87.5	42.4
2	女性	97	13	220	54	16	400
		24.3	3.3	55.0	13.5	4.0	100.0
		63.0	56.5	78.6	49.1	12.5	57.6
	合計	154	23	280	110	128	695
		22.2	3.3	40.3	15.8	18.4	100.0

（上段）実数（中段）行比率％（下段）列比率％

比率に関しては，①行，②列，③全体，という3つを基準にした表示方法がある。たとえば，表6-5でいえば，①行方向で示された上段の比率をみると，男性295人のなかで「小学校卒業者」は57人いるのでその比率は19.3％となる。以下同様に「中学校卒業者」3.4％，「高等学校卒業者」20.3％，「短期大学・専門学校卒業者」19.0％，「大学卒業者」38.0％となっている。また，女性400人の場合も同様に示されているが，それぞれのカテゴリーで比較すると，「小学校卒業者」と「中学校卒業者」では，男性と女性でほとんど差が見られないのに対して，「高等学校卒業者」では男性が20.3％，女性が55.0％で3倍近く，また「大学卒業者」では男性が38.0％，女性が4.0％で10倍近くに達していることがわかる。

次に，②列方向で示された下段の比率をみると，小学校卒業者154人のなかで「男性」は57人いるのでその比率は37.0％，また「女性」は97人いるのでその比率は63.0％となる。以下同様に，中学校卒業者では43.5％と56.5％，高等学校卒業者では21.4％と78.6％，短期大学・専門学校卒業者では50.9％と49.1％，大学卒業者では87.5％と12.5％となっており，「男性」ではやはり圧倒的に大学卒業者の比率が高く，「女性」では高等学校卒業者の比率が相対的に高いこと

―――――――――――― χ^2（カイ2乗）値の計算方法 ――――――――――――

＜例題＞
65歳以上の高齢者を対象にしたある調査で，ホームヘルプサービスを利用している高齢者にサービスの満足度を1.「大変に満足している」，2.「ある程度満足している」，3.「あまり満足していない」，4.「全く満足していない」の4段階にわけて質問し，その結果を性別でクロス集計してみると，次のような結果になった。

性別×サービスの満足度

	1.「大変に満足している」	2.「ある程度満足している」	3.「あまり満足していない」	4.「全く満足していない」	合　計
男性	48	120	48	24	240
	20.0	50.0	20.0	10.0	100.0
女性	24	96	96	24	240
	10.0	40.0	40.0	10.0	100.0
合計	72	216	144	48	480
	15.0	45.0	30.0	10.0	100.0

(上段) 実数 (下段) %

○χ^2値の計算では「周辺度数」「実現度数」「期待度数」という3つの言葉が重要になる。
　周辺度数とは，クロス表の合計（表頭・表側）の部分であり，実現度数とはクロス表の周辺度数を除いた部分の結果である。また，期待度数とは，2つの変数が完全に独立している状態であり，周辺度数の比率と一致する度数のことである。
　たとえば，クロス表の男性で1.「大変に満足している」は48人で20.0％であるが，期待度数は周辺度数の比率と一致するので，期待度数は240人×15.0％＝36人となる。
○クロス表の性別とサービスの満足度という2つの変数に全く関連がないならば，実現度数と期待度数は完全に一致し，帰無仮説Hoが支持されることになる。しかしながら，実際には両者は違っているので，χ^2値はこの違いの大小によって，2つの変数の関連の強弱を測るのである。つまり，実現度数と期待度数の違いが大きければ，2つの変数は相互に強く関連し，影響を及ぼしていると考えるのである。
○具体的な計算方法は，①～④のようになる。（表を参照）なお，各セルはijで表す。
　①各セルの実現度数から期待度数を引く。②＋－が出るのでその値を二乗する。
　③さらにその値を期待度数で割って比率にする。④各セルのその比率をすべて加える。
○以上の計算から，このクロス表のχ^2値は，26.66であることがわかる。
　ただし，χ^2値は，クロス表のなかに実測度数が0のセルがあると，その値が非常に大きくなることがあるので一定の注意が必要である。

ij	実現度数	期待度数	実現度数 －期待度数	$\left(\begin{array}{c}実現度数\\-期待度数\end{array}\right)^2$	$\left(\begin{array}{c}実現度数\\-期待度数\end{array}\right)^2 \Big/$ 期待度数
11	48	36	12	144	4.00
12	120	108	12	144	1.33
13	48	72	－24	576	8.00
14	24	24	0	0	0.00
21	24	36	－12	144	4.00
22	96	108	－12	144	1.33
23	96	72	24	576	8.00
24	24	24	0	0	0.00
					$\chi^2 = 26.66$

がわかる。

　このように，①行方向の場合，表頭の変数のカテゴリーにおける表側の変数の比率が示されているので，表側の変数のカテゴリーを比較することができる。また同様に，②列方向の場合，表側の変数のカテゴリーにおける表頭の変数の比率が示されているので，表頭の変数のカテゴリーを比較することができる。

　なお，クロス表分析では独立変数（説明変数）は「表側」に，また従属変数（被説明変数）は「表頭（ひょうとう）」に置かれ，その場合は比率も「行」方向で示される。表6-5でいえば，「性別」が独立変数，「学歴」が従属変数にあたるが，一般に性別，年齢，学歴などの「基本属性」にあたる変数は，独立変数として分析されることが多い。

　さて，クロス表分析では，2つの質的変数の関連の度合いをみることもできる。この関連度を示す係数はいくつかあるが，ここではその代表的な係数である「χ^2（カイ2乗）値」について説明することにしよう。

　χ^2値は「クロス表の各セルについて周辺度数から求めた期待度数と実際に測定された度数（実測度数）との差をもとめて，それを2乗して期待度数で割って，合計することによって算出される係数」である。χ^2値は，2つの変数の間に全く関連がない時には期待度数と実測度数が一致するので0になり，2つの変数の関係が強くなるにしたがって大きくなる係数である。なお，具体的な計算方法は，＜例題＞の通りである。

　χ^2値は，後述するように統計的検定でも用いられるために，クロス表の関連度を示すχ^2値と混同されることが少なくないが，両者は異なるものなので注意が必要である。

（4）相関係数

　相関係数（correlation coefficients）は，量的変数と量的変数の関連を数値で表したものである。

　図6-2は，上述の高齢者を対象とした調査における被調査者（回答者）の年

図6-2 回答者の収入と年齢の関連

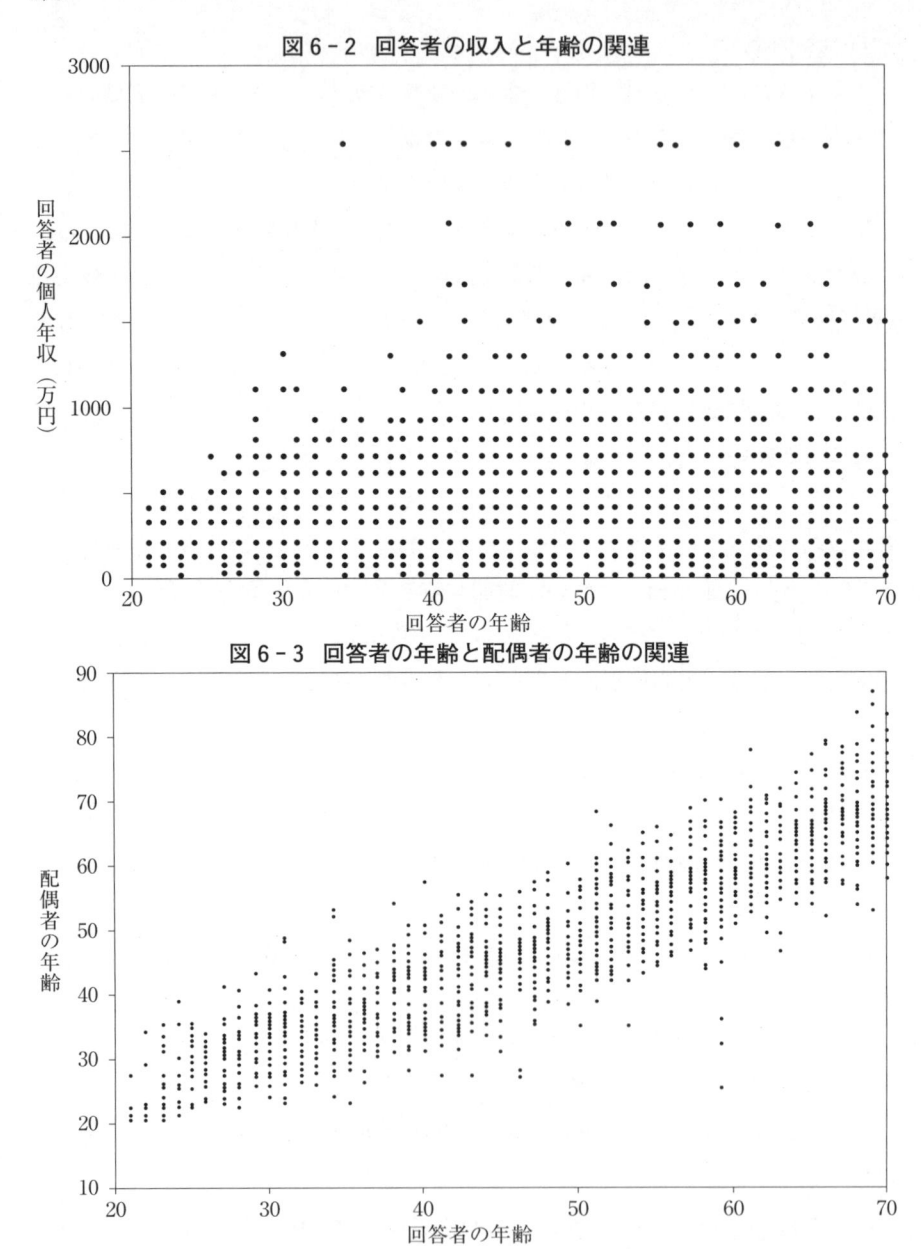

回答者の個人年収（万円）／回答者の年齢

図6-3 回答者の年齢と配偶者の年齢の関連

配偶者の年齢／回答者の年齢

齢と収入を，また図6-3は被調査者とその配偶者の年齢を示したものであるが，この2つの図を比較すると，図6-2では2つの変数の間にほとんど関連のないことが，また図6-3では2つの変数の間にある一定の関連のあることがわかる。

相関係数（ピアソンの積率相関係数）は，こうした量的変数間の関連度を示す数値であり，それは次のような式で計算されている。

$$r_{xy} = \frac{S_{xy}}{S_x S_y} \qquad ただし, \quad S_{xy} = \frac{1}{n} \sum_{i=1}^{n} (x_i - \bar{x})(y_i - \bar{y})$$

この式の分母は，変数 x と変数 y の標準偏差であり，分子は「共分散」(covariance) とよばれ，2つの変数に関して i 番目の被調査者（回答者）が，どのような回答 (x_i, y_i) をしたかを同時にみようとしている。

相関係数 r は，＋1から－1の範囲の間で変動し，0より大きい時には「正の相関」があるといい，r が0より小さい時には「負の相関」があるという。また，すべての測定値が右上がりの直線上に並ぶ場合は $r=1$，逆に右下がりの直線上に並ぶ場合は $r=-1$ になる。$r=0$，すなわち無相関になるのは，すべての測定値が図6-2のように拡散して全く関連が見出せなかったり，一方の変数がもう一方の変数の変動に関わりなく，常に一定の値をとるような場合である。[3]

> 3）相関係数による関連の程度について一定の基準はないが，以下の数値が大体の判断基準になるといわれている。$-0.2 \leq r \leq 0.2$：ほとんど相関がない。$-0.4 \leq r < -0.2$ または $0.2 < r \leq 0.4$：弱い相関がある。$-0.7 \leq r < -0.4$ または $0.4 < r \leq 0.7$：強い相関がある。$-1.0 \leq r < 0.7$ または $0.7 < r \leq 1.0$：かなり強い相関がある。なお，$r > 0$ の時は「正」の相関があるといい，$r < 0$ の時は「負」の相関があるという。

（5）変数間の関連の分析：エラボレーション

データの集計・分析を単純集計からクロス集計へと進めてくると，変数と変数がどのように関連しているかがわかるようになる。しかしながら，2つの変

表6-6　性別と交通事故経験のクロス集計表

(単位：%)

性別	事故経験		%
	経験あり	経験なし	基数
男性	44.1	55.9	7,080
女性	32.4	67.6	6,950
計	38.3	61.7	14,030

出典）ザイゼル（木村・安田訳）1962より作成.

表6-7　性別・走行距離と交通事故経験のクロス集計表

(単位：%)

性別	走行距離長		%	走行距離短		%
	経験あり	経験なし	基数	経験あり	経験なし	基数
男性	52.0	48.0	5,010	25.0	75.0	2,070
女性	52.0	48.0	1,915	25.0	75.0	5,035
計	52.0	48.0	6,925	25.0	75.0	7,105

出典）ザイゼル（木村・安田訳）1962より作成.
　　　「走行距離長」は年間走行距離が1,000マイル（約1,600km）以上，
　　　「走行距離短」は年間走行距離が1,000マイル（約1,600km）未満．

　数の関連だけをみて，結論を導き出すのでは不十分である．それは，クロス集計でみた変数と変数の関連に別の変数が影響を及ぼしている可能性があるからである．

　たとえば，こうした例としてよく紹介されるのが，ザイゼルが示したデータ分析である（ハンス・ザイゼル，木村・安田訳，1962）．

　まず，表6-6は「性別」と「交通事故経験」のクロス表であるが，これをみると男性の方が女性よりも事故経験率が高い．ところが，表6-7のように「走行距離」という第3の変数を導入してあらたにデータの分析をしてみると，性別と交通事故経験との関連がみられなくなる．これは，比率（%）の基数となる被調査者の数において，走行距離の長い方に男性（5,010人）が2倍以上多く，逆に走行距離の短い方にやはり女性（5,035人）が2倍以上多いために，

図6-4　第3変数Cの関わり方のパターン

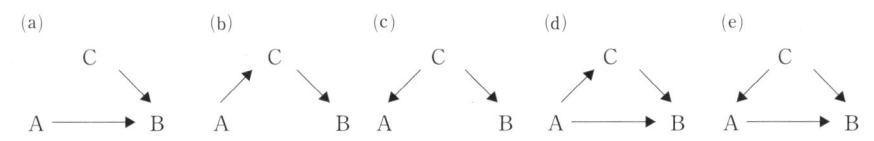

(a)　A →　C　→ B　　(b)　A　→ C → B　　(c)　A ← C → B　　(d)　A → C → B　　(e)　A → C → B

あたかも性別と交通事故経験に関連があるかのような結果が生じていたからである。つまり，表6-6でみられた2つの変数の関連は，いわばみせかけの関係であり，本当は走行距離という第3の変数が影響していたのである。

社会調査では，このような関連を「疑似相関」(spuriousness)という。また，上述のように2変数の関連だけでなく，第3変数を投入し，3重クロス表によって変数間の関連をあきらかにすることを「エラボレーション」(elaboration)という。

ちなみに，AとBの2つの変数間に関連するCという第3の変数の関わり方には，図6-4のようなものがある。クロス表分析の場合には，それらについて一つひとつ丹念に分析を行うことになるが，相関係数の場合には，第3の変数からの影響をコントロールした「偏相関係数」(partial correlation coefficients)を用いることができる。

いずれにしても，こうしたエラボレーションには，変数間の因果関係に関する仮定やモデル，あるいは「理論」が必要とされる。社会科学者が，データの集計・分析をより良く行うためには，単にデータ処理の技法に習熟するだけでなく，それを導く理論に関してもしっかりとした知見をもつことが求められているのである。

なお，上述のクロス表分析と相関係数は，独立変数がひとつの場合の分析方法であるが，2つ以上の複数になった場合は，基本的には「多変量解析法」(multi-variate analysis)の方法を用いて分析することになる。なお，多変量解析法に関しては，各種の専門書が刊行されているので，それらを参照してほしい。

d データの集計・分析結果の一般化：統計的検定の視点と方法

　社会調査における量的データの集計・分析の目的のひとつは，その調査で得られた結果の一般化にあるが，そこで必要とされる統計が，「推測統計」(statistical inference) といわれるものである。ここでは，その推測統計の基本的な考え方について，統計的検定を中心にして説明しよう。

　第5章で述べたように，社会調査においてデータを収集する方法には「全数調査」と「標本調査」の2種類がある。全数調査とは文字通り，調査対象のすべてに対して調査を行う方法であり，そこでは推測統計は必要とされない。それに対して，標本調査とは，調査対象である母集団 (population) のなかから，その一部を抽出して調査を行う方法である。そのため，標本（サンプル）から収集した一部のデータから，全体（母集団）を推測しなければならない。そこで，上記の推測統計が必要になるのである。

（1）統計的推定の考え方

　推測統計では，標本（サンプル）から得られた「標本統計量」と，母集団から得られた「母集団統計量（母数）」(population parameter) との関係が問題になる。一般に「標本統計量は，統計量の種類にかかわらず，母集団統計量に近似する値をとることが多い」という性質があり，これが統計的推定や検定などの重要な基礎となっている。

　さて，統計的推定とは「入手した1つの標本統計量から母集団統計量を推定すること」である。統計的推定には，母集団統計量をひとつの数値として推定する「点推定」と，母集団統計量が存在する範囲を推定する「区間推定」の2種類がある。前者の点推定に対して，後者の区間推定は，母集団推計量を特定はできないものの，ある一定の範囲にそれが存在する確率がわかるという特徴がある。たとえば，第5章の正規分布のところで述べた信頼区間は「母集団統計量が存在すると推定される範囲」を，また信頼係数は「その範囲に母集団統計量が存在する確率」を意味しており，代表的な区間推定の方法である。

（2）統計的検定の考え方

　統計的検定とは「標本調査において収集されたデータによってあきらかになった結果が，母集団においても同様に認められるかどうかについて，統計的仮説の検討を通して確定すること」をいう。

　統計的検定の考え方は，やや複雑でわかりにくいので，ここではその基本について説明することにしよう。

　統計的検定では，「帰無仮説」(null hypothesis) と「対立仮説」(alternative hypothesis) を設定する。帰無仮説とは「母集団統計量に関して立てられた仮説を，調査の結果に照らして棄却するか，採択するかを決める時に判断の基準になる仮説」であり，通常は棄却されることが期待されている仮説のことである。それに対して，対立仮説とは「帰無仮説とは論理的に反対のことを主張している仮説」のことであり，通常は母集団に関して検証したい仮説を意味している。なお，帰無仮説は記号Ho，対立仮説は記号Haで表される。

　統計的検定では，この2つの仮説を立て，その上で帰無仮説がかなりの確率をもって棄却されるならば，対立仮説が支持されたと考えるのである。つまり，社会調査における統計的検定では，収集されたデータの結果から直接的に仮説を検証するのではなく，いわば間接的に仮説を検証するという手続きが取られるのである。

　たとえば，ある質問項目において，男性の平均値が70点，女性のそれが60点で男女の間に10点の差があったとしよう。

　その場合，

　　帰無仮説は，Ho：「母集団においては，男女の平均値に差がない」である。
　　対立仮説は，Ha：「母集団においても，男女の平均値に差がある」である。

　この帰無仮説を棄却するには，具体的には次のような手順で行うことになる。

　まず，この標本調査では「標本統計量」の分布はわかっているので，それをもとにして「母集団統計量±t」（tは分布による特定の値である）の範囲に，標本統計量の一定の比率が存在しているといえる。たとえば，正規分布の場合

でいえば，ある平均値から標準偏差の2倍の範囲に標本統計量の95％が存在することが知られているので，入手した標本統計量（この場合は男女の平均値の差）が，その分布のどこに位置するかをわれわれは知ることができる。

ここで，仮に入手した標本統計量がtよりも大きかったとしよう。この結果は，標本抽出（サンプリング）をほぼ無限に繰り返した時に得られるすべての標本統計量のなかで，非常にまれなものであったと考えることができる。いうまでもなく，実際の社会調査では，標本抽出は原則として1回しか行われないので，全く偶然にそうした標本統計量になることがないとはいえない。しかし，それよりも，むしろ実際の標本統計量の分布が帰無仮説のもとでのそれと異なっていたために，そのような結果になったと考える方がより合理的である。

つまり，上記の仮説でいえば，Ho：「母集団においては，男女の平均値に差がない」という帰無仮説を棄却し，Ha：「母集団においても，男女の平均値に差がある」という対立仮説を採択する方がより現実的である。

このように，帰無仮説を棄却する範囲は「棄却域」，逆に採択する範囲は「採択域」とよばれる。また，帰無仮説が棄却された時に，その結果は「統計的に有意である」，あるいは「統計的に有意な差がみられた」という。

ただし，上述のように標本抽出は，現実には1回だけなので，場合によっては全くまれな標本になることもあり得る。そこで，統計的検定では「危険率＊％水準で有意」というただし書きをつけるのが一般的である。なお，ここでいう「危険率」とは，「帰無仮説を棄却したことが誤りになる確率」であり，統計的検定では「有意水準」（level of significance）ということもある。社会調査の領域で，どの程度に危険率（有意水準）を設定するかは必ずしも一様ではないが，通常は5％の水準であることが多い。

4）データ分析の表の数値に＊（アステリスク）が付されているのが，統計的検定を行った結果である。通常，＊は「危険率5％水準で有意」（$p<.05$）を意味し，同様に＊＊は1％水準（$p<.01$），＊＊＊は0.1％水準（$p<.001$）を意味している。

表6-8　母集団の構造と帰無仮説に関する判断

母集団の構造	帰無仮説（H_0）に関する判断	
	H_0を採択	H_0を棄却
H_0が真	正しい判断	第1種の誤り（確率＝α）
H_0が偽（H_aが真）	第2種の誤り（確率＝β）	正しい判断（確率＝$1-\beta$）

（3）第1種の誤りと第2種の誤り

　標本統計量をもとにして，帰無仮説を棄却あるいは採択する時，危険率をどのように設定しても，そこには常に誤った判断をする危険性が残されている。この種の判断には，①「母集団では帰無仮説が正しいのにそれを誤って棄却してしまう場合」と，同様に②「母集団では帰無仮説が誤っているのに，それを誤って採択してしまう場合」の2種類がある。

　表6-8はその関係を示したものであるが，前者は「第1種の誤り」，後者は「第2種の誤り」といわれる。なお，第1種の誤りをおかす確率はα（アルファ），第2種の誤りをおかす確率はβ（ベータ）で表される。

　さて，第1種の誤りをおかさずに正しい判断がなされる確率は$1-\alpha$，第2種の誤りをおかさずに正しい判断がなされる確率は$1-\beta$である（この$1-\beta$は，とくに「検出力」といわれる）。第1種の誤りは，帰無仮説の棄却域をできるだけ小さくすれば，標本統計量が棄却域に入る確率が小さくなるため，その確率（α）は小さくなる。しかし，その一方でαをあまり小さくすると，図6-5からもわかるように第2種の誤りをおかす確率（β）を逆に大きくしてしまうことになる。この2種類の誤りをおかさないようにするためには，αとβを同時に小さくすることが理想であるが，実際の社会調査では，αを小さな値に設定した上で，$1-\beta$（検出力）を最大にするようにする。

（4）統計的検定の実際

　統計的検定にはその目的にあわせてさまざまな方法があるが，本章ではその

図6-5 標本分布と判断の誤り

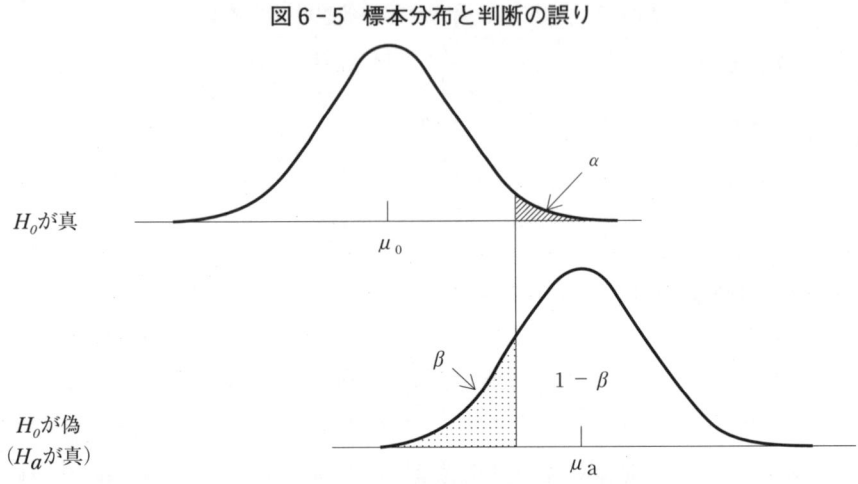

H_0が真　　　μ_0　　　α

H_0が偽
(H_aが真)　　β　　$1-\beta$　　μ_a

出典）盛山和夫・近藤博之・岩永雅也『社会調査法』放送大学教育振興会，1992年，p.92

なかから，代表的な検定方法であるχ^2検定について，先ほどの＜例題＞を用いて説明することにしよう。

χ^2値の計算方法は，＜例題＞の通りである。ここではχ^2値＝26.66となる。

まず，帰無仮説H_0「サービスの満足度と性別は相関しない」を棄却するには，χ^2値の確率分布との照合が必要となる。

表6-9の表頭のαは危険率（有意水準）を，また表側のdf (degree of freedom)は「自由度」を示している。ここでいう自由度とは「自由に決める余地のあるセル数」を意味しており，以下の数式で求めることができる。

自由度＝(独立変数のカテゴリー数－1)×(従属変数のカテゴリー数－1)

表6-9からもわかるように，χ^2値の確率分布は自由度によって変化するので，分布表のみるべき位置は異なっている。＜例題＞でいえば，危険率を5％（α＝.05）に設定すると，自由度が3で7.815となる。上記のように，クロス表のχ^2値は26.66なので，その数値を上回っており，帰無仮説H_0は棄却される。

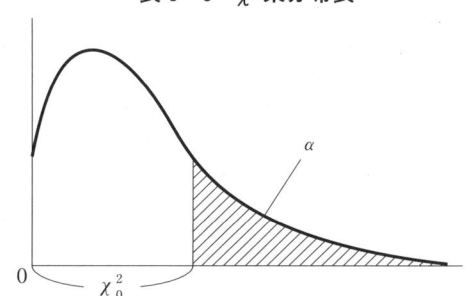

表6-9 χ²乗分布表

自由度df	α			
	.20	.10	.05	.01
1	1.642	2.706	3.841	6.635
2	3.219	4.605	5.991	9.210
3	4.642	6.251	7.815	11.341
4	5.989	7.779	9.488	13.277
5	7.289	9.236	11.070	15.086
6	8.558	10.645	12.592	16.812
7	9.803	12.017	14.067	18.475
8	11.030	13.362	15.507	20.090
9	12.242	14.684	16.919	21.666
10	13.422	15.987	18.307	23.209
11	14.631	17.275	19.675	24.725
12	15.812	18.549	21.026	26.217
13	16.985	19.812	22.362	27.688
14	18.151	21.064	23.685	29.141
15	19.311	22.307	24.996	30.578
16	20.465	23.542	26.296	32.000
17	21.615	24.769	27.587	33.409
18	22.760	25.989	28.869	34.805
19	23.900	27.204	30.144	36.191
20	25.038	28.412	31.410	37.566
21	26.171	29.615	32.671	38.932
22	27.301	30.813	33.924	40.289
23	28.429	32.007	35.172	41.638
24	29.553	33.196	36.415	42.980
25	30.675	34.382	37.652	44.314
26	31.795	35.563	38.885	45.642
27	32.912	36.741	40.113	46.963
28	34.027	37.916	41.337	48.278
29	35.139	39.087	42.557	49.588
30	36.250	40.256	43.773	50.892

(注) 自由度$df>30$の場合には、

$$K = \sqrt{2xo^2} - \sqrt{2df-1}$$

の標本分布が、平均0、標準偏差1の正規分布に近似するので、正規分布表Aを用いて片側検定を行う。

出典) 原純輔・海野道郎『社会調査演習』東京大学出版会、1984年、p. 140

すなわち，対立仮説Ha「サービスの満足度と性別は相関する」を採択できるのである。

このようにχ^2検定では，まずχ^2値を計算し，それを危険率と自由度で決まるχ^2分布表と照らし合わせて，もしその数値よりもχ^2値が大きければ帰無仮説を棄却し，対立仮説を採択することになる。

(和気康太)

2．調査結果の報告と活用

a 調査結果のまとめ

これまで社会調査の計画から実施，そして集計分析の各段階について詳しく説明してきた。ふたたび「調査は何のためにやるのか」ということをよく考えるとき，調査の結果をどのような形でまとめ，誰がどのように利用するのか，は重要なことである。しかし，意外に結果については十分な注意が払われているとはいえない。

一般的にいえば，調査結果には①原票（記入された調査票），②素データ（フロッピーディスクや記録媒体に保存されたデータ），③報告書（調査結果をまとめて報告した印刷物），④関連論文（調査結果を使って書かれた論文），⑤２次的プレゼンテーション（口頭発表・雑誌・マスコミなどを含む発表・紹介記事など）がある。調査結果の中心は③の報告書である。通常，原票や素データは調査実施の関係者以外はみることもできないし，関連論文や紹介記事などでは調査結果の一部や要約が紹介されるだけである。その調査の方法やプロセスを含めて全容を知るには，報告書をみなければならない。

報告書の目的は，まずその調査の対象者や協力者に対して，そして調査経費や研究費を助成してもらっている場合はその助成機関に対して，調査結果を公式に報告することである。第３者がみて，その調査がどのような目的，方法，経過をへて何を明らかにしたのか，がわかるように書く。必要があれば，詳細

な統計表や資料をつけることも珍しくない。しかし，調査対象者や協力者は普通の場合，専門家ではないので大部の報告書や統計表を見せられても困ってしまうことは予想される。そこで，報告書の要点をわかりやすくグラフなどで示した小冊子を別に作成することもある。連絡先も入れておくことが必要だろう。これも広い意味で報告書である。また，近年では電子メール，インターネットなどが普及してきたので，これを通じて概要を知り結果を入手することも容易になってきている。

報告書に必ず書いておくべき事項として，誰が行った調査か（調査主体，代表者，参加メンバー），いつ行った調査か（調査年月，実施期間），どのような方法で行った調査か（調査方法，標本調査であれば母集団と対象者，抽出法，実査の経過など），そして結果の集計概要（有効回答票数，回収率，データの変換・加工，自由回答の処理，コード表など），できれば用いた調査票をつけ，経費の助成を受けている場合は，その総額と助成機関，調査実施にあたって協力を得た個人・団体・組織などの名前（匿名を希望される場合は配慮する）などがあげられる。とくに調査の方法と集計の手順は，第3者がみてその調査の妥当性や信頼性を検討する上で欠かせないものである。それに関連の参考資料，既存文献のリストをつけておく。

報告書の中心は，いうまでもなくその調査が明らかにしようとしたテーマや仮説が，調査結果のデータによってどこまで確かめられたのか，従来の知見と違う発見があったのか，これからの研究にどのような意味をもつと考えられるのか，ということにある。共同研究であれば，参加メンバーがそれぞれの分析結果をもちより，十分な討議を加えて最終的な報告書にまとめる。単にこういう数値が出ているということではなく，検定や推定の結果を含めその意味と解釈を読者に解るように書き，結論をつける。結論は，あくまで調査データを踏まえたものであって，十分に追求されなかった点や残された課題についても触れておくことが望ましい。これは，なかなか実際には難しい作業である。

報告書は，その調査の全体を網羅するものであるから，個別の論点について

もっと立ち入った分析や検証，あるいは発展した議論は，別の論文や発表などで行うことも考えられる。報告書は，調査が終了してからなるべく早い時期に出されることが望ましいが，大規模なものであるほど十分な検討を加える時間は必要であろう。

b 調査結果の公開と利用

　社会調査で得られたデータは，ひとまずその調査を計画し実施した調査主体，つまり調査研究する側の所有に帰する。データには個人情報や企業情報など，秘匿を前提に答えてもらった内容が含まれている場合があるので，調査をした側の責任としても原票やデータの管理はしっかりしておかなければいけないのは当然である。また，標本抽出したさいの個人の住所，氏名などの名簿は，調査実施終了後は不必要なので速やかに処分する。

　社会調査は，大規模なものであるほど費用がかかり，個人負担でできるようなものは限られている。大学や財団など各種の研究費助成を受けて，調査が実施される場合，まず助成を受けた機関に対して公式の報告が行われる。また計画立案から報告書完成まで，いろいろな関係者，協力者の力を借りることが多い。その意味で，調査結果には公共性がある。営利を目的とした調査や，行政が委託する調査でも，その調査結果は最終的に調査に協力してもらった人びとに，そして社会にフィードバックし還元されるべき性格をもっている。学術的な社会調査では，この公共性はどのような形で実現されるのだろうか。

　もちろん，報告書やその要約を調査対象者に見てもらうように送付したり，図書館や関係機関に備えてもらう努力をするとともに，さまざまな形で結果についてプレゼンテーションを行っていくことは必要であろう。しかし，学術調査が主に読者に想定する人びとはその問題に関心をもつ専門家や実務家および学生である。この人びとに調査主体はどのように公開・利用の機会をつくっていくか，が問題になる。

　国勢調査などの官庁統計は，法律に基づいて行われるものであるが，調査終

了後一定期間に集計結果が公表され，一般の利用が可能になる。報告書としてまとめられた統計数値は公刊され，誰でも図書館などでみることができる。学術的な調査も，原則的には報告書が公表され出版される場合もあるので，同様ともいえるが，データそのものの公開はまだ一般的には進んでいない。パソコンの普及によって，現在では統計ソフトは個人的に容易に利用できるものになっており，データセットを手に入れることができれば自分でデータ分析を行うことができるようになった。大量のデータも，CD-ROMなどの記録媒体が普及すると報告書1冊分を軽くもち運びできるようになる。また，通信ネットワーク上でデータのやりとりも可能になる。こうした環境が，社会調査の調査結果の公開・利用にこれから大きな変化をもたらすことは確かだと思われる。

　そこで，問題になるのは調査データの管理と利用に関する権利と義務を，どういう形ではっきりさせておくか，公共性を確保しつつ，プライヴァシーの保護を含めた調査当事者の私秘性をどうやって守るか，という点だろう。しかし，個人が特定できるような名簿や原票は非公開にし，数値的なデータ・ファイルのみを公開するという原則であれば，当面あまり問題はないと思われる。

　この点で，注目されるのは1985年のSSM調査（第2章3参照）が，過去のSSM調査再コード結果も含め調査終了後一定期間を経た後は，データそのものを希望する者には公開し，一定の手続きを踏んで申し込めばデータの利用を認めるようにしたことである。この結果，調査実施に直接関与していない者であっても，1955年以来のSSM調査の時系列データを自分で分析することが可能になり，多くの研究が生み出されることになった。1995年SSM調査でもこれをさらに進める形で，多数の報告が書かれている。SSM調査以外でも，こうした社会調査データの公開・利用に向けて，全国的あるいは国際的なデータ・ベース構築の試みが始まっている。

　データの公開・利用という形は，社会調査の公共性と学術調査の発展にとって，画期的なことというべきだろう。これまでたくさんの社会調査が行われてきたし，今後も行われていくであろうが，多くの場合それが1冊の報告書を出

して終わり，データは埃をかぶって私蔵されるということが実態であった。調査票を含め過去の調査データは，歴史的記録としても貴重なものであるかもしれないし，いつの日か陽の目を見ることもあるかもしれない。しかし，利用されない限りそれはただのゴミである。幸い現在は，モノとしての調査遺物を，情報としてのデータとして再生し，利用することが可能になってきた。そのための体制を整備するべきではないだろうか。

　研究者は一般に自分のやった調査データは大事にするが，他人のやった調査結果にはあまり細かいところまで注意を払わない。報告書で数値がこうなっています，と書かれればそれ以上の確認はできないし，そこから引き出された結論にも論理的な批判はできても，調査データには信頼をおくしかなかった。しかし，あとで誰かがそのデータを再集計したり，分析法を再検証したりするとなれば，誰が実施した調査であろうが公開の批評にさらされることになる以上，関心をもたざるを得ない。

　また，学生にとっての社会調査ということでいえば，個人としての学生や数人の学生グループが，大きな経費のかかる調査をする機会はまずない。いくらサンプリングやデータ分析の理論を学んでも自分の研究にそれを生かす機会がない。実際には，自分でできる範囲の小規模なアンケートや観察をするか，教員が行う調査に参加して調査員として働くか，ということになるのが実状であっただろう。しかし，もし大規模で信頼性の高い調査データの公開・利用が，学生にも可能になったら，自分で関心のある問題を取り上げている調査データを手に入れて，分析することができる。卒論などに活用すれば，これは教育という面で，大変有益な効果をあげるだろう。そのためには，どんな調査が行われていて，どこに問い合わせれば調査データが利用できるのかが，容易に知ることができる必要がある。図書館やインターネットなどにこうしたデータ・ベース情報が整備されていれば，それは大変役に立つものとなる。文献検索に関しては，英文はもちろん日本語文献についても既に大学図書館同士のネットワーク構築が進んでいるが，分野別調査データは現段階では完備していない。

c 補論：調査の失敗について

　多くの社会調査が，教科書に書かれている通り順調に計画され実施され集計され報告書にまとめられている，はずがない。と私は思う。実際に調査を実施してみると，さまざまな困難にぶつかる。事前に予想もしていなかった不備や欠点が出てくる。しかし，できあがった報告書をみる限り，失敗についてはほとんど書かれていない。まるでセオリー通りやっていれば社会調査に失敗はない，かのように。しかし，失敗からこそ人間は多くを学ぶ。社会調査の失敗とは何だろうか。

　どんな活動にもつきものの，ケアレスミス，段取りや予定の変更，ちょっとしたアクシデント，人間関係の緊張，などは当然あって不思議ではない。予算上の見込み違いというのもあるかもしれない。しかし，もっと重要な失敗がある。それは，普通失敗とは意識されないで平然と処理されてしまうが，調査の内容自体に関わる失敗である。

　それは「拒否」票，「不在」票のことである。どんな調査でも，社会調査の場合，どうしても「拒否」票が含まれる。訪問面接調査では「不在」票も必ず出る。郵送調査などでは，半数以上か3分の2は返送されてこない「返信拒否」票である。われわれが誠意をもって趣旨を説明し，調査にご協力をお願いした結果，拒否されたとすればそれは失敗ではないのか。

　もちろん，「拒否」の理由はいろいろ考えられる。仕事が忙しくて時間が取れない，出張や入院などで調査期間中に自宅にいない，深夜でないと帰宅しない，などなど。しかし，理由が分かれば対策は立てられる。協力してもらえる同意が得られるのならば，都合をつけて再調査をするか，せめて郵送で返送してもらうことも考えられる。これは本来の意味の拒否ではない。そして，そうした理由がないにもかかわらず，明確に調査への協力を拒否される例は少なくない。自分の貴重な時間を割いて社会調査に協力するのは，調査対象者の善意や好意に支えられている。これはおそらく謝礼の粗品があるかどうか，だけの問題ではない。

調査員や予算の制約はもちろんあるのだが，現在の社会調査をとりまく環境は10年前あるいは20年前に比べて明らかに悪くなっている。それはこれまで行われてきた各種の調査が，「拒否」票を減らす努力を怠ってきたことと，調査に協力しても何もいいことはない，という印象を与えてきたからではないだろうか。昔，まだ社会調査が今のようにたくさん行われていなかった頃は，物珍しさも手伝って大学や学問の名前を出せば，あるいは官庁や行政の許可があるだけで人びとは協力してくれた時代があった。わざわざ自分のところまで探してやってきた調査員の努力を評価し，調査への「信頼性」をあまり疑うこともなかった。そして調査をする側も，「科学的客観性」の大義名分を掲げ，これは営利を目的としたものではなく学術研究のためなのです，と説明できた。ある意味で，それは幸福な傲慢であったかもしれない。

私自身の経験のなかで，印象に残っていることがある。ある東京都内の大きな住宅団地で住民に調査をすることになっていて，事前の準備も済みいよいよ現地調査の初日になって，団地のなかの集会所に調査本部を設け調査員が集合したところで，団地の自治会から調査に協力できないといわれたのである。自治会の役員には事前に調査票を見せて依頼し許可をもらっていた。拒否の理由は，依頼のはがきを各調査対象者に郵送したところ，住民の一部から強い反対があったためという説明であった。結局調査の実施は見送ることになった。これは大きな失敗である。そういうこともあるのだ，とよい教訓になった。もちろん事前の説明や根回しをもっと丁寧に行っていれば防げたことであるかもしれない。あるいは，拒否したい人びとにかまわず強引に調査を実行する方法もありうる。しかし，そういう調査を繰り返していれば，やがて社会調査そのものへの不信感を人びとのなかに醸成することになったであろう。何の権利があってわれわれの生活の場へ入り込んで，個人的なことをたずねて回るのか。もちろん営利であろうと学術研究であろうと，そんな権利は誰にもない。

社会調査は今，反省の時期に入っているのではないかと思う。一般市民を対象にしたほとんどの調査で回収率が下がってきている。つまり拒否や不能票が

増加している。われわれは調査対象者に逆襲されているのかもしれない。「科学的に正しい」調査であっても「社会的に正しい」あるいは「倫理的に正しい」調査であるかどうか再考する必要があるのではないか。また，あまりに低い回収率は，調査という行為に協力的なタイプの人だけが回答していることになり，サンプルの代表性を保証できない，いわば「科学的にも正しい」とはいえないデータになってしまう。では，もう今までのような調査はやめるべきなのだろうか。私には今のところ，はっきりとした答えは見出せない。

しかし，おそらく社会調査は今後も続けられていくだろう，と思う。なぜなら，われわれが何かを経験的に認識するには，それが「科学的に正しい」かどうかはともかく，他者や世界が日々生成している現場に身を置いて，何らかの方法をもってそれを感知する以外にありえないだろう，と思うからだ。それは失敗も含めて，社会調査が行っていることを反省し，調査対象との仕切り直しをしていくことだろう。

（水谷史男）

第7章 「質的な調査」について

1．「質的な」調査法とは何か

　前章までは主に調査票を用いた標本調査を基本に，数値データを分析する調査の技法について述べてきた。そのなかには，「質的なデータ」，つまりカテゴリーとして把握するデータも含まれている。社会現象を取り扱うには「質的なデータ」を無視できないので，それを数量化して分析する方法も工夫されている。通常，それを「質的なデータ分析」(「質的データの数量的分析」)と呼んでいる。

　ところが，これまでも触れたように，数量化する社会調査以外にもさまざまな方法が存在し，追求する対象，目的，研究上の立場によってとられる方法も異なっている。とくに，調査票を用いて多数の対象からとられたデータを数量化した統計的操作で分析する調査法を「量的な調査」，それ以外の調査法を「質的な調査」と呼んで区別する例がしばしばみられる。[1] つまり端的にいえば，コンピュータで統計ソフトを使ってデータ分析をするのが「量的な調査」であり，そういう作業をしないのが「質的な調査」ということになる。これは一見わかりやすい二分法に思えるが，よく考えると「質的な調査」は先の「質的なデータ分析」とはまったく違う内容を意味していると考えられる。混乱を避けるために，ここではまず定義から考えてみよう。

　1）この数年日本で刊行された主要な社会調査のテキストのほとんどに「質的調査」という名称が使われ，「量的調査」にたいして1つまたは数章を設けて解説している。しかし，ここで触れるように「質的調査」というのは単に数量化を基本とする「量的調査」の残余概念でしかない。かつて宝月らが「ハードな調査」(量的調査を意味する)にたいして「ソフトな調査」(質的調査を意味する)という表現を使ったときは，「量」と「質」という対比が問題を含んでいるのが

意識されていたように思える（宝月ほか『社会調査』1989）。

社会調査の方法として「量的」とか「質的」というのは何を意味するのか，とくに「質的な」調査とはどんなものなのか，というのはこれまでも論争を呼んできた大問題である。同じ対象を把握するのにふたつの違った方法があるのだろうか？　それともふたつの方法はまったく違った対象を把握しようとしているのだろうか？

a 「量的なデータ」と「質的なデータ」── 内容分析・ライフドキュメント

「量的な」調査というとき，それは正確にいえば調査によって対象を「量的」に測定すること，「量的なデータ」を集める調査という意味である。対象そのものが量か質かのどちらかであるわけではない。だとすれば，逆に「質的な」調査とは，「質的なデータ」を集める調査ということになる。しかしただちに問題になるのは，ここまで社会調査を学んでくれば「量的なデータ」は解るとしても，「質的なデータ」とは何か，ということである。

たとえば「今この教室に男性が30人，女性が58人いる」というのは人の数という「量的なデータ」によるある状態の把握である。ただし性別の判断は，数量ではなく名義的なカテゴリーである。では続けて「ここにいる88人のうち，痩せた人は18人，中ぐらいの人が50人，太った人が20人である」というのは，同じく「量的なデータ」と考えてもよいが，痩せた人，太った人というのはカテゴリーであるので，どうやって測定し分類したのかが気になる。「痩せた」「太った」という言葉は数値ではないから「質的」である。これは単に測定者が見た目で分類したのかもしれないが，おそらく各人の体重と身長を測定した数値をもとに決定したはずである。だとすれば，それは体重，身長，人数という「量的データ」によってすべて記述し表現することが可能であり，その方が正確である。もちろん数値のどこから「痩せた」「中ぐらい」「太った」に分類するかを決めたはずであるから，その基準は明示できるし，しなければならない。素データがあれば，自在に加工することも可能だ。

ではさらに「ここにいる88人のうち，今悩みを抱えている人が40人，悩みはない人が48人である」というのは，「悩みを抱えている」という状態を身長や体重のようには数量化できないから「質的な」表現でしかない。40人がとにかく悩んでいるというだけで「悩み」の内容はさまざまであるし程度もはっきりしない。しかし，これを「あなたは今なにか悩んでいることがありますか？」という質問に対して「はい」と答えたかどうか，と考えてそれ以上の意味をもたせなければ，それほど複雑な問題にはならなくてすむ。そして次には，具体的に「悩み」の内容として想定される選択肢を用意して「あなたが今悩んでいることはどんなことですか？次の中から近いものを選んでください」などという形で質問し，選択肢を一定の基準で並べておく，例えば軽い悩みから深刻な悩みの順に並べて，問題を「質的な」カテゴリーから「量的な」数値データに変換するのである。さらに，各項目について強さや深さを順序尺度や間隔尺度になるように数値化することで，統計的分析に耐えられるように加工すれば，少なくとも調査票で測定できるものである限り，「質的な」データは「量的」に扱うことができる。いや，調査票を使わない場合でも，統計数値・文字資料・映像記録などさまざまな資料源泉を一定の基準で数値データ化できれば，「質的」なものは「量的」に処理することが可能である。これは「質的なデータ分析」である。

　そうした例として「内容分析」と呼ばれる研究法がある。これは調査対象者に出会う現場でのフィールドワークをともなうとは限らないので従来の「社会調査」という枠を少しはみだしてしまうが，ある問題について収集したドキュメント（新聞記事，手紙・日記，映像，会話記録etc.）を，一定の手続きで分類し，できれば数量化して分析するものである。たとえば，ある時期に発行されたマンガ雑誌に掲載された全作品から，その主題，物語の展開パターン，主人公の設定，絵柄，コマの数，擬声語・擬態語の数，独白の数など項目を決めて数値化し，このデータをもとに「現代マンガの意味論的考察」を行うような方法が「内容分析」である。対象の範囲を確定し，指標を立てて「質的」な内容

を数量化するという意味では，人間に対してではなく文献資料あるいは映像などに対する社会調査といってもいい。「内容分析」による社会学的研究はあまり多くはないが，定型化した調査票と違って内容を読み取ってデータ化するときの判断が，どこまで妥当性をもつか，実際にやってみると明確に分類できる基準を作っておくのが難しい。しかし，研究法としてはもっと活用されてよいものである。[3]

 2）クラウス・クリッペンドルフ『メッセージ分析の技法－「内容分析」への招待』(1980) 三上俊治・椎野信雄・橋元良明訳，勁草書房1989および三上俊治「天皇報道の内容分析」(東洋大学社会学部紀要27-1, 1990. 3)
 3）既に1960年代に，理論に都合のいい調査データの扱いではなく，調査データそのものから理論を生み出す「グランディド・セオリー」の必要を説いたグレイザーとストラウスは，正当にも統計資料や文献記録などもデータとして活用すべきだと主張した（B・G・グレイザー＆A・L・ストラウス『データ対話型理論の発見－調査からいかに理論をうみだすか』第7章，後藤隆・大出春江・水野節夫訳，新曜社　1996.）。

このように通常の「量的データ」を中心とする調査法では，「質的な」ものはできる限り「量的データ」に置き換える工夫をして，分析可能な数値として取り込む。統計的手法としての多変量解析では，さまざまなレベルで質的データを数量的に取り扱う技法が開発されているので，質問紙を量的な変換ができるように作ってあればコンピュータの上で，さまざまな操作が可能である。このような意味での「質的なデータ分析」の技法については，ここで詳しく述べる余裕がないので，参考文献とくに多変量解析の解説などをみてほしい。

ところで，ここでの問題は実は「質的なデータ分析」ではない。つまり「質的な」ものをできるだけ数量化して「量的な」データとして取り扱う方法，言い換えれば，「量的な」データにできないものは取り扱わない方法ではなく，これにたいして積極的に「量的な」データにできないものを重視し，あるいは「量的な」データにしないで研究しようという方法的立場がある。それがいわゆる「質的な調査」である。

「質的な調査」の重要性を主張する社会学者は，社会現象には「量的な調査」では絶対に捉えられないものがある，と考える。代表的な意見をあげると，

（1）標準化された調査票で質問しても回答は通りいっぺんの常識的なものしか出てこない。夜一人になったときに心のなかでしみじみ感じるような「主観的なリアリティ」，「人間の本音」は，数字にならないものを時間をかけて聞き出す以外に知ることはできない。

（2）「量的な調査」では，あらかじめ用意された質問，決められた測定尺度の範囲内で答えが出てくるだけで，思いがけない回答，予想を覆すような意外な回答が出てこないし，出てきてもそれを捉えることができない。

（3）社会学的な命題は，言語や記号によって表現されるが，それらがすべて量的なデータによって検証できるわけではない。たとえばウェーバーの有名な「プロテスタンティズムの倫理と資本主義」との関係のような社会学的命題は，歴史上の個別事例をあげる以外になく「量的な調査」などできない，などである。

「質的な調査」を重視する社会学者が主張するように，社会調査というものを「量的な」データ，とくに調査票で質問するような調査法に限定するのは，確かに狭すぎる。今までなかば当たり前と考えられてきた「量的な調査」の客観性や科学の基準についても，もはや無条件に受け容れられるものではない。しかし，それを認めたとして，それに代わる「質的な調査」とはいったいどんなものなのか。そうした例として常にあげられるのは，W. F. ホワイトの『ストリート・コーナー・ソサイエティ』(1943) やH. S. ベッカーの『アウトサイダーズ』(1963) であり，トマス＝ズナニエツキの『ポーランド農民』(1918～20) である。前2者は参与観察の代表例であり，後者はライフ・ドキュメントの典型例である。それらの研究は，確かに数字をあまり使っていない。そこには話された言葉や書かれた文字による記述が連ねられている。「質的な調査」を優位に置く人々は，ここにこそ数字では表現できないなまなましい個人の肉声が聴き取れる，と主張する。そこで，まず参与観察について考えてみよう。

b 「客観主義」と「密着主義」── 参与観察・自由インタヴュー

　参与観察というのは，研究を目的として対象となる集団や組織に入り込み，そこで一定の期間を一緒に活動に参加して観察した記録や体験をもとに，研究報告を書き上げるような調査である。参与観察のフィールドワークは，調査する人と調査される人との相互作用を前提とし，対象となる人々の了解が必要と考えられるので，当然調査票を使うような調査よりずっと時間がかかる。

　『ストリート・コーナー・ソサエティ』は，著者があるイタリア系移民のスラム街に3年半住み込んで街頭の若者集団やヤクザなどの住民と生活をともにした研究であり，『アウトサイダーズ』は，これも著者がシカゴのダンス・ミュージシャンの世界にみずからその一員として過ごすことにはじまり，マリファナ使用者などいろいろな人たちとの2年間にわたる聞き取りから生まれた研究である。また，日本の参与観察の代表例として知られる佐藤郁哉の『暴走族のエスノグラフィー』(1984) は，関西の暴走族グループと行動をともにして書き上げられている。このように参与観察は長期間にわたる聴き取りや，対象者との度重なる接触によって，対象者とのパーソナルな人間関係を築きながら行われる。それは確かに文字になるものもならないものも含め，膨大な情報を手に入れることになり，当事者以上に当事者やその集団の事情に精通するまで続けられる，と思われる。しかし，同時にそれは難しい問題を含んでいる。

　改めてここで，単なる技法とは別の問題に触れなければならない。フィールドワーク実施における基本的な態度について二つの対極的な立場がある。それは調査する側と調査される側の関係について，ありのままの姿を見るために「観察対象に手を触れるな！」という距離を置いた「客観主義」と，逆に積極的に関わりを求めてなるべく「調査相手と友達になれ！」という距離を置かない「密着主義」とでもいうべきものである。普通「客観」の対義語は「主観」であるが，ここではあえて「主観的」という言葉はふさわしくないので使わない。

　人類学のフィールドワークや心理学の実験の場合は前者の傾向が強く，社会

学でも調査員は個性を出さないロボットであることが望ましいという「客観主義」をとる調査は多い。調査員はできるだけ存在を消し対象者に影響を与えないようにする，という考え方は対象を距離を置いて眺める「科学」のものである。しかし，そもそも人間を対象として調査をするという活動は，天体の観測と違って相手に影響を与えないことなど不可能ではないか，そして標準的な調査票調査であっても会話を通して回答を得ようとする以上，調査対象とのコミュニケーションを深めなければ本音は聴き出せないのではないか，それならばむしろ距離など置かずにパーソナルな関係になってしまえというのが「密着主義」である。精神分析医が患者との臨床面接を行う場合は完全な「客観主義」を貫くのは難しいであろうし，社会学でも個人に対する生活史の聴き取りなどは積極的に親密な関係を築かなければ不可能な活動である。一言でいってしまえば，「客観主義」では，フィールドでの調査活動は「測定」であるのにたいし，「密着主義」では「相互作用」「コミュニケーション」である。

　参与観察は当然「密着主義」になりそうであるが，実際にやってみると距離をとらない密着などということがとても困難なことがわかる。マリファナ吸引や強度のアルコール依存者などと親しく付き合うには，一緒にそれを行うのが一番である。体験を共有しないで彼らの心情もコンテクスト（なぜそうしているかという文脈）もわかるはずがない，というのが「密着主義」であるとすれば，対象と同一化することは観察も記録も測定も不可能にしてしまう危険がある。自分が参与観察者であり続けようとするならば，そこから「こちら側の世界」に帰還する自信がある場合にだけ，そのような体験に参加するのが普通の参与観察者である。

　かつて人類学者によって「未開社会」などと勝手に読ばれていた熱帯の小さなコミュニティーで行われたフィールドワークでは，エスノグラフィーと呼ばれる一種の参与観察が標準的な方法であった。それは，むしろここでいう「客観主義」に近く，先進社会の学者である人類学者はアフリカや南太平洋などの村落に入り込みながら住民の日常生活をなるべくありのままに観察し細かくフ

ィールドノートをとった。彼らの存在はただの「観察する眼」であって，現地の人々の生活には手を触れてはいけない。「文明社会」の文化を持ち込んでしまうと，「未開社会」の姿が歪んでしまうからである。しかし，人類学者のなかにもこのような「客観主義」が困難であると感じた人もあり，とくに現地の言語を理解し人々とコミュニケーションを繰り返せば，彼らに影響を与えないわけにはいかない。現実の人類学研究は植民地主義を背景に行われ，「未開社会」はどんどん開発されて変わってしまったのが「客観主義」の成果でもあることは今日明らかである。これは人類学だけの問題ではなく，人間の行為を対象としたあらゆる社会調査に基本的に共通する問題なのである。

　どういう立場にたって調査を行うかは，テーマや対象によっても左右される性格のものだが，基本的にはその研究の方法論が拠って立つ世界観によって決まると言ってもいいだろう。世界観とは「真理」や「リアリティ」をどのようなものと考えるかに関わるが，同じ社会現象を対象としても「客観主義」と「密着主義」の求めるものはかなり異なる。それは実際のフィールドワークの場面で，具体的に対象者にどのように接するかに端的に現われてくる。

　無作為抽出した標本に調査票を用いて質問し，回答を数量化してコンピュータで集計分析する標本調査は，典型的な「客観主義」的調査といっていい。「科学」の一般的な基準に立つ限り標本調査の有効性は疑いようもない。「科学」的真理にとっては調査対象者の「心情」や「内面」を親密な関係の中で理解することは目的ではないし必要ではない。それはむしろ歪んだ認識である。もし「心情」や「内面」と呼ぶものが数量化して捉えられるのなら，それはデータとして測定できるはずであるし，それが不可能なものであるなら，それについては沈黙するのが正しい。しかし，「密着主義」をとる人々の場合はそうではない。

　「密着主義」の立場からすれば，専門家であり観察者である研究者は対象から離れた神のごとき「第三者の審級」の位置から判断を下すのではなく，相手とのパーソナルな相互作用のなかで認識を生み出すのである。これら2つの立

場は原理的に相容れないものである。実際にフィールドワークの標準化した技法として学校で教育できるのは「客観主義」的な方法であって，一種の職人技に類する「密着主義」の方法は経験的に，つまりまさにフィールドで身につけるほかないような技法なのである。

「量的な調査」か「質的な調査」かという方法をめぐる論争も，かつては必要に応じてどちらでもふさわしい方法でやればいい，つまり同じひとつの問題，同じ対象を研究するのに違う方法があっていい，問題によって対象によって効果的だと思う方法でやればいい，できれば両方やればいい，という意見が無節操ではあるが無難な合意であった。その場合でも，基本は「量的な調査」に置いて，つまり全体を「量的に」つかんでおいて補足的に「事例」をあげておく，という方法が望ましいといわれていた。「質的な調査」も大事であるがそれはあくまで「事例」として提示される限りで意味があり，「事例」は一般化できないと考えられたのである。

しかし，一方でコンピュータとくにパソコンでの統計ソフトの著しい普及によって，道具としての「量的な調査」は簡便なものになり「質的なデータ」を扱う技法も身近なものになってきた。「質的なデータ」を「カテゴリー・データ」だとみなせば，ほとんどのデータは「量的な」変換が可能だという主張も勢いを得る。科学的「客観主義」者は再び社会調査の中心に座ろうとする。他方で，どうしても「量的なデータ」では満足できない反科学的「密着主義」者は，数値では表現できないなにか，対象とのパーソナルな共感や感情をともなった洞察こそが「社会学的想像力」を喚起する「質的な調査」の目的なのだ，と主張して譲らない。そのような不毛な対立は，1990年代以降，日本の社会学の中で新たな展開をみせつつあるといっていい。それはとりあえず「社会的構築主義」と呼ばれる立場をみることで，ある程度わかってくるように思う。

c 「社会的構築主義」をめぐって―― 会話分析・生活史

社会現象は，人がそれをどうみるかに関わりなく客観的に実在していて，そ

れをできるだけ歪みなく正確に捉えるのが科学的な社会調査である，という立場に対して，社会現象というものは動かし難い実体ではなく社会的に構成される，というのが「社会的構築主義」のスローガンである。社会的構築social constructionとは，まず「事実があり」「事実を把握できる」という「客観主義」を認めずにこれを批判して，「言語によって事実を把握した知識」というものは実は日常生活のなかで，知識に関わらない生活者から専門家までを含めた人々の相互作用によって日々「構築されつづけている」と考える視点に立つ。さらにいったん構築された知識や言説は，伝播し制度化されたり権力の道具になったりするがそれゆえに，状況の定義をめぐる構築過程における「変更や闘争」が可能になると考える。[4]

4）構築主義の系譜はカントにまで遡ることができるが，直接にはA・シュッツの現象学的社会学の展開として始まったバーガーとルックマンの著作（Berger, P. and Luckmann,T. *The Social Construction of Reality*, 1966），そして逸脱行動論からの発展であるスペクターとキツセの研究（Spector, M. and Kitsuse,J.I. *Constructing Social Problems*, 1977）によって一気に知られるようになった。

たとえば，H・ガーフィンケルによって提唱されたエスノメソドロジーは，人々がそのつどその場でなし遂げるものとしての社会秩序や社会現象を研究する態度，という言い方で社会的構築にきわめて近い考え方をする。とくにH・サックスたちが開発してきた会話分析の手法は，実際に日常のある場面で交わされた会話をテープなどで記録し，そこで行われ発生している社会的行為を分析するものである。会話分析の記述には一定の手続きがあって，単に会話を文章にするのではなく，間合いやため息や笑いといった会話を構成する諸要素までを採録する。さらにヴィデオなどで，動作や表情などを記録することも可能だが，とりあえず会話分析の目的は，言葉ではなく社会秩序のほうにある。一例を借りると，

　A：いやいやぼくはね，ほんとびっくりしたことがあるんですよ。
　B：（ふーん）［あるいは約一秒間の沈黙］

A：あのー[地名]に赴任した一年目に・・・・・

（西阪仰「会話分析になにができるか-「社会秩序の問題」をめぐって」奥村隆編『社会学に何ができるか』八千代出版，1997，134-135頁）

　AとBの二人の短い会話だが，最初のAの発言が相互行為における語りの提案（これからぼくは物語を語るよ，いいかな？），さらにその物語がどのように聞かれるべきか（びっくりする話なんだよ），そして物語の終わりかた（びっくりしたことを語ったら終わり）などを示唆している。これにたいしてBは「ふーん」とだけ言ってAが発言することを許している。これは発言権をAに与えないことも可能だがそれを許しているというふうに，なぜかそのつどその場で秩序が形成されて会話が続けられていく。

　実際の会話を集めて，そこで行われていることを秩序形成の視点から分析していく会話分析は，確かに「質的なデータ」つまり話された言葉を扱う。相互行為そのものを対象とするという点で，また外から測定や解釈の道具をもちこまないという意味で方法的に厳格なものであり，経験的研究として実り多い。それは「社会的構築主義」のなかで行われる「言説分析」に似ているようだが実は異なっている。「言説（ディスクール）」は行為としての会話ではなく，文よりも長い，あるものの見方のようなもの，「クレイム」や「イデオロギー」なども含む広い概念であるから，実際の会話から導かれるとは言い難い。

　「社会的構築主義」といっても，その研究領域は逸脱研究からジェンダー論，社会問題論さらに心理学のナラティヴ・セラピーや歴史学，文学批評など広範に広がりつつあるので，まさに構築主義という言葉によって新たな知識の状況規定を作り出そうという運動といってもよい。ここでは社会調査法に関係する限りで「質的な調査」とくにインタヴューによる生活史を例に考えてみよう。

　個人を対象とした生活史は，社会学では以前から中野卓などによって行われていた。生活史には本人へのインタヴューによる聴き取り調査だけでなく，日記や手紙などライフ・ドキュメント（生活資料）による分析もあるが，中心は当事者の語りをそのまま記録する作業とそれらを周辺の情報とからみ合わせて

編集し提示する，つまり報告書や書物としてまとめる作業で成り立っている。「社会的構築主義」が唱えられる以前の生活史が抱える方法的な争点は，「事実がある」と言えるのか，つまり本人の語ったこと（語った言葉）は実際に起きた「事実である」と証明できるのか，という点にある。「客観主義」の前提に立てば，裁判で本人の証言だけでは有罪にできないという場合に近く，人の語りだけでは真偽の判定はできない，ということになる。人間は嘘をつく，という単純な理由だけでなく，過去の記憶というものは本人ですら大半は薄れて消えているからである。

　だとすれば，生活史への有力な批判は，インタヴューの忠実な記録は1次資料とはいうものの「事実かどうかあやしい」，語り手は自分の「物語」を語っているのではないか，そして調査者も語りを自分の研究に都合よく再構成しているのではないか，これはほとんど「伝記文学」あるいは「アート」の世界に限りなく近づいているのではないか，というものである。つまり真偽を判定する「客観的」基準がない。これに反論しようとすると，語りを補強する状況証拠を提示したり，数字を使ったり，過去のドキュメントを提示したりという作業が必要になる。それは結果的に「客観主義」の実証的前提を認めることになる。逆に居直って，「ありのままの事実」を再現したり把握したりすることは不可能であり，われわれはむしろ人間を理解するというときに「物語」を媒介させるのは普通なのだ，と主張する。小説を読むことで，映画を見ることで，TVドラマを見ることで，われわれは人間を理解することができるではないか，と。しかし，そう言ってしまったらただちに，果たしてそうだろうか？社会学者と小説家を区別する方法的な限界があるはずだ，フィクションと「事実」とは違うという「客観主義」者を納得させることはできない。どのような「物語」をもってくるかは恣意的というしかないからだ。

　生活史研究がここを脱出するには，「社会的構築主義」を構築する必要があった。もともと「ありのままの事実がある」という出発点を否定して，それは人間が構成したものに過ぎないとしてしまえば，「客観主義」の罠は逃れるが，

次の問題は「100人には100人の真実がある」「きのうの自分は今日の自分とは違う」という無限の相対主義を解決しなければならない。構築主義の戦略は，当事者は自由に恣意的に好きな物語を選んでいるのではなく，日常生活の場面場面で起きる社会的相互行為のなかで，つまり他者との関わりのなかで自分と状況の定義を行っている，そしてそこで参照される「物語」（というより「言説」）は社会的な文脈や権力の磁場のなかにある，と考える。これを生活史のインタヴューの場合でいえば，調査者がインタヴューに来るという事態によって開始される相互行為のなかで，自分の過去をいくつかの既知の言説を参照しながら，そのつどの語りによって構築していると考える。それは具体的な出来事においてすらそうなのだ，と考えられる。

　例をあげると，第二次世界戦争中の日本軍占領地に存在したという「従軍慰安婦」であった人々の「語り」に関する議論がある。「従軍慰安婦」は日本の兵士を客とした組織売春に従事させられた女性のことであるが，「従軍慰安婦」には軍も政府も関与していた証拠はない，という歴史修正主義者の言説がある。また現在の彼女たちが過去の体験について苦渋をともなって漏らした「語り」は一貫性がなく矛盾していて，現在から再構成された記憶であるから信用できない，という主張にもなる。「事実があった」かどうかはそれらの存在が公文書などの「客観的」に動かぬ証拠がみつからぬ限り，「事実があった」とはいえないという主張にたいして，上野千鶴子は「社会的構築主義」の視点から個人の「語り」の重要性を述べている。「客観的」証拠がないから「事実があった」とはいえないというのは正しくない，という。「歴史的事実」はすべて現在から構築されたものであるという構築主義の前提からすれば，慰安婦の「語り」も公文書中心の「客観主義」的実証を主張する言説も同じく構築されているのであり，背後にそれぞれの利害や動機が潜んでいる以上，問題はそれが「事実であるか」ではなく言説を提示するものは「いかに関わるか」なのだ，ということになる[5]。

5）上野千鶴子「『民族』か『ジェンダー』か？－強いられた対立『ナショナリズムと「慰安婦」問題』その後」1999,『季刊・戦争責任研究』26号　戦争責任資料センター。

　注意してほしいのは，「客観主義」を否定するからといって「社会的構築主義」が経験的研究であることをやめるわけではないということだ。参与観察も会話分析も，生活史も言説分析も，もはや素朴な「経験科学」の客観的「事実がある」という仮定から出発しないが，だからこそ人間や行為の社会的存在を無視しないためにフィールドワークを必要とするのである。

d 「事例」研究調査と一般化

　もうひとつ「質的な調査」をめぐって19世紀以来，議論になってきたことのひとつに，個別性と一般性という問題がある。「個性記述的」と「法則定立的」などという対概念で語られたこともある。それぞれ方法論的立場の複雑な議論が背景にあるが，ここではそれをやや単純化して，現在の社会調査論の課題として「事例」研究と一般化の問題として簡単に触れておきたい。

　「事例」研究（ケース・スタディ）というのは「量的な調査」としても「質的な調査」としても可能である。多数の標本を対象とした「量的な」データも，大きな組織や集団を対象とした研究も，さらに大きな全体にたいしては「事例」ということもできる。ある学校の全校生徒の調査データは，その学校にとっては「事例」とは呼ばないが，ある県のすべての学校にとってはひとつの「事例」である。東京全体の調査結果は，世界の大都市という全体にたいしては1「事例」といってもいい。しかし，社会調査で「事例」というときは，既に一定の全体に関する情報が与えられていて，そこに何らかの代表性，典型性をもった一例を具体的な個別の特徴を「質的」に示すような形で提示されることが多い。

　これは，医療の病理学研究においてある病気や症候群の特定がなされたときに，その「症例」としてある患者のデータが提示されるのに似ている。「症例」

はひとつでも，証拠としての有力なデータになる。では，社会学的な「事例」においても，これがあてはまるだろうか。例えば「児童虐待」という問題設定が行われ，その実態を調査するとすると，いくつか方法が考えられる。学校や児童館などで子どもを対象にアンケートをすることもできるし，児童相談所や保健所などで聴き取りをすることも考えられる。そこからたまたま発見された「児童虐待」の該当者を，詳しくインタヴューしたり周辺に聴き取りをしたりして「事例」に関するデータが得られる。しかし，その「事例」が「児童虐待」という問題設定（状況の定義，あるいは言説？）にたいして，代表性や典型性を示しているという根拠はない。では「事例」の数を増やしていけば何らかの一般化された結論や，その「事例」の理論上の位置づけが可能になるのだろうか。そして個別性を詳しく「質的に」記述した「事例」は調査研究全体にとってどんな意味をもつのだろうか。

　いまのところ，明確な答えは「社会的事象にかんするすべての事例は個別性一回性の個性をもっているので，理論によるあてはめや一般化はするべきではない」という歴史主義以来の立場か，「事例はそれぞれ特殊な変異をもっているにしても，それらに共通する特性から仮説を検証し理論的一般化を導き出すのが経験科学の使命だ」という実証主義の立場に別れることになる。これはすぐ決着のつく議論ではないので，「質的な調査」がどちらかというと「事例」の個別性を重視する傾向があるということだけ注意しておく。そして，社会調査における実際的な危険は，「事例」の特殊性・個別性を強調しているにもかかわらず，いったんそれが提示されてしまうと，流布していく段階で「範例」や「モデル」として受け取られ「言説を構築してしまう」ことである。とくに「事例」が「質的な調査」によって明晰に印象的に語られる場合，そのような効果は大きい。この意味では，無味乾燥な数字の羅列である「量的な調査」の方が，罪がなく安心であるといえるかもしれない。いずれにしても，われわれが調査結果を提示するさいには十分慎重でなければならないし，とくにここで述べてきた「質的な調査」と呼ばれるものについては，「量的な調査」以上に

方法に注意を払わなければならないのである。

(水谷史男)

2．生活史研究の意義と調査の過程

a 生活史とは何か

　ひとりの人間がその誕生から死に至る人生の歩みを，回想録（メモワール）や自伝（オートバイオグラフィ），あるいは伝記文学や評伝という形で人びとが作品にまとめ上げるようになるのは，それなりに古い時代に遡ることができる。このような「個人的な物語り」が人類の歴史で最初に登場する起源を，古代エジプトの墓碑銘にもとめることもできるし，聴取り（口承）によって何らかの個人記録を史料として残そうとする「口述史」（オーラル・ヒストリー）の観点に立脚する立場からすれば，「口述史は人間の歴史とほとんど同じくらい古い」ということもできる。

　しかし，特定の作者がそうした「個人的な物語り」を同時代の宗教的，政治的な意図にもとづいて文書に刻み留めた記録としてとらえるならば，紀元前52年頃に書かれたとされるローマ時代におけるカエサルの『ガリヤ戦記』や，紀元400年前後に記された聖アウグスティヌスの『告白』などがその代表的な嚆矢だとみなされるであろう。だが，それらの自伝的作品には，自己の政治的宣伝や宗教的信条を通して自らの時代の歴史を描こうとする性格が色濃く投影されており，自我の内面を顕わにするような生の歴史とはいいがたいものであった。

　もし作者自身が記す「個人的な物語り」を回想録と自伝とに分けるとするならば，カエサルやアウグスティヌスの作品は回想録の範疇にはいるであろう。なぜならば，回想録は自らの個人史的な事件や出来事を通して同時代の歴史的諸相を語ろうとするものだからである。これに対して，自伝は個人史の私的な出来事を通して自己の内面的な探求を目指そうとする特徴を備えるものである。

この分類からすれば，真の意味での自伝の登場は，「近代的個人」の出現を待たなければならなかった。

それは，個人が神学的な世界に抱擁されていた中世からルネッサンスを経て産業革命に向かう時期に，宗教的なるものと世俗的なるものとが次第に分離されるなかでまさに誕生するのである。18世紀の後半に著されたジャン＝ジャック・ルソーの『告白』は，この意味で近代的な自伝の起源といえる作品なのであり，それを引き継ぐものとしてゲーテの『詩と真実』は自伝の近代的性格をより明瞭な形式で表わす作品であった。

このように，産業化時代の始まりのなかで「新しい自己をもった新しい個人」が出現することにより，人びとは自分自身を内省の対象，探求の目標としてとらえる自己意識を発達させるようになり，自伝のみならず日記や書簡などさまざまな形の生活記録のなかに，公的な生活から自らを引き離して内面的な思索や家庭生活，個人の悩みや喜び，哀しみなど私的領域における生活世界の価値を縦横に表現する道が開けてくるのである。

今日，中高年層を中心にこれまで過ごしてきた半生の道のりが自分自身にとって一体何だったのかと問い返すことを転機に，「自分史」という名を冠して「個人の物語り」を書きはじめる人が多くなっているのは，きわめて興味深い現象である。いまや自分史の多様な作品を集めた「自分史同人誌」をはじめ「自分史博物館」や「自分史学会」などの組織も誕生している。それは，かってのようにあたかも「近代的個人」を体現した知識人階級の知的独占物であったものが，無名の庶民生活を担う無数の語り部たちの手によって開放され，豊かに花開いているかのような壮観さすらおぼえる。

このような「自分史の語り部」が続々と登場する今日の背景には，ラッシュが指摘するような「自己自身に没頭するナルシズム的文化」（C.Lasch, 1979）や，内省的な思考への高まりが肉体への外部的束縛から精神への内面的束縛へと「統制のありかた」自体が変化したからだとするフーコーの主張（M.Foucault, 1977, 1978）も考えられよう。だが，より基底的には次の2つの要因を挙

げることができる。

　第一は，急速な社会変動に伴う国民国家としての統合的な社会経済的目標や価値が解体化ないし相対化され，共同体的な規範の圧力が弱体化するなかで，個々人が自分自身の暮らしの足元で自らの生活目標やライフコース上の価値を見直し，再発見しなければならないような私的状況が顕わになってきた経緯と深く結びついている点である。それはわが国のバブル崩壊後の社会史との関連でとらえることで一層明瞭にみえてくるであろう。第二は，ワープロやパソコンなど新しい表現手段の普及，インターネットによる相互発信機会の拡大など「もっと容易に利用できる文化を身につけた個人」の存在が増大してきた点にもとめることができよう。

　このような「自分史」の隆盛は，かっての「近代的個人」に代わって，大衆的なレベルで自己情報を発信しうる能力を身につけた「現代的個人」によって支えられているのであり，生活史を研究する立場からすれば，もはやこの新しい「語り部たち」をも問題の視野のなかに入れて検討しなければならない時代が到来しているのである。

b ライフドキュメント研究としての生活史
（1）隣接分野の生活史・生活記録研究

　私たちが取り組む「生活史研究」は，特定の個人の一生涯，ないしはその生涯の特定の生活局面を対象にして社会学的な分析，考察を試みることにある。しかし，この社会学的立場から直ちに生活史研究の課題へと絞り込む前に，これまでに，より広い分野で行われてきた生活史にもとづく多様で多彩な考察や研究を取り上げ，それらの作品が孕んでいる次の2つの側面，すなわち①人類学や心理学，精神医学などの著作，ドキュメンタリー作品など隣接分野の生活史研究，②ライフドキュメント（生活記録）研究における生活史の位置づけなどについてふれておきたい。それは，社会学的な生活史研究が，社会調査法の単なる一技法の貧しい次元に留めおくのではなく，もっと豊穣な土壌を開拓す

るためにそれらの成果から学びとる必要があるからである。

　第一は，社会学の分野以外にも優れた生活史研究が存在することに注目しておきたい。まず，それらの代表的な作品として，人類学者のオスカー・ルイスがメキシコの下層社会に住む5つの家族を対象に行われた生活史調査の結果をもとにまとめられた『貧困文化』（O．ルイス，1970）が挙げられる。それは，「スラムの一部屋で電化製品にとりまかれ身動きもできない」現実に象徴される現代の貧困文化の特質を鮮やかに描き出した画期的な調査であるが，ルイスがそこでとりあげた方法もまたきわめてユニークなものであった。

　それぞれ家族の一日の生活に焦点を絞り，その日に起こったさまざまな出来事や人間関係の絡みを肉声もまじえて詳細に観察する方法を基本にしている。しかし，それはただ単に一日の生活断面のみを調べればよしとするのではなく，ルイスはしばらく前から現地に住み込み対象とする家族の人びとと親しく接触しながらそれぞれの家族員の生活史を克明に聴取りしたデータを踏まえた上で，その一日の暮らしの出来事やそれに対する家族員それぞれの意味づけ，眼差しの特徴を明らかにしようとしたのであった。

　ルイスがそこで採用したもうひとつのユニークな方法は，黒沢明の映画『羅生門』からヒントを得て編み出した「羅生門式」手法であった。それは，家族生活の諸相をそのメンバーひとりひとりの目を通してとらえようとする接近方法をとっており，そのためにルイスは対象となる家族のそれぞれの構成員について長期的、集中的に行った生活史調査の成果を活用したのである。この「羅生門スタイル」の方法上の有効性は，家族の内部で起こった同一の事件や出来事を，メンバーである個人個人のそれぞれの立場や視点から説明することにあり，そのことによってデータの信憑性を点検できることも利点となったのである。

　次に，心理学の分野において生活史や個人記録の資料をもとにおこなわれた研究の優れた成果の一つとして，ここではオルポートがまとめた『ジェニーからの手紙』（G．W．オルポート，1982）を紹介したい。この作品には，ジェニ

ーという女性が11年余りもの長期間，年少の友人に送り届けた301通の手紙が収録されており，中年期から老年期に移行する女性の生活や意識，死に別れた息子への愛憎，周囲の人間関係への葛藤や屈折した行動などが赤裸々に語られていて，それ自体並みの小説以上に引き込まれる魅力と迫力を内に有するライフドキュメントになっている。オルポートは，本書の後半部分で心理学のさまざまな観点からこの女性のパーソナリティ分析を試みており，彼自身もまたハーバード大学の演習で好個の資料としてテキストに使用したのである。しかしこの作品は，単に心理学的研究の素材にとどまるだけでなく，社会学や社会心理学の領域でも異なる視角からとりあげることのできる資料的価値を有するものと考えてよいであろう。

　以上，人類学や心理学の分野での生活史，生活記録の研究成果をその代表的な作品に限って紹介してきたが，この他に精神医学の分野ではロバート・J・リフトンが広島の被爆者を対象に試みた生活史研究『死の内の生命』（1967），さらに生活史的手法を取り入れることでまとめられた多数のドキュメンタリーやノンフィクション作品を紹介する予定であったが，紙幅の都合でここでは，東京の下町「下谷」の街で戦時中に撮られた「出征軍人留守家族記念写真」のネガをもとに，児玉隆也と写真家桑原甲子雄は共同作業でその街の住民たちの生活史を追跡した傑作『一銭五厘の横丁』（児玉隆也，桑原甲子雄，1975）の一冊を挙げておくに留めたい。

c ライフドキュメント（生活記録）研究と生活史

　私たちは日々の生活をおくる過程で，実にさまざまな個人的記録を生み出し，そしてそれらの渦中で生きている。たとえば，私たちは日記をつけたり，手紙を書き，eメイルを送り，写真を撮り，生活史や伝記を物語り，手記や遺書をのこし，墓碑銘を刻み，投書や落書きを記し，映画やビデオを撮影し，絵を描き，音楽をつくり，個人的な夢や内奥の想いを書き留めようとする。

　それらは，みな広い意味でのライフドキュメント（生活記録）なのであり，

この生の記録を通して人間の内面や独自なものの見方を理解しようとし，外的世界（社会史，社会構造）との関連と脈絡を深く掘り下げて探求することができるのである。このように多種多様な生活記録のなかで，生活史自体は人間の過去から現在に至る時間的な継続性と奥行き（パースペクティブ）を有する独自な記録であり，日記や手記，手紙などがそれぞれの生活時間の断面で産出された性格を色濃く投影した記録であるのとは基本的に異なっている。

この意味で生活史は，ライフドキュメントの一部を構成するとともに，人間の生の現実をよりよく理解する上での中心的な役割を担う最重要な資料的源泉の位置をしめており，他の生活記録の資料を補完的に活用することで一層その有効性を高めることができるのである。

d 社会学における生活史研究
（1）生活史研究の歩み

生活史の研究が社会学の領域で今日のように方法論的な観点も含めて一定の位置を占めるようになってきたのは，1970年代後半以降のことで，たかだかこの20年余りのことである。しかし，生活史も含めた生活記録ないし個人記録の研究の社会学的源流は，20世紀のはじめにトマスとズナニエツキによってまとめられた『ヨーロッパとアメリカにおけるポーランド農民の研究』（1918—20）を起点とし，その後のシカゴ学派による貧困や犯罪・非行問題を中心課題とする都市社会学的研究に引き継がれることによって，独自の地歩を開拓しつつあった。

たしかに社会学の歴史を見渡した場合，「1920年から35年にかけて，このような人間の記録（ヒューマン・ドキュメント）が社会学的研究の主要な源泉としての役割を果たしていた時代があった」（ケン・プラマー，1982，90）のであるが，その後になると，1940年代から戦後にかけて社会学的研究の主流は構造機能主義的な理論的枠組を柱とする研究や数理統計学的手法に依拠する統計調査研究へとシフトし，こうした生活史研究は社会学研究の「アウトサイダー的

存在」として片隅に追いやられることになった。

　だが，こうした戦後の潮流に対して最初に異議申し立てをしたのはチャールス・ライト・ミルズだった。彼は『社会学的想像力』のなかで，当時の社会学界を席捲していたパーソンズ流の理論を「誇大理論」とこきおろし，他方で実証主義的な統計調査万能の風潮を「空疎で抽象化された経験主義」として批判の狼煙をあげたのである。ミルズは，その著書の冒頭で「一人の人間の生活と，一つの社会の歴史とは，両者をともに理解することなしには，そのどちらの一つをも理解することができない」とのべたあと，「社会学は個人生活史と歴史，および社会構造内におけるそれらの相互浸透を考察の対象とする」(C.W.Mils,1959)と規定し，社会学的研究における生活史の復権を高らかに唱えたのであった。

　1960年代に入ると，先に紹介したオスカー・ルイスの『サンチェスの子どもたち』や『貧困文化』などの人類学的生活史研究が相次いで発表され，若手の社会学者に対してミルズとともに大きな影響を及ぼし，1980年代のケン・プラマーの『生活記録の社会学』(1983)やD．ベルトウの『伝記と社会』(1981)などの成果へと引き継がれることによって，これまで地下水脈の伏流水であった生活史研究が多くの社会学者の手によって担われる気運が醸成され，現在に至るのである。また，わが国でも80年代後半以降，中野卓をはじめとする社会学者による生活史研究への関心が高まり，フィールド活動の成果も出始めるのである。

（2）生活史研究がめざす意義

　では生活史研究をすすめることによって，一体どのような意義が期待できるのだろうか。ここでは，①内面的，主観的現実の理解を促す，②生活過程や行為過程の特質とその意味を当事者の日常的暮らしの現実に即して明らかにできる，③当事者の生きられた一生涯，もしくは人生の一時期における生活変動の特質やその意味を社会史的，制度的観点との相互関連のなかで捉えること

ができる，④ 異文化の人びとや「社会的越境者」，マイノリティ（少数者）などの行動や意識に対する内側からの理解をたかめる，⑤ 研究面でのさまざまな効用，⑥ 実践的，教育的側面での効用など6点に絞って考えてみたい。

① 内面的，主観的現実への理解を促すこと

　研究対象としての当事者の行動や意識の特質を捉える場合，その人間の行動の動機や欲求，意味づけのありかを当事者に語らせることによってその内的体験を通してよりよく知ることが可能であり，対象者への内面的な理解を促し，深められるのである。そのことは，当事者である彼ないし彼女が自分の周囲の生活世界をどのように主観的に捉え，解釈し，評価しているのかをめぐる主観的現実のありようとそれにもとづく特徴的な見方をよりよく理解することになるのである。

　その際，社会学的な観点からする生活史研究は，当事者に語らせる内容が客観的な事柄であるかどうかを終始点検するよりは，あくまでも彼ないし彼女の主観的現実を浮き彫りにするように仕向けなければならないであろう。

② 生活過程や行為過程の特質とその意味を当事者の日常的暮らしの現実に即して明らかにできること

　一人の人間がその一生涯を過ごしていく過程で修学、就職，昇進，失業，転職，結婚，子育て，離婚などさまざまな人生の節目を通過していく。このようなそれぞれの節目で直面する種々の日常的な問題に対して，それをどのように捉え，いかに対処したのか，なぜそうした行動をしたのか，あるいはなぜそうしなかったのか，などの考察を試みる場合，当事者にその問題状況を詳細に語らせることによって，彼ないし彼女が身をもって関わった生活過程の多元的な様相が浮きぼりにされ，それに対応する行動過程も日常的な現実とのコンテキストのなかで明らかにできることで理解を深められるのである。

　この場合，当事者が抱える問題によってはそれが人生の転回点となりうる

「危機」ないし「転機」として考察をすすめることになるが，その際にはこうした「危機」ないし「転機」に対処する上で相談したり，助けになった「重要な他者」（かならずしも実在する人とは限らない）が存在したのかどうか，そのような「他者」はいかなる人でどのような「助力」を得たのかを明らかにすることが当事者理解を促す鍵となるであろう。

③ 当事者の生きられた一生涯，もしくは人生の一時期における生活変動の特質やその意味を社会史的，制度的観点との相互関連から捉えることができる。

「……戦争がおこると，保険のセールスマンはロケット発射兵になり，商店の事務員はレーダー兵になり，妻はひとり暮らしをはじめ，子供は父親なしで育っていく」。この文章はミルズの『社会学的想像力』のなかで記されたものであるが，彼がそこで主張する個人の生活史と社会史と社会構造の三者における相互浸透の関連を把握するためには，個人の側の暮らしが特定の社会体制のもとで引き起こされた社会史上の出来事（社会変動）によってどのような影響を具体的にこうむり，さらにその影響や被害をいかに克服しようとしたのか否かを当事者の生活体験を通して語らしめることが必要になるであろう。

戦争が終わってもなおフィリピンのルバング島で潜伏して「戦中期」を過ごした「小野田寛郎」という人物像をこのような文脈で捉えようとするならば，一方で戦争によって刻印された「忠国の兵士」としての「顔」と，他方では帰還した後のブラジル移住や「自然塾」設立など「生への意志」をみなぎらせる「顔」とをきりむすぶ相互関連や脈絡を明らかにすることによって，はじめて彼の人間総体としての「生きられた肖像」を描くことが可能になるであろう。生活史研究は，このように人間が社会史に規定され，制約された存在として捉えるだけでなく，生活主体としての個人が時代や社会に働きかけうる「生きられた」存在としての理解を促すのである。

④ 異文化の人びとや「社会的越境者」，マイノリティ（少数者）の行動や意識

に対する内側からの理解を深める。

　生活史研究は，すでにのべたように対象者の内面世界の理解を促し，その主観的現実を把握するのに役立つという意義をもつのであるが，このことはとりわけて異文化の人びとや，同性愛者などトランスジェンダーの存在に代表される「社会的越境者」たち，そしてアイヌなど少数先住民族や在日韓国・朝鮮人，被差別部落をはじめとするマイノリティ（社会的少数者）の問題に取りくむときにその有効性を一層発揮できるのである。それが異文化を扱う場合には，異なる社会的現実や文化的価値の文脈に即して当事者の行動や意識の特徴を明らかにすることができるからであり，他方で「越境者」やマイノリティの問題を捉える際にはそのマージナルパーソンとしての隠蔽され，封印された内奥の被差別意識や屈折した行動様式の多次元的な諸相を顕在化させることが可能になるからである。

⑤ 社会学的研究を進める上での有効性

　これまでのべてきたように生活史研究は，人間の主観的な現実性や多義性，全体性，歴史性に焦点を絞りこもうとする者にとって有用な価値を有するが，それはまた具体的に生活史的研究をすすめるそれぞれの段階でも有効性を発揮できるのである。以下は筆者らが訳した『生活記録の社会学』からケン・プラマーの論点を通して，それらの効用を研究の「探索段階」，「捕捉分析段階」，「結論段階」の3つの重要な段階に分けて簡単に紹介しておきたい。

★研究の探索段階

　生活史の手法は知識や知見が乏しい研究領域（たとえば性行動の研究領域など）において，そこで扱われる論点や問題点がどのような性格のものであるかを吟味したり，取り組む問題の概念化を図る上で有効性をもつ。それはまた，小規模でこまわりのきく概念と小型モデルの仮説をつくり，さらに必要ならばこれを統計的な演繹的手法に移しかえることもできるのである。

★捕捉分析の段階

　問題の概念化や仮説づくりをめぐる生活史の有効性は，研究の初発段階のものであるが，この捕捉分析の段階で発揮される効用は研究のすべての過程で適用される。それは，他の方法を補い，「社会的行動や経験がはらむ内面的，内省的な諸要素と，実験，調査，参与観察などの客観主義的な方法との均衡をはかる」ことができるのである。つまり，生活史は初期のシカゴ学派の研究にも示されていたように主観主義的手段によって客観主義的方法を補う捕捉機能を持ち合わせているのだ。

★総合化，明確化，結論づけの段階

　社会学は，一般の人たちだけでなく，社会学を研究する者にとってさえも近づきがたいような難解きわまりない専門用語や誇大理論にみちており，多くの研究が理論的な混迷のなかをさまよっているようにみえる。このような混乱する研究状況を克服する上で，生活史はひとつの有力な手段となりうるのであり，生身の人間の生と死をめぐるゆたかな細部の詳細な描写が理論に有効な例証を与えることによって，経験と一般理論との橋渡しをはかることができるからである。

e 方法としての生活史調査

　生活史研究は，一人の人間の過去から現在に至る「生の記録」を分析の対象としている。もちろん，その「生の記録」は研究の主題によって個人の一生涯にわたる比較的長期のケースもあるし，人生のある一時期の生活局面に限定される場合もある。それでは，こうした「生の記録」には具体的にどのようなタイプのものが存在するのか，それらはいかにして収集され，どのように活用・分析されることで最終的にまとめあげていくのか。ここでは，以上のような生活史研究の調査過程とその技法的，実践的な方法を中心に検討しておきたい。

（1）生活史研究のデータとは何か

生活史の研究をすすめていく場合，研究者がとりあげる個人の「生の記録」として，次の4つのタイプを挙げることができる。
●面接聴取による生活史記録
●自伝
●日記・手記・手紙などの生活記録
●伝記・評伝

ここで最初に挙げた面接聴取による生活史記録は，調査者（聞き手）が対象者（被調査者＝語り手）と対話形式でインターヴューしながら個人の現在までの歩みを語らせ，聴取りした資料である。研究者によっては，これを「口述史」（oral history）記録と呼称し，生活史一般とは区別して使用しているが，ここではとくに必要がないかぎり口述史は狭義の生活史と同義のものとして扱いたい。

今日の生活史研究では，この面接聴取による生活史記録は，テープレコーダーなどの記録装置の普及とあいまって資料源泉の主流を占めるに至っている。ただし，この面接聴取による生活史記録が中心的な調査データになるとしても，できるならばそれ以外のタイプのものとの組み合わせによる相互補完的な活用が望ましいといえる。

自伝は，対象となる当事者自身が自らの生活史を記した伝記資料であるが，これにも研究者（調査者）が対象者に事前に依頼して，ある程度の調査意図にしたがって書かれた自伝資料と，そうした調査とは関係なく対象者が自らの意図で書き上げた自伝を調査者が資料としてとりあげる場合とがある。以前のように録音機器が未発達の時代には，このような自伝を主たる資料として扱う場合が多く，たとえば『ヨーロッパとアメリカにおけるポーランド農民』の研究においては，手紙や新聞資料などの生活記録のほかに主人公のウラデックに自筆による自伝を書かせている。

日記，手記，手紙，写真，家計簿など当事者の手による生活記録は，人生の

ある時期の生活を断面として捉える際の記録として資料的価値は高いが，個人の過去から現在に至るまでの人生行路を現在の時点で捉えた生活史記録とは自ずから性格を異にするものが多いといわなければならない。しかし，日記や手紙などはそれらの資料が比較的長期にわたって系統的まとまりをもつ場合には，研究意図にもとづく再構成化によって生活史研究の重要な資料源泉となることは，『ポーランド農民』や『ジェニーからの手紙』などの優れた作品にみるとおりである。

　伝記・評伝のタイプは，対象となる個人の「生の記録」を自伝のように自らの手で書かれたのではなく，第三者である作者がまとめあげた記録であり，この意味ではその作者の主観的な意図や動機によって「加工された資料」＝第二次的資料として扱われることになろう。これに対して，面接にもとづく生活史記録や自筆自伝，日記などの生活記録は当事者の肉声をそのまま記録化した"Raw Data"（加工されていないなまの資料）＝第一次資料としての価値をもつものであり，伝記・評伝とは区別されるのである。しかし，第二次資料といえども自伝文学やドキュメンタリー作品などのなかには資料的価値の高いものがあり，先にのべたように相互補完的な活用が可能なのである。

（2）調査場面での語り手と聞き手の関係性

　ここでは，今日の生活史研究の主要な資料源泉となっている面接聴取による生活史記録を調査する方法に焦点を絞って，それらのなまの第一次資料がどのような面接現場で生み出され，調査者と被調査者あるいは聞き手と語り手とのあいだにいかなる関係性が横たわり，どのような影響を面接聴取の資料やその再構成化にもたらすのだろうか。生活史研究がデータの産出から編集，作品として集約化するにいたる諸過程には吟味検討すべき問題点が多々存在するが，紙幅の関係もありここでは「語られる生の記録」の側面と，「作品として構成化，集約化された生の記録」の側面でそれぞれ直面する問題について簡潔にふれておきたい。

まず，最初に強調しておきたい点は，すでにのべた生活史研究の意義や有効性が，何でも調査さえすればいとも簡単に，そして予定調和的に期待できるのだとする考えや思い込みをただちに捨てさるべきだ，ということである。通常，生活史研究が一つのまとまりをもった成果として報告される時には，その前段階で研究者が対象者から必要とした膨大な情報量を引き出し，抱え込み，取捨選択し，編集したり再構成することによって特定の作品に集約していこうとする舞台裏での営みがみえてこない場合が往々にある。

　しかし，この場合まずいえることは，語られるべき「生の記録」がそうやすやすと獲得できるわけではない点である。調査をする者（聞き手）と調査をされる者（語り手）との相互作用の関係はいうまでもなく面接場面が良好に成立することで開始されるが，もし対象者の側に調査者への警戒心や不信感，信頼感をもちえない状況が存在すれば，相手の口は重くなるばかりで研究者の期待する情報を充分に得ることはできない。したがって，相手側の友好的で協力的な対応を面接場面で醸成するためには，そうした「ラポール」を引き出すための周到な計画と対象者の性格や生活の構造を事前に点検する準備調査が必要になるのである。

　面接場面で研究者（調査者）が留意しなければならないもうひとつのポイントは，対象者（語り手）の話そうとする内容を聞き手の意図によってむやみに方向づけしたり，統制したりしないで，相手の自在な感じ方や話し方に即して語らせていくスタンスをつらぬくべきである。そのためには，聞き手側がもとめているのは語り手自身のことばであることを相手に伝え，できるかぎり自由闊達に語らせるように仕向けなければならないのだ。

　次に考えたい点は，「語られた生の記録」をまとめようとする研究者（調査者）自身が直面する問題である。対象者から首尾よく得られた「語られた生の記録」がそのまま予定調和的，自動的に生活史の作品になるわけではない。その第一次資料としての語られた記録は，やがて研究者の側で対象者の人生を再

解釈する枠組に沿った「編集」作業のなかに放りこまれ，最終的な考察ないし分析の過程で再構成された姿で作品化されていくのである。
すなわち，「語られた生の記録」はそのままの姿ではなく，研究者の手により「再構成された生の記録」として世にだされるのだ。

　中野卓の先駆的な生活史の作品である『口述の生活史－或る女の愛と呪われた日本近代』(1977) のように，倉敷のおばあさんの語られた生の記録をほとんど研究者の再解釈をはさまない形でそのまま呈示しているようでいて，実はその膨大な情報量を取捨選択し，一定の姿に編集する研究者の行為をまぬがれることはできなかったのである。そして，彼が本来主張してきたように，語り手と聞き手とによる「共同制作としてのライフヒストリー」とする視点からすれば，その作品はそのおばあさんとの共著にすべきであったと思うのである。

　以上のように，生活史の記録が生み出される過程や，その原資料が研究者によって編集され，再構成されていく過程をじっくり吟味検討することを通して，はじめてその意義や有効性を期待することが可能になることができるといえるのである。

（原田勝弘）

第8章　社会調査の過去・現在・未来（対談）

1．社会調査の潮流

　M： 21世紀のはじまりに，1冊の社会調査論というテキストを出すわけですが，この本の他の教科書にない特徴のひとつは，社会調査の歴史編といいますか，19世紀以来の欧米そして日本のさまざまな調査研究の流れについて広く触れていることだと思います。

　はじめに社会学の方法としての社会調査の流れを簡単にみてみますと，この本で取り上げているような「社会踏査」social surveyとよばれる一連の研究は，ブースにせよル・プレーにせよ経営者や鉱山技師といった経歴で，大学の学者・研究者という人ではなく，彼らの膨大な仕事は科学研究とか学問というよりは社会改良の実践，貧困の実態を探るという動機に動かされていました。次に20世紀の10年代から20年代に出てくるのは，それとは違った方法，アメリカで発達した不特定多数の人びとを無作為に選んで統計的数量的にとらえるという方法だったと思います。世論調査や市場調査にみられるように，標本という考え方が採用される。そして，第二次世界大戦後のアメリカそして日本も含む西洋の社会科学は，大学の拡大とともに社会学もそこにしかるべき場所を与えられ，大学教育のなかに制度的に位置づけられるようになって，方法としての社会調査が基礎科目・必修科目として教えられることになります。つまり，どのようなテーマ・対象をとりあげるにせよ，学生は標準的な研究の技法・手法を身につける必要があり，そのためにスタンダードな社会調査の教科書が書かれるようになるわけです。それは，主に調査票を使った数量的な社会調査の技法を中心に組み立てられていたと思います。

　そして，20世紀後半の社会調査は，マスコミ・企業・民間の研究所などによ

第8章　社会調査の過去・現在・未来（対談）　　*219*

って社会のさまざまな場面で大量に実施され，日々膨大な報告書が生産され消費されています。社会学というなかでみても，社会現象を正確にとらえる方法としての社会調査が定着していったともいえそうですが，実はいまや社会調査は危機に瀕しているのではないか，と私は思うわけです。端的に言えば，現実に調査をするのが困難になる。大都市では完全な訪問面接調査はほとんど不可能になっています。また理論的には，数量的な調査さらには社会調査そのものへの不信感のようなものが強まっている。少なくとも社会学のなかでは，従来型の社会調査は万能どころか，片隅で埃をかぶってしまった。そこで，多くの調査を実施され，また長く社会調査を教えてこられたH先生から，まず社会調査のこれまでの歩みについて，そして社会調査の何が問題なのか，という点をお話いただきたいと思います。

　H：私が長年社会調査という授業を担当してきて，その間に感じてきたこと，今も感じている問題点を，授業を通して自分の中で解決しようとしてきたことを3点，お話したいと思います。

　第1は，私が1970年から社会調査の講義を始めた時は，大もとの原典はアメリカのランドバーグのテキスト（『社会調査』1942），統計的な手法によって大量観察したデータを数量的に処理するという本が一種のバイブルであったと思います。既に日本語訳はありましたが，まだ数量分析を使いこなしていた社会学者は少なかった。70年代の初めには，疑うことなくそれをバイブルにしてやっていたと思います。少なくとも社会調査で何を教えるかというときに，帰着するところはランドバーグ流の大量観察，数量データをどうやって処理するか，そこからみえてくることで勝負をする，ということだったといえます。ところが，60年代後半から70年代に至る社会的変動の渦の中で，研究者一人ひとり，あるいは学生を含めて多くの人たちが，従来の手法でいいのだろうか？社会的リアリティをつかめるんだろうかという疑いをもちはじめていったということがあったと思います。

　当時アカデミックな世界よりも先に，民間の研究機関やジャーナリズムが意

識調査を盛んにやるようになっていました。たとえば，従来の若い世代はこうだといわれていたものが，「若者たち」という映画もありましたが，実はそれまでの若者像では捉え切れないものとしてある。当時「みゆき族」などさまざまな若者の「族」が出て，その後何年か「新人類」などという言葉もありました。つまり若者が細分化されていく，若者がひとつのイメージでとらえ切れないものになってきた。その実態は調査しないとわからない，じゃ調査しよう，というわけです。そうしたことを背景に70年代前半に意識調査が盛んに行われる，社会現象としての調査ブームがあったといえます。国も青少年対策室などが調査をする。つまり調査が社会現象になったとき，さてそれを大学のなかでこつこつやってきた大学の研究者が，古い技術論でやっていくことだけでは収まらなくなってきた。第一に統計的な技術論だけでは，学生がつまらない。授業がパラパラになっていく。

　第2に，アメリカ流の大量観察というけれども，アメリカ社会学のなかでも社会調査の流れも実はひとつではなくて，トマス＝ズナニエツキやシカゴ学派の書簡や日記・生活史の研究や，人類学的な参与観察やリンド夫妻「ミドルタウン」やウォーナーの「ヤンキーシティ」のような流れもあったのです。さらにもうひとつ，フランクフルト学派のなかのアドルノなどがアメリカに亡命して，アメリカでちょっと毛色の違う調査もやりますね。理論や仮説を踏まえながらも，単に予定調和的に数量をばらまくのではないような調査もある。しかし，基本的にはランドバーグ流の大量観察がもちろん主流だとは思いますし，基本的には数量データで勝負する，という流れが戦後の日本の占領期，GHQ体制のもと日本にもどんどん入ってきて，日本の社会学に影響を与えたことは確かだと思います。アメリカ社会学の影響を強くうけた私ぐらいの世代の社会学者は，最初はランドバーグがバイブルだと思っていたけど，時代の流れのなかでこれはどうも違う，今までの方法ではもう学生がついてこない，ということに気がついたわけです。

　日本だって，農村調査や生活研究のような，戦前から庶民の生活に立ち戻っ

て調べ，立ち上げようとした試みもあった，ということを掘り起こそうとしたわけです。Mさんも入って一緒にやった仕事，「近代日本の生活研究」あれは80年代前半でしたね。日本の大正期から戦間期の社会調査とアメリカの社会調査とを，どちらをとるかではなく，両者をつなげようとしました。しばしば折衷になってしまうわけですが。それが前の教科書の歴史編につながっていると思います。授業ではどうしても歴史編が長くなってしまって，実践編が時間切れになってしまって，学生にそこをどう伝えていくか。ある種の痛みがあるわけです。

やはり戦前からの社会調査の流れを吟味点検することを通して，もう一度日本の社会調査研究の広い意味のテキストを考えなければいけない，という問題提起はとっても大切なことだと思います。現在の社会調査史研究のなかに，萌芽はあるけれども，アメリカや西欧の社会学方法論と日本の社会調査史がうまく接合されていない。さらに十分その成果を授業の場で生かせるようなテキストが必要だが，うまく継承してきているとはいえない現状があると思います。それができないと21世紀の展望が開けないと思います。過去の社会調査がそれぞれの時点で，調査の手法や問題点がどこにあったか，が調査を教える授業のなかで反省的に継承され見据えられなければいけないと思います。

M: 今回のテキストでも，従来型の解説テキストと歴史編を無理に接合した結果になっていて，これは諸般の事情でやむをえなかったのですが，残念ながらそこまでできてはいません。

H: 第3に，われわれがやはり調査をする側の視点だけで調査を考えてきて，調査をされる側の立場を十分考えてこなかったといえるのではないか，ということを最近強く感じるんです。もちろん「ラポールをとる」といういい方で，つまり技術的に調査対象者との良好な協力関係を作るということはいっていますけれども，もっとフィールドワークという調査データが生まれてくる現場の問題として，さらにデータ解析を含めた調査活動全体の問題としてとらえ返す必要があると思います。これは，なぜかというとMさんも指摘されているよう

に，実際に都市部だけでなく農村部でも面接調査をするのが困難になってきている。つまり誰のための何のための調査かということをあまり考えずに，土足でずかずかと入っていく調査，私は「帝国主義的な調査」というのですが，大学の学術調査なんだから，国の調査なんだから，予定調和的にお前さんやるべきだよといったような態度はもう通用しない。

M: そうですね。これは私の言葉でいえば非常に「牧歌的」というか，ある時期研究者は行けばもうやってくれるという前提で調査を組み立てていたし，統計分析の解説にしてもいちばん典型的なのは回収率100%を前提にしてやっている。全部が返ってきたから統計的誤差を計算する。統計的誤差以前に調査票を作っている段階から調査対象全部が答えると思ってやっている。架空の前提としてはそうなんです。確かにある時期までは大学から調査に来ました，といえばみんなやってくれたような時期があったんですね。われわれもあまりそんなことは気にしていなくて，学術研究だから価値があると暗黙のうちに気楽に信じていた。今はとてもそんなことはいえないわけですよ。なぜそうなっちゃったかということのなかには，ちゃんと調査のフィードバックが十分なされてこなかったために，さすがに調査される側が気がついてきた。それに協力したからといって何になるのかといえば，何にもならない。むしろ時間と手間を取られて，何のフィードバックもないということを繰り返したあげく，一種の不信感をもたれてしまった。

H: それとプライヴァシーの問題ね。国勢調査でもそうですよ，今は。

M: 国勢調査が今のようなかたちでずっと21世紀にできるかどうか，おそらく困難になる。つまり現実の面から逆襲されているということと，そもそも学術研究なるものの，科学性とか実践性とかのとらえ方が見直されるでしょう。欧米でももうすでに70年代後半からそういうことはずっといわれていて，簡単にいえばもっと控えめにやれ，ラポールをとれということになっていますが，方法自体がかなり基本的なことから考え直さないといけない，というところにきていると思います。

そこで日本の場合は，70年代終わり頃でしたか，生活史研究会というものを思い出すのですが，中野卓先生がリードするような形でいろいろな若い研究者が加わっていました。個人の聴き取り，ひとりの人と徹底的に付き合って時間をかけて聴き取りをしていくような生活史を提起されたわけです。フェミニズムやエスノメソドロジーなど，いろんな分野の人たちが方法論的な関心から集まっていた。しかし，同時に生活史はいろいろな問題をはらんでいて，やっていくなかでいくつかの方向に拡散していったのではないでしょうか。一方で数量分析と理論という関心では，安田三郎先生などが提起した数理社会学会ができていました。80年代以降現在まで，社会調査方法論という点からみてもいろいろな試みはあったわけです。

2．社会学と社会調査

M：　研究の方法論としては，もちろんいろんな人がいろんな方法で競い合ってやればいいわけですが，大学の教育のなかで，これから社会学をやっていこうという人たちにスタンダードとしての技法，社会学にはこういう方法，こういうやり方があって，少なくともこれはやらなきゃいけない，ここは知っている必要がある，というものを教える必要があると思うのですが，実際の社会調査の授業ではなかなかうまくいかない。相変わらず数量統計の技法を解説するか，いろんな方法があるんだよ，あれもあるこれもある，というだけでは学生の方が，じゃどれをやればいいんですか，ということになる。第一，学生たちは個人で大量調査なんて実際にできる機会はない。たとえば，卒業論文を書く時に何ができるか，といえばせいぜい聴き取り，関係者への取材であって，信頼できる数量データなんか自分で手に入れるのはむずかしい。

H：　私は，ある時点から社会調査の授業について，転換点があったと思います。社会調査は必修授業でしたから，統計調査の技術的解説などをまんべんなくやっていると，学生にはおもしろくない。仮説検証型といいながら，十分私

のなかで整理された授業ができない。学生たちのほとんどは，リサーチ会社に就職する人は別として，職業として調査する側になるわけではなくて調査される側の人間になるわけです。そこで始めたのが，社会調査のリベラルアーツ化，とでもいうべき方法でした。社会調査というけれど，それは単なる技術ではないか，参考文献読めば解るし……という風になるかもしれない。彼らに興味を持ってもらうには，事実とは何か？という問題。生活時間調査のように何時に起きたかのような外在的な事実は掴めるけれど，心のなかの意識や価値観などは掴めない。オスカー・ルイスの「羅生門スタイル」といいますか，多様な事実とはそんな簡単なものではない，主観的な構造のなかで捉え返す，ということをいろいろヴィデオをみせながらやっていく。そこで興味，動機付けをもたせるという努力です。

　第2は大勢の教室で社会調査を教えることには限界がある，右から左へ忘れていきます。それは実習と繋げていくことが必要だし，実際に現場に出て事実とは何かを考えてもらう，学生たちは調査のデータが生み出される現場のなかで，最初に調査票を作っている時に考えていたことと食い違ってくる。調査票からはみ出ていくものがあることがわかる。そういう意味で学生に調査の現場に出てもらって，調査の面白さやつまらなさを知ってもらうのがよいのではないでしょうか。そういう意味で，実習で学生にフィールドに出てもらい，調査のセンスのセの字くらいは実習教育のなかで体験してもらうことの重要性に気がついたわけです。

　M：その点については私の考えではもうひとつ，数学という問題もあります。どっかで私も諦めざるをえないかな，と思うことがあるのですが，今までの標準的な数量統計分析は，最低限統計的な知識の理解が必要なわけです。たとえば正規分布を使った誤差や検定の説明では数式など数学的な説明が出てきます。せめて最低限は教える必要があると思いますが，しかし社会学に来る学生は数学が苦手な人が多い，というのはほぼ常識です。数式をみただけで蕁麻疹が起こるような人も多い。数学に馴染みがある人なら解るけれども，今の入試制度

や高校でも文系志望だと数学の確率・統計なんかほとんどやっていない。それをちゃんとやろうとすれば時間をかけて練習問題を毎回やるようなことが必要です。えー，社会学なのにこんなのやるんですかあ，やだあ，どうして？という人も多い。だから，100名以上の多人数授業のなかでは諦めざるをえない。ある意味で標準化された社会調査の技法を教えようとすれば，それに対応してそれなりのカリキュラムが必要なわけです。メソドロジーとテクニックの説明が結びついてくれない。そこをどうするか，技術的なことに過ぎないんですが，そういうものは一切すっ飛ばしてやらないと心に決めない限り，折衷的にすると社会調査の授業はかなり中途半端なものになる。それが学生には面白くないというひとつの原因になってしまう。少人数の実習でやっと丁寧に教えることができる，というので努力しているわけです。

それで先ほどの問題に帰ってみれば，80年代までは調査の技術論や統計的説明に多くのページを割いた社会調査の教科書がほとんどだったのが，90年代には完全にそれを諦めた教科書が増えてくるわけです。諦めたというか，統計的説明に終始するテクニックの部分はむしろ参考書と実習でやればいい。パソコン統計ソフトが使いやすくなってSPSSにしろSASにしろマニュアルとしての解説本ができてきて，そちらを読めばいいよ，という風になってくる。実際，自分でデータをいじった方が理解は早い。そこで社会調査論はそこを抜いていくと，いろいろな方法があるよ，というだけでなくて研究方法そのものの比較再考になるし，それをしなくちゃいけないわけです。

H: その点と関連するかどうかわかりませんが，最近「フィールドワーク」論という形で調査を扱う本が多くなってきた意味は，アンケートを配るような決められた標準化した方法を教えるのではなく，もう一度フィールドに戻る，データが生み出される現場に戻るということだと思います。フィールドワークというのは調査研究活動の全体から見れば作業現場ですよね。拒否されたり，居留守を使われたり……。そこではインフォーマントとの関係性が問われる。都市部を中心に調査が困難になっているという状況と関係しますが，調査の情

報を押え込んで缶詰めにして後で処理するという形でいいのか，それと調査をされる側の不信感にもつながることですが，処理されたデータが現実をきちんと捉えているのか，また調査に協力することがその結果どう利用されるのか，一定の政策的な何かの「ための」調査ではないか。私がリサーチ会社の現場にいた時代をよく憶えていますが，企業のマーケティング調査などではスポンサーに都合の悪いデータは出さないでおこうとか，喜ばせて次の仕事をもらおうとか，隠されているんだけど，そういうことがあった。

M: 逆にいえば調査というのは，そういうことがいくらでもできるんです。

H: だからフィールドに戻るというのは，いかにしてデータが生み出されてくるかをもう一度見直そうということだと思います。

M: ただ，今でも依然として安易な意識調査が横行しているわけです。社会学者はそういうものをあまり信用しないけれども，とくにマスコミや各種のシンクタンクが組織的に行っている標本意識調査は相変わらずたくさん行われています。かつて一種のブームがありましたね。とくに「社会心理学」的，というか俗流社会心理学ですが，たとえばマスコミで使いやすい現代の世相や若者論が流行るとしますと，昔は直感的に大雑把にやっていたものを，細かい調査データを揃えて数字で語る。そういうものがかなりいかがわしいということははっきりしている。たとえば，何時間寝ているかとか，何にいくらお金を使ったかというような具体的に答えられる行動の質問と，あなたはどう思いますか，という意識の質問ではレベルも質も違うわけです。経済学なら意識調査データは使わない。事実のお金の金額でやるわけです。ところが，社会学はどうしても使わざるをえない。しかし質問の作り方しだいで結果は相当変わる。むしろ意識調査をもちょっとまじめにやろうとすると方法的に練り上げていかないといけないし，実際社会心理学は手法を工夫してそこを精密にやろうとするわけです。

H: 私はね，心理学者や社会心理学者のなかには，その手法をきちっと押さえれば正確なデータが出てくるという信仰があるというか，手法への懐疑をも

っていない人が多いと思います。

M：心理学畑は基本的にそうです。それだけ逆に方法論というか技法が確立しているわけで，それができなければプロじゃない，専門家とはいえない，というところがあります。同じ質問を作るにしても一定の手順があり，データもできるだけ尺度を細かくしてちゃんと検定に耐えるものしか使ってはいけない，というのがあるんです。ところが，社会学はなるべく厳密な方法を目指すといいながらも，ほとんど常に達成したことがない（笑）。達成しようとするとたちまち疑わしくなってしまう。

H：もっといえば，社会学は科学か，という問題があるよな。

M：ある時期確かにそういう方法を信じていた時代があるし，社会学もきちっとしたサイエンスになるべきだと思っていた人たちがいたわけです。それを追求していけば，つまり技法のレベルで精密になっていけば，より確実なデータなり確実な結果が得られると思っている人は今もいると思います。専門技術者としての社会学者。ただ逆にいうと，そういうものに対してものすごく批判的な立場が社会学のなかにはむしろ強くて，それが調査から離れていった。それが私にはなにか幻を批判しているようにも思えるのですが，社会調査に批判的な人たちからみると，調査というのは一見精密そうに「実証的」とかいっているけど，それはいかがわしい，なんら本質に迫らない，もうそんなことやったってしょうがない，と。ニュアンスは解りますが，実際に調査をやればそんなものじゃない，ということは解るわけです。彼らのいっていることは，要するに世のなかの解釈をかえればあらゆるものはかわる，みたいな，要するに見方の問題になってくるので，みる技法という以前にまず社会現象や社会問題をどうみるかの議論を延々やっていくことになる。結果的にどうなるかというと，社会学という名前を称していながら，基本的な方法論からいってもまったく相容れないような立場が同居している。学生には最初それは判らないので，社会学科に入ると社会学という体系的なひとつの学問があると思いますね。それを授業で教わって訓練されると思います。それで社会調査はこういうやり方でや

らないといけないといわれると、じゃ社会調査をやればいいのか、調査をやらないと論文にならないのか、というと他の先生は全然そんなことは考えていない、調査なんかより本を読むのが先だ！といわれて、ある意味で混乱するようなことになるわけです。

W：ぼくが大学の社会学科に入って社会学を教わったときに、ああ社会学は調査をやる人とやらない人に別れるんだなと思いました。それが当然だといわれ、確かに実習をやらないとわからないという話はよく聞きますけれど、宗教入らないとわかんないよ、というのと同じでいかがわしい議論だと思います。だからといって社会学がグランドセオリーでいい、とはいえませんが。社会学的なリアリティといいますけれど、ぼくもそれは伝家の宝刀のようにいいますけれど、果たしてそれって自分探しゲームにはまっている部分が強いのかな、とたまに考えますよね。

M：リアリティというのは、自分のリアリティなのか？調査対象者のリアリティなのか、という問題があるわけです。よく考えていくとだんだんわからなくなるんですね。

W：よく考えれば考えるほど、きっと自分のリアリティなんだろうな、と思っちゃうんですよ。

M：そこはもっと原理的に考える必要があるんだけど、リアリティという言葉は昔はこんな風に使ってなかった。いまはリアリティとリアリズムというのは対極にある言葉になってしまって、リアルなもの、リアリズムといったときは普通、対象の、他者の方にリアルなものがあってそれをどう捉えるかですね。でもリアリティは観察し認識する側の感覚、こっち側にあるんですね。調査は他者のリアリティを探ろうとして、接点を求めてフィールドに出るわけだよ。それで、書斎で考えていたのではわからないことを、相手に会ったり現場に出てそれをとらえよう、というのが基本的な考え方ですが、なぜあえてリアリティという言葉を使うかといえば、統計数字にはリアリティを感じられないから、もっとしみじみ感じたいと。

H: ぼくは今のところでいうと，社会学の知的訓練で決定的に欠けていたのは，他者の文脈でものを考えるという訓練があまりできていない。自分のなかで考えているリアリティにあまりに固執する。自分がリアリティを感じればそれでいい，というんじゃなく相手がどうしてそう考えるのか，彼の彼女の主観的な文脈のなかで理解することが必要だと思うんです。

3．社会調査の未来

M: それでは，これからの社会調査，最後に21世紀の調査ということで考えてみたいと思います。まず，普及するインターネットの今後と調査についていえば，今までのように一軒一軒回って紙を配って，というようなことは変ってくると思うんです。どういう形になるかまだ解らないんですが，行政や国家の必要ということから，数量的な大量調査は相かわらず行われていくだろう。ただお上が半ば強制的にやる統計というようなものは，むずかしくなるだろう。

インターネットやメールが普及すると，データの取り方とくに面接調査というようなものはかわってくると思います。インターネットが上から組織化されるというのは望ましくないことですが，そういう動きは必ずありますね。インターネットは個人が発信できる情報なので，今までのマスメディアとはまったく違う，といわれますが，こういう風に普及した次の段階で登場するのは，今度はおそらく統合され淘汰される動きです。ホームページがこれだけ個人化すると，どこでリンクして統合されるルートに乗るか，メジャーな人の目に触れるものとそうでないもの，などが分岐してくる。一方で個別化してマニアックになっていくのと，権力が組織していくものに別れてくる。統計みたいなものをそこに使っていこうというのは必ずできるし，技術的にも可能でしょう。ただ標本調査が前提するサンプリングが困難なのと，回答者がもっと偏るという問題は解決しにくいですが……。

調査がそうなっていくとすると，たとえば国勢調査を全国のネットなりなん

なりで上からできちゃう，ということもありますよ。10月1日に総理府のホームページに調査票を送信すればいい，調査員は非協力な人の督促と嘘を書いていないかのチェックのために雇われる。あるいは，何か大きな調査を企画しておいて，いわば巨大な情報収集機関のようなものがあって，そこがいろんなネットを通じていっぺんに調査をする。調査会社が全国調査網をもっていて，委託するとバッとやってくれるという形が以前もあったんですが，社会学者が自分の足で現地に行って調査をする，というようなことは消えてしまうかもしれない。お金さえかければそういうことができる。お金はかかりますが……。でもお金さえあれば，可能です。どんな調査でも金さえ出せばそこでやってくれちゃうようになるかもしれない。経済学は自分では何もしないで，全部経済統計でそれをいじくれば間に合ってしまいますが，社会学者も自分で調査に手を染めないで，全部データ収集は委託してしまうという可能性への危惧ですね。技術的な精密さはプロのリサーチャーの方が高くても，社会学者が現場へ行かなくていいのか，それはまずい。

　もうひとつ，調査データの管理と公開という点でも，学術情報センターによるデータベースが充実して一定の手続きをすれば学生でもいろんなデータを利用できるようになる。それはむしろ望ましいことですが，パソコンに向かっていればレポートが書けて，それこそ自分で調査なんかやらなくなってしまう。そうなったときの問題がひとつあります。

　また，もうひとつの問題はさっきのリアリティの追求，もっと個人に寄り添ってリアリティを知りたいという研究者が，日常の面接場面で個々の人間に出会って何かを聞いたり観察する場合，そこで，どういう方法があるか。エスノのやっていることは非常にミクロです。対個人の何かを捉えようとする時に，どういう方法でやったらいいか，エスノはひとつの方向を示しているとは思います。広い意味で社会調査といったときに，やはりそういう方法を追求するものが出てくるのではないか。心理学のやっている方法を越えて……。

　W：そういう本も出てきています。たとえば，エスノメソドロジー的な技法

を使って，会話分析もそうだし，映像分析もそうだし，サウンドスケープ的なことなども…。

M: それから今もういっぺんエスノグラフィーのフィールドノートなんかがひとつの手法として注目されています。要するにその現場にいて毎日目の前で起きたこと，観察したことを克明に記録する，なんでも片っ端から書いておく，というノートですね。これをもとにコーディングする。でも，それを社会学の方法としてちゃんとしたものにする，というのは今のところ未成熟というしかない。私の知る限り，エスノメソドロジーはその名のように方法を意識してやろうとはしています。

H: それはいくらコンピュータが高度化し，インターネット社会になっても，そういうミクロなものは残るという，そういう前提ですね。

M: そうですね。つまりインターネットで捉えられないような情報は残るだろう，と思います。中間的なのはテキスト言説分析で，文字になったものをてがかりに，2次的な文，インターネット中のさまざまな文を取り上げることはできる。でもそれはあくまで2次的なもので，言語のテキストとして扱うわけです。生の対人的な場面で出てくるのは，当然言語だけじゃない。少なくとも書かれた文字だけじゃない。

H: 私の考えていたことは，ある集団，村なら村の相互作用関係を利用して，なにか臨場感というか新たな方法の可能性を探れるのではないかと考えているのです。私が序論に書いたことですが，これはきわめて実感的な言い方で，「おもしろい調査」と「つまらない調査」といいました。その「おもしろい調査」の例として「爆心地調査」をあげているんですね。広島の爆心地とはかつて殷賑を極めた繁華街だったんですが，原爆で灰燼に帰した。原爆被害というのは母集団が確定できなかったんです。全体のなかで被爆体験を位置付けることが難しかった。それを湯崎さんが社会学者として広大原爆放射能医療研究所の科学者のなかに入って行って，全国の被爆者やかつてそこを知っていた人たちに呼びかけて消えた街を再現する。人びとの記憶の想起によって立体的に浮

かび上がる調査を提案した。広島のテレビ局のテーブルのなかで人びとが生き生きとして参加して，調査者は水路づけをするだけで，調査をする側がただだだ圧倒されつつみているという……。そこに現に参加して作られつつある，という生の現実，しかも参加することによって触発されたり，ああここへ来てよかった，発見したよという「対話的な調査」です。それは，きわめてレアなものかもしれないけど，そういう対話性というか，新たな方法というものを考えなきゃいけない，と思っているんです。

M：それは，ひとつの理想的な調査のあり方でしょう。でも，きわめて幸運な，というか調査する側と調査される側が明確な目標をみつめて共同作業をするような，特殊な条件がなければ不可能なものだと思います。20世紀の社会学がやってきたことは，むしろ，極端にいえば，あちら側にいる人びとを，モノとみて観察し調査票というものさしで測ってきたのです。

H：もう一度フィールドに出て，データが生み出される現場で事実とは何かを考え，「おもしろい調査」をする，学生にはそういう体験をして欲しいと思います。

M：そうですね。実習でそういうことが少しでもできれば，とは思っているのですが……。ただ，私は少なくとも社会調査を大学で教えるという場に限っていえば，いきなり現場に出る前にやはりそれぞれの問題を立て，資料を集め，自分が何をどのようにみようとしているのか，何を考えようとしているのか，をはっきりさせておかなければ修学旅行の思い出とかわらないだろうと思います。さらに道具について知識がなけりゃいけない。料理をするのにはレシピもいるし，包丁もまな板も必要です。その上で，現場に行ってそれが自分のみようとしたものと食い違ってくる，どこがどう違っているのかに気がついた時，ほんとうに「おもしろい調査」への入り口が開けてくると思います。そして，統計数値を嫌悪するのではなく，それを読み込んで活用する知恵をできれば身につけて欲しい。調査のプロになって「役に立つ調査」をする必要はないけれども，そのような訓練は生きてものを考えていく上で必ず役に立つはずです。

第8章 社会調査の過去・現在・未来（対談）

今日は長い時間ありがとうございました。

M: 水谷史男
H: 原田勝弘
W: 渡辺暁雄

参考文献

アドルノ, T. 著（田中義久ほか訳）『権威主義的パーソナリティ』青木書店　1950
有賀喜左衛門『日本家族制度と小作制度』河出書房　1943
安藤政吉『最低賃金の基礎的研究』ダイヤモンド社　1941
飯島伸子『環境問題と被害者運動』学文社　1984
イーストホープ, G. 著（川合隆男・霜野寿亮訳）『社会調査方法史』慶応通信　1982
石川淳志ほか編『現代日本の地域社会：創造的再構築と「地域社会学」の課題』青木書店　1983
石川淳志・佐藤健二・山田一成編『見えないものを見る力』八千代出版　1998
石川淳志・橋本和孝・浜谷正晴『社会調査―歴史と視点』ミネルヴァ書房　1994
石川雅典・文貞実・小野澤章子「沿岸漁業地域における職業分化過程に関する考察」『研究所年報』第24号　明治学院大学社会学部付属研究所　1994
石田忠『反原爆―長崎被爆者の生活史―』未来社　1973
一番ヶ瀬康子『アメリカ社会福祉発達史』光生館　1963
伊東壮『被爆の思想と運動：被爆者援護法のために』新評論　1975
伊東壮『原爆被爆者の半世紀』岩波書店　1988
ウェッブ, S・ウェッブ, B. 著（川喜多喬訳）『社会調査の方法』東京大学出版会　1982
上野千鶴子編『構築主義とは何か』勁草書房　2001
江口英一『現代の「低所得」層：「貧困」研究の方法　上・下』未来社　1979
江口英一編『社会福祉と貧困』法律文化社　1981
江口英一編『日本社会調査の水脈―そのパイオニアたちを求めて』法律文化社　1990
江原由美子『生活世界の社会学』勁草書房　1985
エマーソン, R. フレッツ, R. ショウ, L. 著（佐藤郁哉・好井裕明・山田富秋訳）『方法としてのフィールドノート』新曜社　1998
エンゲル, E. 著（森戸辰男訳）『ベルギー労働者家族の生活費』　1895
大阪市社会部調査課『余暇生活の研究』弘文堂　1923
大谷信介・木下栄二・後藤範章・小松洋・永野武『社会調査へのアプローチ―論理と方法』ミネルヴァ書房　1999
大橋隆憲・宝光井顕雅・吉原直樹編『社会調査論－社会科学としての社会調査』法律文化社　1985
奥井復太郎『現代大都市論』有斐閣　1940
奥田道大・田嶋淳子『池袋のアジア系外国人』めこん　1991
奥田道大・田嶋淳子『新宿のアジア系外国人』めこん　1993
奥村隆編『社会学になにができるか』八千代出版　1997
尾高邦雄『鋳物の町―産業社会学的研究』有斐閣　1956

尾高邦雄（編）『労働社会学』河出書房　1952
オルポート，G. W. 著（青木考悦訳）『ジェニーからの手紙』新曜社　1982

賀川豊彦『貧民心理之研究』警醒社書店　1915
篭山京『国民生活の構造』長門屋書房　1943
片桐雅隆『自己と「語り」の社会学―構築主義的展開』世界思想社　2000
鎌田とし子・鎌田哲宏『社会諸階層と現代家族』御茶の水書房　1983
川合隆男「横山源之助の『日本の下層社会』と『南米ブラジル案内』」（川合隆男（編）『近代日本社会調査史』(1)）慶応通信　1989
北川隆吉ほか編『現代世界の地域社会:重層する実相への社会学的視座』有信堂高文社　1987
ギャラップ，G. 著（二木宏二訳）『G. ギャラップの世論調査入門』みき書房　1976
草間八十男『どん底の人達』玄林社　1936
久米均『統計解析の出発』岩波書店　1989
倉沢進『東京の社会地図』東京大学出版会　1986
倉沢進『大都市の共同生活』日本評論社　1990
クリッペンドルフ，K. 著（三上俊治・椎野信雄・橋元良明訳）『メッセージ分析の技法』勁草書房　1989
グレイザー，B. G. & ストラウス，A. L. 著（後藤隆・大出春江・水野節夫訳）『データ対話型理論の発見　調査からいかに理論をうみだすか』新曜社　1996
経済企画庁『生活時間の構造分析』大蔵省印刷局　1975
高坂健次・与謝野有紀「社会学における方法」（高坂健次・厚東洋輔編）『講座社会学1　理論と方法』東京大学出版会　1998
甲田和衛・高坂健次『社会学研究法』日本放送出版協会　1989
児玉隆也・桑原甲子雄『一銭五厘の横丁』晶文社　1975
小山秀夫「1948年公衆衛生法と衛生改革」小山路男編『福祉国家の生成と変容』光生館　1983
権田保之助『余暇生活の研究』文和書房　1974
権田保之助「民衆娯楽論」『著作集第二巻』1974　巌松堂書店　1931
権田保之助「本邦家計調査」（高野岩三郎編『本邦社会統計論』改造社経済学全集第五二巻）改造社　1933
今和次郎『考現学　今和次郎集』第1巻　ドメス出版　1971

ザイゼル，H. 著（木村定・安田三郎訳）『数字で語る―統計数字の分析と解釈―』東洋経済新報社　1976
桜田文吾『貧天地饑寒窟探検記』日本新聞　1890
佐藤郁哉『暴走族のエスノグラフィー』新曜社　1984

佐藤博樹・石田浩・池田謙一編『社会調査の公開データ－2次分析への招待』東京大学出版会　2000
島崎哲彦編著『社会調査の実際』学文社　2000
島崎稔『社会科学としての社会調査』東京大学出版会　1979
島崎稔『日本農村社会の構造と論理』東京大学出版会　1987
志水清・湯崎稔（編）『原爆爆心地』日本放送出版協会　1969
シャッツマン, L., ストラウス, A. L. 著（川合隆男監訳）『フィールド・リサーチ－現地調査の方法と調査者の戦略』慶應義塾大学出版会　1999
新明正道ほか「産業都市の構造分析－釜石市を手がかりにして」『社会学研究』17東北社会学研究会　1959
鈴木梅四郎『大阪名護町貧民窟視察記』時事新報　1888
鈴木栄太郎『農村社会調査法』（鈴木栄太郎著作集第6巻　1969）未来社　1932
鈴木栄太郎『日本農村社会学原理』時潮社　1940
鈴木栄太郎・喜多野清一『農村社會調査』時潮社　1952
スペクター＝キッセ著（村上直之ほか訳）『社会問題の構築―ラベリング論をこえて』　マルジュ社　1990
盛山和夫・近藤博之・岩永雅也『社会調査法』日本放送出版協会　1992
盛山和夫・原純輔・今田高俊・海野道郎・高坂健次・近藤博之・白倉幸男編『日本の階級システム』全6巻　東京大学出版会　2000
関谷耕一「高野岩三郎と月島調査」生活古典叢書第6巻『月島調査』光生館　1968
添田知道『演歌の明治大正史』岩波書店　1963

高橋勇悦『大都市社会のリストラクチャリング』日本評論社　1992
舘逸雄『巨大企業の進出と住民生活』東京大学出版会　1981
デュルケーム, É. 著（宮島喬訳）『自殺論』中央公論社　1985
統計数理研究所国民性調査委員会（編）『日本人の国民性4』出光書店1982
統計数理研究所国民性調査委員会（編）『日本人の国民性1953-1993』統計数理研究所　1995
統計数理研究所国民性調査委員会（編）『日本人の国民性1～3』至誠堂　1961-1975
戸田貞三『社会調査』時潮社　1933
戸田貞三『家族構成』弘文堂書店　1937（新泉社　1982）
トマス, W. I. ＆ズナニエツキ, F. W. 著（桜井厚訳，部分訳）『生活史の社会学―ヨーロッパとアメリカにおけるポーランド農民』御茶の水書房　1983
豊田正子『綴方教室』岩波書店　1995

永野順造『国民生活の分析』時潮社　1939
中野卓『口述の生活史－或る女の愛と呪われた日本近代』御茶の水書房　1977

中野卓『下請工業の同族と親方子方』御茶の水書房　1978
中野清一（編）『広島・原爆被害の爪跡』蒼林堂出版　1982
西田晴彦・新睦人編『社会調査の理論と技法（Ⅰ）（Ⅱ）』川島書店　1976
西原和久・張江洋直・井出裕久・佐野正彦（編）『現象学的社会学は何を問うのか』勁草書房　1998
西平重喜『統計調査法』（新数学シリーズ8）培風館　1957
日本社会事業大学『日本とフィンランドの国際共同研究』日本社会事業大学　1994-96
日本人文科学会（編）『近代鉱工業と地域社会の展開』東京大学出版会　1953
農商務省（犬丸義一校訂1998）『職工事情』岩波書店
野尻重雄『農民離村の実証的研究』農山漁村文化協会　1978

パーソンズ, T. 著 &シルズ著（永井道雄・作田啓一・橋本真訳1960）『行為の一般理論に向けて』日本評論社　1951
バーガー, P. & ルックマン, T. 著（山口節郎訳）『日常世界の構成―アイデンティティと社会の弁証法』新曜社　1977
林知己夫『調査の科学』講談社　1984
林知己夫『日本人の心をはかる』朝日新聞社　1988
林知己夫『数字からみた日本人のこころ』徳間書店　1995
林知己夫『日本らしさの構造：こころと文化をはかる』東京経済新報社　1996
林知己夫『日本人の国民性研究』南窓社　2001
林知己夫・西平重喜・鈴木達三『図説・日本人の国民性』至誠堂　1974
林知己夫・米沢弘『日本人の深層意識』日本放送出版協会　1982
原純輔・海野道郎『社会調査演習』東京大学出版会　1984
廣田明「フランス・レジョナリズムの成立」（遠藤明編『地域と国家』）日本経済評論社　1992
フーコー, M. 著（渡辺守章・田村叔訳1986-87）『性の歴史』1～3 新潮社　1976-84
福岡安則『聴き取りの技法』創土社　2000
福武直『日本農村の社会的性格』東京大学協同組合出版部　1949
福武直『農業共同化と村落構造』有斐閣　1961
福武直『戦後日本の農村調査』東京大学出版会　1977
福武直『社会調査』岩波書店　1958　補訂版　1984
福武直（編）『地域開発の構想と現実』東京大学出版会　1965
福武直（編）『農民意識と農村社会―15年間の変動分析』有斐閣　1972
藤本武『最近の生活時間と余暇』労働科学研究所　1974
藤本武『日本の生活時間』労働科学研究所　1980
布施鉄治（編）『地域産業変動と階級・階層―炭都夕張／労働者の生産・労働―生活史・誌』御茶の水書房　1982
『水島重化学コンビナート創設と地域社会変動』東信堂　1992

プラマー, K. 著（原田勝弘・川合隆男・下田平裕身監訳）『生活記録の社会学』光生館　1991
古島敏雄『山村の構造』御茶の水書房　1952
ベッカー, H. S. 著（村上直之訳）『アウトサイダー』新泉社　1978
宝月誠・中道實・田中滋・中野正大『社会調査』有斐閣　1989
ホーマンズ, G. C. 著（馬場明男・早川浩一訳）『ヒューマン・グループ』誠信書房　1959
細井和喜蔵『女工哀史』岩波書店　1980
ホワイト, W. F. 著（寺谷弘任訳）『ストリート・コーナー・ソサイエティ』垣内出版　1979

マートン, R. K. 著（森東吾ほか訳1961）『社会理論と社会構造』みすず書房　1949
松島静雄『労働社会学序説』福村書店　1951
松島静雄『友子の社会学的研究―鉱山労働者の営む共同生活体分析』御茶の水書房　1978
松原岩五郎『最暗黒の東京』国民新聞　1892
水谷史男「生活構造と労働移動」『研究所年報』第13号明治学院大学社会学部付属研究所　1983
ミルズ, C. W. 著（鈴木広訳）『社会学的想像力』紀伊國屋書店　1985
村島帰之『ドン底生活』文雅堂　1918
森岡清志編『ガイドブック社会調査』日本評論社　1998

湯崎稔「原爆による家族破壊―「原爆被災復元調査」の成果を通じて」広島大学原爆放射能医学研究所年報　22号　1981
横山源之助『日本の下層社会』岩波書店　1985
好井裕明・桜井厚編『フィールドワークの経験』せりか書房　2000
米田庄太郎「モノグラフィ」法論（『国民経済雑誌』神戸高等商業）　1917
米田庄太郎「科学的「アンケート」法論」（『国民経済雑誌』神戸高等商業）　1917

ラドナー, R. S. 著（塩原勉訳1968）『社会科学の哲学』培風館　1966
ランドバーグ, G. A. 著（福武直・安田三郎訳1952）『社会調査』東京大学出版会　1942
リフトン, R. J. 著（柳井道夫他訳）『死の内の生命』朝日新聞社　1971
ルイス, O. 著（高山智博訳）『貧困文化』新潮社　1970
ルイス, O. 著（柴田稔彦・行方昭夫訳）『サンチェスの子どもたち』みすず書房　1986
労働調査研究会（編）『戦後日本の労働調査』東京大学出版会　1970

和気康太「社会福祉における国際比較調査の方法と課題―「日本とフィンランドの高齢者に関わる国際比較研究」を通しての一考察」明治学院論叢　第643号　社会学・社会福祉学研究

2000
渡辺栄「辺地における社会経済的構造と出稼ぎ労働に関する研究」平成3年度科学研究費補助金(総合研究A)研究成果報告書 1992
渡辺栄・羽田新『出稼ぎ労働と農村の生活』東京大学出版会 1977
渡辺栄・羽田新『出稼ぎの総合的研究』東京大学出版会 1987

Bertaux, D. (ed.) *Biography and Society. The Life history Approach In the Social Science*, Sage. 1981.
Booth, C. J., *Life and Labour of London Citizens*, Macmillan, 1889-1903
Borgatta, E. F., and Borgatta, M. L., *Encyclopaedia of Sociology*, Census, Macmillan, 1992
Britannica, *New Encyclopaedia of Britannica*, Census, Britannica
Bulmer, M., *The use of Social Reseach*, George Allen and Unwin, 1982
Converse J. M., *Servey Reseach in the United States*, University of California Press, 1987
Gallup, G. and Rae, S. F., *The Pulse of Democracy: the public opinion poll and how it works*, Simon and Schuster, 1940
Howard, J., *The State of the Prisons*, 1984
Kellogg, P. U., *The Pittsburg Survey*, Russell Sage Foundation, 1914
Le Play P. G. F., *Les ourvriers europeennes*, 1855
Marsh, C., *The Survey Method*, George Allen and Unwin, 1982
Moss, L., *The Goverment Social Survey*, HMSO, 1991
Pinker, R., *Social Theory and Social Policy*, Heinemann, 1971
Rowntree, B. S., Poverty: *A Study of Town Life*, Macmillan, 1901
Stevens, S. S., *Mathematics, Measurement and Psychophisics*, Stevens, S. S. (ed.) Handbook of Experimental Psychology, Wiley, 1951
Szalai, A., *The use of Time*,mouton, 1972
Moss, L., *The Goverment Social Survey*, HMSO, 1991

索　　引

ア行

アウグスティヌス　203
アドルノ, T.　73, 220
天野寛子　15
有賀喜左衛門　88
安藤政吉　89
飯島伸子　92
石川淳志　92
石田忠　93
磯村英一　88
一般副次抽出法　128
伊藤セツ　15
伊藤壮　92
稲葉ナミ　14, 15
因果的説明　106, 107
インナーシティ問題　67
ヴェーバー, M.　70, 74, 192
ウェッブ夫妻　70
上野千鶴子　200
ウォーナー, W. L.　220
江口英一　91
SSM調査　29–33
レイ, S. F.　60
エスノグラフィー　194, 231
エスノメソドロジー　117, 197, 223, 230, 231
エディティング　155, 156, 158
エラボレーション　171, 173
エンゲル, E.　54, 55
大熊信行　13
大河内一男　89
大竹美登利　15
大林宗嗣　84
大原孫三郎　83
奥井復太郎　88
尾高邦雄　29, 91
オルポート, G. W.　206, 207
オンライン調査（電子調査）　114

カ行

χ^2検定　178
χ^2（カイ2乗）値　169, 178, 180
ガーフィンケル, H.　197
会話分析　197, 198, 201
カエサル　203
帰無仮説　175–177, 180
賀川豊彦　82
確立比例抽出法　128
篭山京　13, 89
釜石調査　66
鎌田とし子　91
川合隆男　78
川口調査　66
間隔尺度　135–137, 161, 190
カント　197
危険率　176–178
疑似相関　173
北川隆吉　92
喜多野清一　88
君津調査　67
ギャラップ, G.　59, 61
キャリー・オーバー効果　147
クォータ・サンプリング　61
草間八十雄　81, 88
黒澤明　206
クロス集計（クロス表分析）　165, 166, 169, 173
桑原甲子雄　207
経験的一般化　55
系統抽出法（等間隔抽出法）　127, 130,
ゲーテ　204
ケロッグ, P. V.　58
言説分析　198, 201
原爆爆心地復元調査　6
考現学　37, 38
コーディング　155, 156, 158
国際生活時間アーカイブ　20
国際比較調査　41, 42, 44, 47, 50, 51

国勢調査　　2, 29, 53, 67, 76, 87, 102, 112, 120, 127, 182, 222, 229
国民生活時間調査　　14-16, 20, 21
古島俊雄　　26
児玉隆也　　207
後藤新平　　89
権田保之助　　13, 83, 84
今和次郎　　84, 87

サ行

最頻値　　162, 164
作業仮説　　105, 107, 143
桜田文吾　　30
サックス, H.　　197
佐藤郁哉　　193
佐藤功一　　85
サーライ, A.　　20
澤地久枝　　11
参与観察　　30, 31, 35, 110, 115, 192-194, 201, 213, 220
参与観察法　　51, 65, 77, 82, 110, 116
事業所統計　　67
市場調査　　2, 3, 58, 59, 61-63, 71, 98, 152, 218
実験　　9, 10, 72
質問調査（質問紙調査）　　110
指定統計　　102
渋沢敬三　　87
島崎稔　　92
社会生活基本調査　　14, 15
社会的構築主義　　196-200
社会踏査　　54, 70, 71, 80, 81, 218
集合法　　112
従属変数（被説明変数）　　165, 165, 169, 178
12人の怒れる男たち　　8
自由度　　178
シュッツ, A.　　75, 197
順序尺度　　135-137, 161, 190
シルズ, E.　　73
事例調査（事例研究）　　55, 115, 118, 133, 155, 201
信頼区間　　126

信頼性　　138, 140, 141, 151, 181, 184, 186
信頼性係数　　126, 140
数理社会学会　　223
鈴木梅四郎　　30
鈴木達三　　30
スペクター, M.＝キツセ, J. I.　　197
生活史　　44, 51, 93, 94, 117, 118, 134, 194, 198, 201, 203, 205-217, 220, 223
正規分布　　124, 125, 174, 224
関谷耕一　　83
センサス（人口調査）　　52, 53, 54
全数調査（悉皆調査）　　64, 120, 121, 141, 174
層化抽出法　　129, 130
相関係数　　135-137, 140, 155, 166, 169, 173
層別多段サンプリング　　22
添田知道　　80

タ行

対立仮説　　175, 176, 180
高野岩三郎　　82-84
妥当性　　138-140, 149, 151, 181, 191
タビュレーション　　155
ダブル・バーレル質問　　146
多変量解析　　74, 173, 191
単純集計　　161
単純無作為抽出法　　127-131
地域調査　　63-66, 68, 69
中央値　　162, 164
中心極限定理　　124
月島調査　　65, 81-84
データクリーニング　　158
デュルケーム, E.　　70, 74
出稼ぎ調査　　35, 38, 39
電子調査　　114
電話調査　　75
電話法（電話調査）　　113
統計数理研究所　　22, 27, 29
統計調査　　155
統計的検定　　174-177, 224
統計的推定　　174
独立変数（説明変数）　　165, 165, 169,

索　引　**243**

173, 178
戸田貞三　13, 87, 88
トマス, W. I.＝ズナニエツキ, F. W.　192, 208, 220
富永健一　2, 30
留置調査（配票法）　111, 113, 141, 143, 153

ナ行

内容分析　190, 191
直井優　32
永野順造　89
中野清一　92
中野卓　26, 27, 91, 93, 198, 209, 217, 223
西平重喜　29, 30
日本人の国民性調査　22, 28
農村調査　90-92
野尻重雄　88

ハ行

バーガー, P.＝ルックマン, T.　197
パーソンズ, T.　73
パネル調査　111
林恵海　13
原芳男　14, 20
ハワード, J.　54, 55
標準偏差　162, 164, 171
標本抽出（サンプリング）　120-123, 127-132, 150, 176, 195
標本調査　29, 30, 62, 65, 71, 75, 96, 120-122, 129, 130, 131, 133, 141, 153, 174, 175, 181, 188, 195, 229
比例尺度　136-138, 161
比例割当法　129
貧困調査　56, 57, 70, 77, 81, 88, 90, 91, 93
フーコー, M.　204
ブース, C. J.　56-58, 78, 83, 218
ブース, W.　78
フェイス・シート　143
福武直　91, 92
副次抽出法（多段抽出法）　128, 130
藤本武　14

布施鉄治　93
プライバシー　5
ブラウ, P. M.＝ダンカン, O. D.　31
ブラマー, K.　208, 209, 212
古島敏雄　91
分散　162, 164
平均値　162, 164
ベルトウ, D.　209
偏相関係数　173
訪問面接調査　31, 219, 222
ホーソーン実験　72, 73
ホーマンズ, G. C.　73
星野鉄男　83
母集団　6, 113, 120-122, 124, 125, 127-133, 140, 174, 175, 181, 231
細井和喜蔵　80

マ行

マイヤー, G.　82
松島静雄　91
松原岩五郎　30
マートン, R. K.　74
マリノフスキー, B.　73
マルクス, K.　74
満鉄調査部　89, 90
ミード, M.　73
三好豊太郎　83
ミルズ, C. W.　209
無作為抽出法（ランダムサンプリング）　113, 122, 124-127, 129, 130, 151
村島歸之　82
名義尺度　135-137, 161
メーヨー, E.　72
面接調査（法）　11, 51, 57, 75, 141, 143, 150, 151, 185, 229

ヤ行

安田三郎　30, 223
柳田国男　85, 87
矢野眞和　20
山手茂　92
山名義鶴　83
有意水準　176, 178

有意選択法　　122, 123, 130
郵送調査（郵送法）　　109, 113, 143, 153, 185
誘導質問　　147, 148
湯崎稔　　6, 7, 231
予言の自己実現　　108
横山源之助　　13, 78
米田庄太郎　　88
世論調査　　2, 58-63, 71, 98, 219

ラ行

ライフ・ドキュメント　　192, 198, 205, 207, 208
ラウントリー, B. S.　　56, 57
ラッシュ, C.　　204
ラポール　　3, 5, 216, 221, 222
乱数表　　127
ランダムサンプリング　　114
ランドバーグ, G. A.　　71, 219, 222
リフトン, R. J. 207
留置法　　112, 114
ル・プレイ, P. G. F.　　54, 55, 218
ルイス, O.　　75, 204, 209, 224
ルソー, J. J.　　204
労働科学研究所　　14
労働調査　　90, 91

ワ行

割当調査　　122, 123

執 筆 者

＊原田	勝弘	元明治学院大学	（第1章，第7章2，第8章）
渡辺	暁雄	東北公益文科大学	（第2章1，第3章6，第8章）
飯野	智子	法政大学（非常勤）	（第2章2，第3章7）
＊水谷	史男	明治学院大学	（第3章3，5，第4章1，2，3，第5章2，3，第6章2，第7章1，第8章）
立山	徳子	関東学院大学	（第2章4，第3章4）
＊和気	康太	明治学院大学	（第2章5，第5章1，第6章1）
平岡	公一	お茶の水女子大学	（第3章1，2）
青木章之介		明治学院大学（非常勤）	（第4章4）

（＊は編者）

| 社会調査論 | 2001年4月30日　第一版第一刷発行 |
| | 2012年10月20日　第一版第四刷発行 |

編著者　原田勝弘・水谷史男・和気康太
発行所　㈱　学　文　社
発行者　田　中　千　津　子

　　　東京都目黒区下目黒3-6-1〒153-0064
　　　電話 03（3715）1501　振替00130-9-98842

落丁・乱丁本は，本社にてお取替えします。
定価は売上カード，カバーに表示してあります。

ISBN 978-4-7620-1061-3

印刷／シナノ印刷株式会社